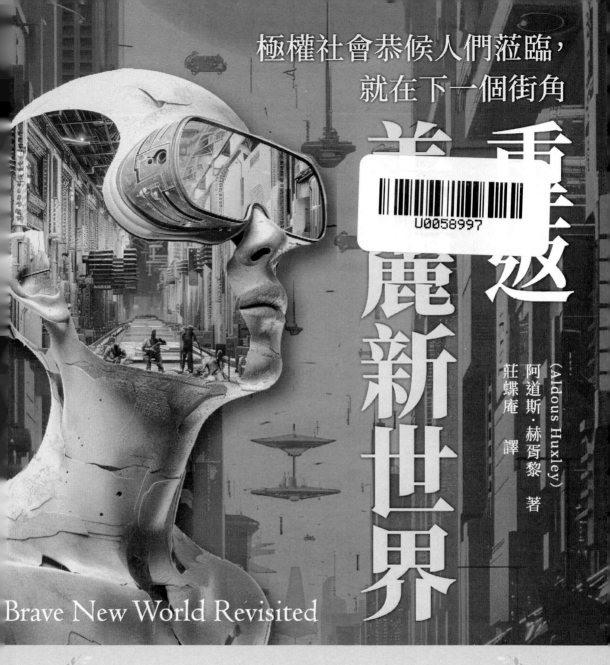

極權社會恭候人們蒞臨，
就在下一個街角

重返
美麗新世界

（Aldous Huxley）
阿道斯·赫胥黎 著

莊蝶庵 譯

Brave New World Revisited

目錄

譯者序

重返美麗新世界 Brave New World Revisited

第一章　人口過剩 …………………………………………… 018

第二章　量、質、德 ………………………………………… 028

第三章　組織膨脹 …………………………………………… 031

第四章　民主社會裡的宣傳術 ……………………………… 042

第五章　獨裁體制中的宣傳 ………………………………… 049

第六章　兜售的藝術 ………………………………………… 056

第七章　洗腦術 ……………………………………………… 066

第八章　化學藥品之誘導 …………………………………… 073

第九章　潛意識勸導 ………………………………………… 080

第十章　睡眠教學法 ………………………………………… 086

第十一章　教育為自由 ……………………………………… 095

第十二章　尚有可為？ ……………………………………… 106

美麗新世界 Brave New World

第一章 …………………………………………………………… 118

第二章 …………………………………………………………… 133

第三章 …………………………………………………………… 143

第四章 …………………………………………………………… 165

第五章 …………………………………………………………… 178

第六章 …………………………………………………………… 192

第七章 …………………………………………………………… 209

第八章 …………………………………………………………… 223

第九章 …………………………………………………………… 239

第十章 …………………………………………………………… 244

第十一章 ………………………………………………………… 249

第十二章 ………………………………………………………… 266

第十三章 ………………………………………………………… 277

第十四章 ………………………………………………………… 289

第十五章 ………………………………………………………… 297

第十六章 ………………………………………………………… 304

第十七章 ………………………………………………………… 315

第十八章 ………………………………………………………… 325

Brave New World Revisited

據倫敦 Chatto & Windus，1959 譯出

Aldous Huxley

阿道斯·赫胥黎

譯者序

　　有兩部小說讓我印象深刻，那就是《一九八四》(*Nineteen Eighty-Four*) 和《美麗新世界》(*Brave New World*)。因為它們，我才知道世上還有一類「反烏托邦」小說，並被作品中描述的世界深深打動，自己也依樣畫葫蘆，寫了人生中第一部可以算是長篇小說的敘事作品《雲中帝國》，只是早扔在舊紙堆中，雲深不知處了。

　　在當時，我是一點都不會料到，多年之後，自己竟有幸翻譯《美麗新世界》和《重返美麗新世界》(*Brave new world revisited*)。好比重溫舊夢，但這夢其實沉重。作者阿道斯‧赫胥黎 (Aldous Huxley) 在七十多年前提出的那些關於人類命運的問題，即便今日也未能完全解決，並依然促使今人對現狀進行反省，對未來進行思考。而只有學會反省與思考，人類才有希望。人人都關心這個世界的氣候、政治、榮耀與恐怖，才有可能解決其間威脅人類命運的問題。如果沒有反省與思考，任邪惡、恐怖和罪行臨在別人身上卻不去聲援，終有一天那些邪惡、恐怖和罪行將會臨到我們自己身上 —— 這才是真正可怕的未來，因為未來就源於當下。

　　《美麗新世界》的作者阿道斯‧赫胥黎，生於西元 1894 年 7 月 26 日，卒於 1963 年 12 月 17 日。此人出身著名的赫胥黎家族，其祖父是著名的生物學家湯瑪斯‧赫胥黎 (Thomas Huxley)，以「達爾文的看門狗」自詡，是演化論的堅定信奉者，其名作由嚴復翻譯為《天演論》；其父雷歐那德‧赫胥黎 (Leonard Huxley) 則是《康希爾雜誌》(*The Cornhill Magazine*) 的編輯、傳記作家；其母是詩人、批評家馬修‧阿諾德 (Matthew Arnold) 的姪女。可見，赫胥黎家學淵源深厚，加上天資聰穎，1908 年進入了著名

的伊頓公學，但因眼疾輟學；後於 1913 年入牛津大學貝里歐學院攻讀文學，1916 年畢業。在牛津期間，他認識了大衛・赫伯特・勞倫斯（D. H. Lawrence），結下了深厚的友誼。1917 年，赫胥黎在伊頓公學執教，並開始詩歌創作，但很快便放棄了。在伊頓工作的三年間，他屢次前往倫敦，混跡於以吳爾芙（Virginia Woolf）為核心的「布盧姆茨伯里派」（Bloomsbury Group）[001]。1919 年從伊頓辭職後，赫胥黎開始新聞寫作，並利用空閒時間進行小說創作，同年在比利時結婚。1923 年，他放棄新聞工作，專心從事小說創作。在此期間他四處遊歷，1920 年代一度旅居義大利，1937 年遷居美國洛杉磯。1960 年他被診斷出患有癌症，並於 1963 年去世。巧合的是，他去世的當天正是甘迺迪（John F. Kennedy）總統被刺殺的那一日。

身為二十世紀影響力極大的作家，他一生寫作了五十多部各種類型的作品，代表作有《美麗新世界》、《重返美麗新世界》、《盧丹的惡魔》（*The Devils of Loudun*）、《眾妙之門》（*The Doors of Perception*）等。他既是小說家，也是小品文作家、社會評論家、劇作家、詩人，晚年成為了神祕主義的信奉者。

1921 年，赫胥黎出版了自己的第一部小說《鉻黃》（*Crome Yellow*），立刻得到了普魯斯特的讚許，他認為赫胥黎在英語文學中占據了不可動搖的位置。1923 年出版的小說《滑稽的環舞》（*Antic Hay*）因作品吐露出的幻滅性和諷刺性而受到了評論界的質疑，但卻得到年輕讀者的喜愛。英國自由主義思想家以賽亞・伯林爵士（Sir Isaiah Berlin）曾回憶說，他在青年時代把赫胥黎視為文化英雄。1928 年，赫胥黎的小說《針鋒相對》（*Point Counter Point*）風靡英美。1932 年，赫胥黎出版了《美麗新世界》，這部小說也成為其一生文學創作的巔峰，在文學界、學界引發熱議，並被譯為多

---

[001]　二十世紀初一個號稱「無限靈感，無限激情，無限才華」的英國知識分子小團體，團體中有許多名人，如約翰・梅納德・凱因斯（John Maynard Keynes）、E.M. 福斯特（Edward Morgan Forster）等。團體的核心人物是著名女作家維吉尼亞・吳爾芙（Virginia Woolf）和她的姐姐。

國語言銷售至今。此書雖因其機智的文筆和出色的諷刺著名，但作者在寫作時卻秉持認真嚴肅的態度，這一態度延續到其後來的《重返美麗新世界》。全書瀰漫的悲觀主義氛圍為赫胥黎晚年遁入神祕主義和東方哲學世界埋下了伏筆。老年的赫胥黎致力於研究印度哲學，引起了廣泛的非議。但這種事並不罕見，英國最偉大的科學家牛頓（Isaac Newton）不是也在晚年去研究上帝了嗎，為的是找到「第一運動定律」（Newton's first law of motion）；馬克・吐溫（Mark Twain）在晚年結識了天才物理學家尼古拉・特斯拉（Nikola Tesla）後，也寫出了與自己其他作品風格完全不同、悲觀厭世的《神祕的陌生人》（The Mysterious Stranger）。赫胥黎之所以研究神祕主義，據他自稱，為的是尋找到能幫助人類突破種種局限的「終極真理」。1936 年，他在《加沙的盲人》（Eyeless in Gaza）中公開宣稱自己信仰神祕主義，此後又在小說《天鵝死在許多個夏天之後》（After Many a Summer Dies the Swan）、《時間必須停止》（Time Must Have a Stop），以及其他文章中闡述自己對神祕主義的看法，宣揚神祕主義信仰。《天鵝死在許多個夏天之後》還獲得了 1939 年的「布萊克小說紀念獎」（James Tait Black Memorial Prize for Fiction）。

除了小說，赫胥黎還寫作了大量論文和傳記。1952 年，他出版了著名的紀實文學作品《盧丹的惡魔》，而 1954 年出版的《眾妙之門》（The Doors of Perception）是赫胥黎在服用致幻劑後寫下的一部描寫自己神祕體驗的作品，在西方國家藥物濫用的 1960 年代，此書極其暢銷。1958 年，他出版了重要著作《重返美麗新世界》，回顧了《美麗新世界》出版後二十餘年裡世界的風雲變化，並預言了人類的未來。

在國外，《美麗新世界》赫赫有名。前不久，美國蘭登書屋下屬的現代圖書館組織的由多名學者、作家組成的評選委員會評出了二十世紀出版的百本最佳英文小說。其中《美麗新世界》高居第五位，僅次於《尤利西

斯》（*Ulysses*）、《大亨小傳》（*The Great Gatsby*）、《青年藝術家的畫像》（*A Portrait of the Artist as a Young Man*）和《蘿莉塔》（*Lolita*），可見其在西方國家讀者心中的地位。美國人查爾斯‧M. 赫爾墨斯在其著作中評論道：

> 我們為何要認真審視赫胥黎的作品，其中價值又何在？準確而言，是因為赫胥黎善於清晰地描繪人類在二十世紀整體精神中理性與道德的纏鬥。或許勞倫斯能真誠地表達對這種纏鬥的感受，卻不能像赫胥黎一樣擁有顯微鏡一般的觀察力；或許喬伊斯能掙脫此種纏鬥之束縛，但他似乎不能像赫胥黎一樣自東方哲思中發現精神的綠洲；或許 E. M. 福斯特能掌握異鄉文化，但他卻易於視藝術為自足自滿之物，並不能如赫胥黎一般鼓舞社會；或許吳爾芙能清楚勾勒私人的苦痛，但她卻不能如赫胥黎一般積極參與社會生活，以利發現療治這苦痛的良藥。因此，正是赫胥黎，從二十世紀的英語作家中脫穎而出，最完美地關照、容納了現代世界的各個面向，並在最普遍的層面最為出色地詮釋了現代世界的價值觀。

止庵先生曾撰文推薦此書，他自言平生以《一九八四》對其影響最大，但與《美麗新世界》比較，他以為後者更深刻。他說：

> 如果要在《美麗新世界》和《一九八四》之間加以比較，我會說《美麗新世界》更深刻。我不認為「一九八四」有可能百分之百實現，因為畢竟過分違背人類本性；但是身在其中，還是感到孤獨無助。然而「美麗新世界」完全讓人無可奈何。對「美麗新世界」我們似乎只能接受，因為一個人能夠抵禦痛苦，但卻不能抵禦幸福。

於我而言，多年後翻譯《美麗新世界》，有如一個美麗卻沉重的夢，有很多體會和感受。

首先要提到的是《美麗新世界》的空間結構。在赫胥黎創造的未來世界中，存在三個並行的空間：一是「野人」約翰出生、成長的印第安村落；二是約翰遊歷的「文明社會」世界國，世界國由十位元首統治，文中

唯一露面的是穆斯塔法‧蒙德（Mustapha Mond）；三是赫爾默斯‧華生
（Helmholtz Watson）及其他政治犯們被流放的荒涼島嶼。這三個空間設定
得極妙，分別象徵了野蠻荒誕、過渡文明和思想新生。

其次，此書的時間構成也頗為新穎有趣。小說以美國汽車大王亨利‧
福特（Henry Ford）推出福特 T 型汽車，並第一次在汽車工業中引入生產線
作業的 1908 年作為「新世界」的開元之年。故此，福特紀元 632 年就相當
於西元紀年的 2540 年。小說中的「文明社會」以福特作為信仰對象，建立
的是一個講求絕對權威，要求民眾保持原始思維的愚民社會。而在印第安
村落的「野蠻世界」裡，則以宗教儀式做對應，這些宗教儀式同樣是極其
原始的。可見這兩個空間的本質並沒有區別。

理解小說的時空背景之後，我們才能更深刻地去理解小說的眾多
要素。

其一是人物。在這部小說中出現的主要人物以男性為主。四位男主角
的命運不同，但他們都有一個共同點，都是天才。其中，穆斯塔法‧蒙德
是順應潮流的天才；柏納德‧馬克斯（Bernard Marx）雖然做了反抗，但天
性軟弱，是放棄抵抗的天才。「野人」約翰（John）跨越三大空間，赫爾默
斯跨越兩大空間，他們都有獨立思考的能力和決心，是徹底的天才。作者
信任的不是大眾，而是個體中的天才。天才的特點是反叛性，穆斯塔法‧
蒙德和伯納德‧馬克思反抗的是他們真實的自我，這種反抗也就變成了對
自己的否定；而赫爾默斯寫作歌謠，針對的是學生；約翰在醫院外對著「卡
其色的烏合之眾」演講，質問他們：「但是你們喜歡做奴隸嗎？」並且將索
麻藥片（Soma）傾倒一空，從而引發騷亂。後面兩位天才的反叛，是反叛
體制，但是失敗了。文末，赫爾默斯被放逐，是天才被放逐；「野人」約
翰之死，是天才之死。由這四名主要人物的命運，可知整部小說全然是悲
傷的。

其二是小說對「新世界」裡社會機制的描述，這反映的正是作者未來學（futurology）的思想體系。正是這套思想體系，證明了赫胥黎天才般的直覺。

在世界國裡，社會機制的核心是什麼？其實上文所引止庵的一段話中早已道破，就是「幸福」二字。穆斯塔法‧蒙德所言：「我們信仰的是幸福與穩定。」而列寧娜（Lenina Crowne）身為一個標準的合格國民，重複了「如今人人皆快樂」的說教。為了達致所謂的「幸福」，世界國以技術為基礎，對國民進行嚴密的思想、行為監控，而可悲可怕的是，大部分國民並沒有受壓迫感。這種國家確乎稱得上是「幸福」的國家了。

作為「幸福」的表徵有很多：直升機交通、電磁高爾夫球、真空震動按摩機、賀爾蒙口香糖、老年狀態消失（但仍有死亡）、芳香樂器、感官電影——這種電影沒有複雜的情節，只有快感的刺激：

「會有一場床戲表演，就在熊皮毯子上大戰，據說美妙至極，你甚至可以看到每一根熊毛都栩栩如生呢。」

最核心的「幸福」只有兩個。一是完全不受限制的性交自由；二是索麻提供的嗑藥快感。

世界國的小孩從小就開始「玩低階的性愛遊戲」，到了成年，更是暢享性愛。赫爾默斯更是「在不到四年時間裡與六百四十名不同的女孩共度春宵」。

至於索麻，穆斯塔法‧蒙德的評價是：「這是一款完美的藥物，它令人精神愉悅，令人鎮靜，還能讓人進入美妙的幻覺世界。這藥物綜合了基督教和烈酒的長處，卻沒有遺留二者任何一個缺陷。它可以讓人隨時遠離現實生活，彷彿遁入悠閒假期，回過神來，不僅一點都不頭痛，而且還不會胡言亂語。從技術上來說，社會和諧終於得到擔保。」

　　當然，為了達到「全民幸福」，還需一些技術手段的幫助，世界國所利用的技術如下：

　　複製技術：此時胎生已經禁止，且「父母乃是色情的束西」。在倫敦孵育暨制約中心，現代化的人體胚胎產生過程被詳盡描述，經過所謂的波坎諾夫斯基程序，一個卵子會繁殖、分裂。「一個卵子，最少能長出八個、最多能長出九十六個分體，每個分體則會長成完美無缺的成型胚胎，每個胚胎也都將順利發育為完全的成人。」這是同一個卵子複製出來的一模一樣的人形動物。但卻被世界國的人認為是「自然界無與倫比的進化」。

　　值得注意的是，在世界國，人大致分五種，各完成其社會職責，這種等級之區分，就是刻意控制複製過程的結果。而這種等級制，完全是借鑑了最古老的種姓制度，再一次證明了小說中印第安村落和世界國兩個空間的本質相同。

　　新巴夫洛夫制約（Pavlovian conditioning）：對嬰兒進行制約——採用電擊方式。比這制約過程更普遍的方式是睡眠教育，號稱「人類有史以來最強大的道德、社交力量」，即透過睡眠時向嬰兒、少年灌輸固化的思想而扼殺其獨立的思維能力。正如伯納德·馬克思心中所想，「六萬兩千四百多次的重複就能製造一個真埋」。

　　在對技術的描述方面，赫胥黎可謂極盡恐怖之想像，以至於「他的作品給現代知識者造成極深的印象，只要提及技術，人們便會生發複雜的敵意。」

　　配合科技手段，世界國還建構了「主福特紀念日」、「社會合唱比賽」、「團結儀式日」等群體活動，它們是非暴力的，但一定是強制的。小說中提及柏納德·馬克斯參加了一場「團結儀式日」，在《團結聖歌》的音樂中，在索麻的藥效刺激下，參加者皆進入痴狂的境界：「他們繞著圈走，一支圓形的舞者的隊伍，每個人都將雙手放在前面一人的屁股尖上，轉呀

轉，一起高叫，一起隨著音樂的節奏踩腳，敲打著前面人的屁股。」於是眾人陷入迷狂、縱慾，直至達到儀式的目的，以小說中的文字所說，即是：「為一己之泯滅」。

所有這些技術手段和群體活動的目的，是為了達到社會全體的幸福。這幸福似乎達到了，看起來這套社會體系完美無瑕。但是，如果我們仔細去揣摩文字，卻能看到那完美的表層之下，何嘗不是千瘡百孔呢？

我們要知道，這套社會體系真正的敵人其實就是個人。睡眠教材中有句名言：「當個體自作主張，社會將蹣跚混亂。」揭櫫了世界國對個人的真實態度。

小說中的人物穆斯塔法·蒙德放棄了「個體性」，成為了元首；柏納德·馬克斯雖然最終因恐懼而放棄了抵抗，但他一度也具有「個體性」，他開著飛機帶著列寧娜懸停於大海之上，在列寧娜的恐懼中，他喊出了獨立的聲音：

「似乎我原本可以是一個更像我的人，但願你明白我的意思。一個更純粹的自己，而不是徹底成為別的事物的一部分，更不是社會身體內一個小小的細胞。」

這種「個體性」的覺醒，使柏納德·馬克斯變成了人們眼中的怪人，一個孤僻的人。而赫爾默斯則是因為精力太過旺盛，同樣發展了「個體性」：「因為感到自己多才多藝，而一樣痛苦地意識到自己的獨特和孤獨。」他甚至寫作了關於孤獨的一首絕妙的歌謠。至於野人約翰，他則更為孤僻。造成他孤獨的原因其實很簡單，就是在他遊歷的兩個主要空間裡，他無一不是主流之外的人。在印第安村落，他因為外來人的身分，而被拒絕於印第安人的社會之外，在那裡，他深深感到孤獨的存在：「孤獨，永遠是孤獨」；在世界國，他因為自身攜帶了異質的文化，與世界國的社會體制產生了尖銳的衝突。而在荒郊野外，當人們欣賞其自我鞭笞時，他內心

的高貴最後崩潰，居然與他蔑視的人群同流合汙，當其清醒、意識到自己的「個體性」消失之後，便不得不自殺了。小說的最後，約翰上吊而死：

緩緩地，緩緩地，像羅盤上兩個指標般，不急不慢，從容不迫，那雙腳向右邊蕩去，先是北邊，然後是東北方向，然後是東邊、東南、南邊、西南，然後停住。幾秒之後，又是不急不慢、從容不迫地向左邊蕩去，西南、南邊、東南、東邊……

這是一個絕妙的場景。

魯道夫‧B. 蘇墨（Rudolf B. Schmerl）就此評論說：「死亡朝向所有方向。世界國的幸福和諧本質上不過是死亡之呈現罷了。[002]」

1946 年，赫胥黎在新版《美麗新世界》的前言中寫下過這樣一段話：「（在 1932 年）我冒出一個想法，覺得人類有天賦的自由，卻選擇成為瘋子或傻子。這想法我自覺有趣，但……恐怕也極可能是事實。」

赫胥黎的悲觀一覽無遺。

但正如前文所言，赫胥黎的這種悲觀，實際上是慈悲。他念念難忘的，還是將人類的未來分析清楚，並期望能找到解決人類問題的方法。

1958 年，赫胥黎出版了《重返美麗新世界》，此書對人類未來命運的思考，達到了一個新的高度，他不僅更加清醒地預感到極權社會的出現：「極權社會恭候人們蒞臨，就在下一個街角」，而且還對這個未來的極權社會進行了細緻的分析。它既是對《美麗新世界》思想的深入解釋，有助於讀者對小說的理解；又超越了小說的思想維度。

赫胥黎寫道：「客觀勢力正在迫使我們一起往《美麗新世界》那樣的噩夢世界出發，這一趨勢，我們似乎無法逆轉。商業集團和政治集團刻意推動這一趨勢的加速，為了少數權貴的利益，它們已經發明了新的技術，去

---

[002]　見其論文 *The Two Future Worlds of Aldous Huxley*，PMLA 雜誌，1962 年第三期。

操縱大眾的思想與情感。」

究竟是哪些因素在導致極權主義新的發展呢？人豈非無所逃於天地之間？

這些因素包括：人口的膨脹（對資源的壓迫）、組織的膨脹（政治、經濟力量日益集中在少數權貴和大公司手上）、非理性的意識形態宣傳（在獨裁者的武器庫中，大眾媒體是「最生猛的武器」，而娛樂化的世界則讓大眾好比患上毒癮）、「群體毒藥」（烏合之眾失去理智的力量，失去道德抉擇的能力，他們習慣於被人教唆，終至失去判斷力和自主意志）、商業宣傳（滿足大眾的慾望，甚至小孩子都被蠱惑了）、最先進的洗腦術（包括了高階的條件反射技術、「潛意識投射」技術、睡眠教育法）以及化學藥品（製造一個躲避現實的幻覺的天堂）等等。

以上列舉的，有些我們在日常生活中即能清晰感知；有些也許存在，但我們感覺不到；還有些可能沒有在現實中出現，但其使用條件已經成熟。

總之，讀過《重返美麗新世界》，但凡一個有基本判斷能力的人都要驚呼恐怖了。因為如果我們不具有獨立的思想、自由的堅定意識，我們將會走上奴役的道路。

理查‧J. 沃德（Richard J. Ward）在一篇文章中寫道：「《重返美麗新世界》中提及的種種因素，將導致人類成為奴隸，它們摧毀每個人的個性和獨一無二的心智，並最終毀掉人的自由。」[003]

赫胥黎不願坐以待斃，他呼籲讀者，起而反抗這危險的趨勢。他寄希望於自由的、尊重多元性的教育：「關於自由的教育，首先需注重事實和價值。這些事實，包括了個人的差異性、基因的獨一無二性；由這些事實

---

[003] 見其論文 *The Tired, Timid World of Aldous Huxley*，*Review of Social Economy* 雜誌，1960 年第二期。

則推衍而出相關的價值，包括自由、寬容、互愛。」

他寄希望於立法，來禁止非理性的意識形態宣傳、「潛意識投射」技術和睡眠教育法，雖然效果可能有限。

他亦寄希望於鄉村社會的復活。

也許這些危險的勢力太過強大，如上辦法不能有效抵抗，但赫胥黎在文末發誓：「只要一息尚存，我們仍需盡一身之責，竭盡所能，抵抗到死。」

這也許是悲壯了些，但這是一個思想者發出的最強力的聲音，這個最強的聲音應該鳴響在每一個熱愛自由、熱愛人類的人的耳邊。

《重返美麗新世界》的文筆也同樣值得欣賞。赫胥黎繼承了自法蘭西斯・培根（Francis Bacon）以降英倫才子們雄辯、流暢的議論之風，讀來暢快淋漓。

最後，要感謝這本書的編輯，若無他的介紹，我是無緣翻譯這本書的。

是為序。願讀者閱讀愉快。

莊蝶庵

重返美麗新世界
Brave New World Revisited

第一章　人口過剩

在《美麗新世界》裡，我描述的未來如上所列，但其準確的發生時間，我卻記不清了。或者是在福特紀元的第六或第七個世紀？但當時我們生活的年代，是 1950 年。毋庸置疑，那是一個陰森森的時代，經濟大蕭條使人們墜入噩夢，但與《美麗新世界》描述的那個未來的噩夢般的世界相比，卻又決然不同。前者是社會秩序失衡，後者卻是社會全面極權。

事物從一個極端移至另一個極端，其間總要耗費長久時光。因此我才幻想，在這過渡的時光裡，人類或許能充分利用好這兩種社會模式：前者是氾濫的自由主義，後者是過分完美的秩序與高效 —— 卻讓自由和個人的主動性無處容身。或揚或棄，乃能造出第三種社會模式，對人類來說，才是更幸運的結果。

孰料僅僅二十七年之後，在 1975 年 —— 此時離福特紀元的第一個世紀結束還有好些年，但我已經比寫作《美麗新世界》時更覺悲觀。1931 年構想的預言正在成為現實，比我原先猜想的快了許多。我所幻想的那段過渡的時光，既未開始，也未顯出任何即將開始的跡象。

不錯，在西方世界，單個的男男女女依然享有大量的自由。但是即使在那些民治傳統深厚的國家，自由之精神，甚至是對自由的渴慕之情，似乎也正逐漸消退。而在世界其餘地方，個人的自由或者早就不復存在，或者明顯在消失。於是，我本來設想為只能在福特紀元第七個世紀（那可是令人甚感安心的遙遠的未來）才會發生的極權社會的噩夢，竟已然浮現人世。

極權社會恭候人們蒞臨，就在下一個街角。

喬治‧歐威爾（George Orwell）寫作《一九八四》，將當時所見的史達林主義和剛剛過去的納粹主義合併為一，放大之，於是推測出未來社會；我寫作《美麗新世界》，卻在希特勒攫取德國最高權力之前，當時那位俄國獨裁者也還沒有唯我獨尊。[004] 在 1931 年，系統性的恐怖統治還不是時代的典型症狀，而到了 1948 年 [005]，恐怖統治成型了。因此，我描述的未來的獨裁世界尚顯溫和，遠不如歐威爾如此出色描繪的未來的獨裁世界那般殘酷無情。生活於 1948 年的人，很可能對《一九八四》中的恐怖世界有所了解。

但是，獨裁者們畢竟也不過是凡人，而環境也會變化。近期發生在俄羅斯的事件 [006]，以及科學技術的最新進展，都使歐威爾書中那陰森恐怖、繪聲繪影的未來世界大打折扣。毫無疑問，一場核戰爭將使所有人的預言都化為空談，但是假設當下諸大國都能有所克制，不願毀滅地球，然則未來社會走勢，或更靠近《美麗新世界》裡的世界，而非《一九八四》的世界。

根據我們最近對動物行為尤其是人類行為的研究，可以清楚知道，從長遠來看，透過懲罰舉止不當者來實現對人的控制效果並不佳，而對舉止得當者略施小惠反倒能加強對人的控制。與此類似，總體來看，政府並不能更好地透過恐怖治理社會，相反，透過非暴力的方式操縱環境，操縱個人（包括男人、女人還有孩童）的思想、情感，如此治理社會，成效甚佳。

---

[004] 希特勒在 1933 年成為德國總理；史達林極權特徵的形成，在 1935 年之後，從 1935 年開始，他進行了「大清洗運動」，1936 年，蘇聯通過新憲法，正式確定了史達林的極權統治。而《美麗新世界》則寫於 1931 年。

[005] 《一九八四》寫於 1948 年。

[006] 《重返美麗新世界》是作者於 1958 年出版的作品，因此「近期發生在俄羅斯的事件」指的應該是 1956 年 2 月在蘇聯共產黨第二十次代表大會上赫魯雪夫對史達林和史達林主義進行批評，此後蘇聯對史達林的個人崇拜停止。

　　懲罰只能暫時停止不當行為，並不能一勞永逸地根除受罰者重犯錯誤的傾向。此外，因受懲罰而產生的生理、心理的消極後果，可能就像個人受到懲罰的行為本身一樣負面。精神療法主要針對的，是因舊日的懲罰而導致的精神衰弱或反社會人格。

　　《一九八四》所描繪的社會，實現社會控制的辦法就是利用懲罰和對懲罰的恐懼，別無其他。而在我虛構的世界裡，懲罰並不常見，即使有，也只是輕描淡寫；政府近乎完美的社會控制，主要由如下措施實現：一是對舉止得當者予以系統性的鼓勵；二是近乎非暴力的、形式多樣的社會控制，既包括生理上的，也包括心理上的；三是標準化的基因工程。

　　從瓶子裡生產嬰兒，對人口繁殖進行集中控制，或許不是不可能；但是很顯然，在很長一段時間內，人類仍將是一個胎生的物種，他們的繁殖是隨意的。因此，從實用性的角度考慮，標準化的基因工程可以取消。於是，要實現社會控制，還是像過去那樣，只能在人出生之後用懲罰的方式進行，但用獎勵方式以及科學化操控的方式，是更有效的。

　　在俄羅斯，史達林時期那種《一九八四》式的陳舊獨裁方式，已然讓位給一個更時髦的專政體制。在蘇聯的等級社會中，控制上層階級的方式由過去的懲罰轉變為對得體行為的獎勵。工程師、科學家、教師、管理者，此等人群，因其良好的工作獲得豐厚的回報，而稅率則相對適中，以鼓勵此輩做起工作來更加出色，於是也就有更高的回報。在部分領域，他們甚至可以自由思考，或多或少可以憑興趣行事。只有當他們踰越本分，觸碰到意識形態和政治的上層體制時，才會面臨懲罰。正因賦予此輩專業領域的自由，才使得蘇聯的教師、科學技術人員取得世人矚目的成就。

　　這一代特權的獲得，可以說是運氣好，更是因其天賦出眾。但對生活在蘇聯社會金字塔體系最下層的民眾來說，這種自由是一絲一毫都沒有的。他們薪資微薄，卻需承擔高物價，向政府繳納與其收入完全不成比例

的賦稅，其繳納的稅款在社會總量中占據了很大的比例。他們可別想在自己工作的領域內按自己的喜好行事，統治者更喜歡懲罰他們或威脅要懲罰他們。至於非暴力的操縱術、獎勵得體行為的控制法，統治者是不大樂意運用在他們身上的。

蘇聯現行體制於是將《一九八四》裡面的獨裁形式，以及《美麗新世界》裡預言的統治高階種姓的獨裁形式融合在一起。

與此同時，客觀勢力正在迫使我們一起往《美麗新世界》那樣的噩夢世界出發，這一趨勢，我們似乎無法逆轉。商業集團和政治集團刻意推動這一趨勢的加速，為了少數權貴的利益，它們已經發明了新的技術，去操縱大眾的思想與情感。

在後面章節中，我將探討這些操縱術。但目下，我們先聚焦於這些客觀勢力，它們令民主搖搖欲墜，對待個人自由時冷酷無情。這些勢力包括哪些？我本來預想只會出現在福特紀元第七世紀的噩夢，又為什麼會提前，並加速向我們包圍過來？

要回答這些問題，需回到生命的起點（哪怕是高度文明的社會），即生物學（biology）。

在耶穌誕生那一日，此星球上，總人口不過是 2.5 億，比現在中國大陸人口的一半還要少 [007]。十六個世紀之後，當第一批清教徒移民到達普利茅斯石時 [008]，全球總人口已經漲至 5 億多一點點。到簽署《獨立宣言》時 [009]，世界人口已經超過了 7 億。到了 1931 年，當我寫作《美麗新世界》時，這一數字已經接近 20 億。僅僅過了二十七年，現在全球的總人口已經達到 28 億。明天呢？這個數字將怎麼翻滾？

---

[007]　1958 年中國大陸人口約為 6.6 億人。

[008]　普利茅斯石是美國麻薩諸塞州普利茅斯港的一塊大岩石，據說西元 1620 年移民美國的第一批英格蘭清教徒即在此處登岸。

[009]　《獨立宣言》簽署日期為 1776 年 7 月 4 日。

青黴素（Penicillin）、DDT[010]、清潔的水已經是很便宜的商品，人們支付很少的金額就可購買，但它們卻對公共衛生產生了巨大的積極影響。即使最貧窮的政府也可以提供這些商品，於是，死亡率大幅下降。出生率的控制則是另一個問題了。要知道，控制死亡率，只需要一個仁慈的政府僱傭少量技術人員就能完成。但控制出生率卻需要全民協調一致，無數的個體需要足夠的智力和意志力才能控制自身的繁殖慾望，但這個世界難以計數的文盲恰恰缺乏這兩種素養。控制出生率需要化學的或機械的避孕方式，但這些方式花費巨大，這億萬個文盲哪裡支付得起？

此外，世間所有宗教皆鼓勵竭盡全力挽救生命，並普遍反對節育。因此，控制死亡率輕而易舉，但控制出生率卻難於上青天。近年來，死亡率驟降；而出生率要不是維持在舊有的很高的水準，要就是略有下降，只是下降幅度極小、速度極慢。如此一來，人類物種數量加速增長。在人類歷史上，這一景象實屬前所未見。

值得一提的是，每年的增長數據，因遵循了「複利」（compound interest）[011] 原則，其數據其實是一個指數增長的過程。而技術上較為落後的社會，實行任何一項公共衛生政策，都將給世界人口帶來不確定的增長。目前，全球人口每年的淨增數量將近 4,300 萬，這意味著每過四年增加的人口，相當於目前美國的總人口；每過八年半，增加的總人口約等於目前印度的總人口。

---

[010] DDT 又稱滴滴涕，是一種殺蟲劑，也是一種農藥，為白色晶體，無味無臭，不溶於水，溶於煤油。它的殺蟲功效在 1939 年由瑞士化學家保羅．米勒（Paul Hermann Müller）發現並推廣，在 1950 年之前防治農業病蟲害、減輕瘧疾傷寒等危害中發揮關鍵作用，極大地增加了農業產量，因此在本書寫作的年代，DDT 被認為是科學的進步。但在 1962 年，美國海洋生物學家瑞秋．卡森（Rachel Carson）出版《寂靜的春天》（Silent Spring），稱以 DDT 為代表的殺蟲劑破壞了環境，引發世界範圍的深思，此後，環保主義興起，很多國家和地區都陸續禁止使用DDT。

[011] 複利，是指在每經過一個計息期後，都要將所剩利息加入本金，以計算下期的利息。這樣，在每一個計息期，上一個計息期的利息都將成為生息的本金，即以利生利，也就是俗稱的「利滾利」。

從耶穌誕生到英國伊麗莎白女皇一世 (Elizabeth I) 去世，人類用了十六個世紀，才使地球上的人口翻一倍。但按照目前的增長率，只要不到半個世紀，人類的總人口就將翻一倍。這瘋狂的增長是在這樣的一個星球發生的：這個星球上最富饒的土地早已人滿為患，貪婪的農夫們為了更高的產量過度種植使土地受損，而豐富的礦藏，因為隨意可得，人們則任意揮霍，就像一個喝醉的海員將他在海上累積的酬勞千金散盡一般。

在我的寓言小說中，「新世界」高效地解決了人口與資源之間的矛盾，透過精確計算，世界人口維持在最合適的一個數量上 (如果我記得沒錯，這個數字比 20 億略少一點)，一代又一代，人口總數始終不變。而在真實的當下，人口問題不僅從未解決，相反，年復一年，這一問題變得日益不可收拾。

儘管這一生物學的嚴峻形勢擺在眼前，然而在這個時代，政治的、經濟的、文化的、精神的種種大戲照樣歌舞昇平。二十世紀緩步前行，本來已有近 30 億人口，而新的 10 億人又將加入，到我孫女五十歲時，整個世界的總人口將突破 55 億 [012]。生物學的形勢已經如此，並將更固執、更恐怖地發展下去，直至成為歷史舞臺的中心主角。

飛速增長的人口對自然資源的威脅，對社會穩定的威脅，對個人福祉的威脅，應是人類目前最核心的問題。再過一個世紀，也許包括未來的好多個世紀，它都將是人類面臨的最核心的問題。

據說，1957 年 10 月 4 日這一天，新時代的大幕開啟了 [013]。但實際上，在目前的環境之下，任何有關後人造衛星時代的誇誇其談都是無意義的，甚至是胡言亂語。只要考慮到龐大的人口數量，未來的時代就絕不會是太空時代，而是人口過剩的時代。且讓我們拙劣地模仿一首老歌，並且

[012]　1957 年 10 月 4 日，蘇聯發射了世界上第一顆人造衛星。

[013]　威廉·赫伯特·謝爾登 (William Herbert Sheldon, Jr., 1898-1977)，美國心理學家，曾師從卡爾·榮格 (Carl Gustav Jung)，先後在哈佛大學、哥倫比亞大學、奧勒岡大學從事教學工作。

問一下：

> 別看浩瀚宇宙的萬丈光芒
> 也許不過是小小神靈灶爐裡一點火星？
> 或者是他轉身吐了一口痰？
> 呸！呸！呸！

答案很明顯是否定的。對登陸月球的國家來說，或許將取得一些軍事優勢。但這一成就對改善民生卻毫無幫助。想想看，只要再過五十年，目前的人口總數將多上一倍，對那些激增的新人口，這一成就能解決他們營養不良的麻煩嗎？

我們甚至可以假設，未來某日，移民火星已經可行，甚至真的有那麼些絕望至極的男男女女，願意前往火星開始新生活，雖然明知生活於火星，就好比生活於一個比聖母峰還要高一倍的山峰上面。但這麼偉大的成就真的能改善這個星球？在過去的四個世紀裡，無數的人離開舊世界，揚帆遠航，到達新世界。但無論是離開，還是滿載著食物和原材料重新回來，他們又何曾解決了舊世界的問題？與此相似，把一群可有可無的人送往火星，豈能解決我們土生土長的這個星球上滾雪球般的人口壓力？

此問題懸而未決，其它所有問題也一樣棘手。更糟糕的是，形勢一旦惡化，拋棄個人自由和民主傳統就有了藉口，未來的自由和民主不僅變為不可能，甚至最後都無人會相信它們曾經存在過。

不是所有獨裁政權都按同樣的路數奪取政權。要通往「美麗新世界」，其實路徑很多。其中路程最短也最寬廣的一條路，今天我們正在上面邁步 —— 我指的就是這條由巨大的人口基數和不斷加速的人口增長鋪成的路。且讓我們簡要分析，為何膨脹的人口數量和過快的繁殖速度會與獨裁思想的產生、極權體制的崛起密切相關。

人口巨大的基數和持續的增長會給地球有限的資源施加巨大壓力，受

此壓力的折磨，社會經濟將岌岌可危。在欠發達地區，此一情況尤其明顯。青黴素、DDT、清潔的水易於提供，雖然降低了此類地區的死亡率，但出生率卻並未相應下降。亞洲部分地區、中南美洲大部分地區的人口增長如此之快，以至只需不到二十年時間，整個人口數量將增加一倍。

若糧食、商品、住房、教育的供給速度比人口增長更快，那麼生活於這些未開發但人口過剩的國家裡的可憐民眾，其福祉或能得到提升。可是非常不幸，這些國家不僅缺乏農業機械，也沒有能生產這些機械的工廠，更沒有足夠資本來創辦工廠。

民眾最基本的需求得到滿足時，政府才會考慮資本問題。而現實情況卻是，在未開發國家，絕大部分民眾的基本需求從未徹底得到滿足。從年頭忙到年尾，最後兩手空空，哪來資本去創辦工農業企業？而這些企業本來是可以用於滿足民眾基本需求的。

此外，在所有這些未開發國家，技術性勞動力稀缺。沒有他們，現代化的工農業企業也經營不起來，而目前的教育設施又跟不上。資源、金融、文化等力量同樣不足，難以改善現有的教育機構。於是，想滿足社會的迫切需求根本無計可施。這是何等的惡性循環。與此同時，多數發達國家的年人口增長率高達 3%！

1957 年，加州理工學院的三位教授哈里森・布朗、詹姆斯・邦納、約翰・威爾共同出版了一本書，名為《下一個百年》，這是一本很重要的書，書中探討了這一窘境。人類該如何面對人口快速成長的難題？至今還沒有特別成功的經驗。「有足夠證據強而有力地表明，在絕大部分未開發國家，平民百姓的生活狀況在過去的半個世紀內明顯惡化，人們越來越營養不良，所能獲得的物資越來越少，而任何試圖改善這一狀況的努力，都因為不斷成長的人口壓力，最後不了了之。」

一旦某個國家的經濟變得風雨飄搖，中央政府將被迫承擔提供公共福

利的責任 —— 雖然是額外的。於是，政府務必要制定應對緊急情況的周詳計畫，務必要不斷加大力度限制民眾的抗議活動，而且，假如經濟情況惡化導致政治動盪或公開的叛亂（這是很有可能發生的），中央政府必須強力介入，以確保公共秩序和政府權威。如此一來，更多的權力逐步集中於掌權者和其官僚系統之手。

權力的本質在於，即使不曾刻意追逐，甚至是被迫擁有，掌權者也會自然而然去追逐更多的權力。權力即是貪婪。「主啊，不教我們遇見試探」，我們如是禱告，這禱告是很有道理的。只因所受的試探誘惑太迷人或時間太久，人通常都會向誘惑屈膝下跪。

當太多的權力集中到少數人手中時，就會產生極其危險的誘惑，執政者會否笑納這些誘惑？只有民主憲法才能阻止執政者被誘惑腐蝕。像在英國或美國，憲法運轉良好，尊重憲法程序已變為傳統。但在共和傳統薄弱或有限君權傳統薄弱的國家，即使最好的憲法，也不能阻止野心家笑逐顏開地屈服於權力的誘惑。而在任何一個激增的人口與有限的資源矛盾重重的國家，權力的誘惑忍不住要蠢蠢欲動。

這一趨勢對歐洲高度工業化、民主傳統強大但人口同樣過剩的國家會產生何等的影響呢？假如新出現的獨裁政權與歐洲為敵，假如未開發國家的原材料供應故意中斷，西歐國家將會發現自己處於一個極其糟糕的境地。它們的工業系統將癱瘓，它們的高科技也不再萬能 —— 本來直到目前，靠著科技的力量，西歐供養了龐大的人口，雖然其本土資源極其有限，遠不能支持這麼多的人口。如果高科技也不靈光了，那麼在如此狹小的西歐，擁有如此之多的人口，其後果將會顯而易見。倘若這一切果真發生了，受不利條件所逼，巨大的權力將會集中到中央政府，並將以極權、獨裁的面貌出現。

至於美國，目前倒不是一個人口過剩的國家。然而，如果它的人口繼

續按目前的速度增長（這一速度比印度還高，不過可喜的是，倒是比墨西哥或瓜地馬拉目前的增速低許多），那麼到二十一世紀初，巨量人口與有限資源之間的矛盾也將爆發。人口過剩雖然暫時還沒有直接威脅到美國人的個人自由，但它是一個潛在的威脅，到下一代人，這威脅就會浮出水面。

假如人口過剩會驅使未開發國家走向極權主義，而這些新的獨裁政府又與俄羅斯人結盟，那麼美國人的軍事優勢就不那麼保險了，他們將被迫加強對防禦、反擊的準備。但是，正如人所皆知的，自由是不可能在一個始終處於戰時體制或準戰時體制的國家裡存活的，因為危機始終存在，中央政府的權力機構就可以名正言順地始終保持對整個國家的人與事的控制。

綜上所述：人口過剩製造了種種是非，我們不得不生活在這樣一個世界裡。這難道還不是永恆的危機？

第二章 量、質、德

　　但在二十世紀下半葉，我們還不能對人類的繁衍做任何系統性的干預。只不過，目前隨意、不經控制的繁衍模式，不僅使這個星球人口膨脹，而且似乎還「確保」了這巨量人口的品質較為低劣（從生物學的角度上說）。在過去的壞日子裡，任何一個小孩，只要有或大或小的基因缺陷，都很難存活；而今天，由於衛生條件的改善、現代化的藥物學以及社會良知的決心，絕大部分有基因缺陷的小孩都能長大成人，並能繁衍，使其基因缺陷擴散。按此趨勢，醫學每有進步，受基因缺陷詛咒的人群存活率亦隨之增長。

　　儘管新奇藥物不斷產生，醫療手段不斷改進——其實，從某種程度上說，正因為這些原因——大眾的體質卻不僅沒有任何增強，甚至還在惡化。隨著體質的下降，人類的平均智商也很可能隨之下降。其實，某些主管當局確信，這種下降的趨勢已經發生，並且將持續發展。謝爾登[014]曾說：「政策環境是軟弱的、不作為的，因此人類最好的血統正隨意與較差的血統（它們各方面都比最好的血統低劣）混雜……在學術圈子裡，目前流行向學生傳授如下觀點：擔憂不同血統出生率的異動是毫無事實根據的，所有這些人口的問題其實不過是經濟、教育、宗教、文化或其他什麼東西在作怪罷了。這種樂觀像極了波麗安娜[015]。但是，錯誤的生殖方式

---

[014] 《波麗安娜》(Pollyanna)，是美國作家愛蓮娜·霍奇曼·波特 (Eleanor Porter, 1868-1920) 於 1913 年創作的一部小說，小說的女主角波利安娜是一位極天真的樂觀主義者。

[015] 劉易斯·特曼 (Lewis Madison Terman, 1877-1956)，美國心理學家，被稱為「智商之父」。他開創了教育心理學，並對智商問題進行了深入研究，極力提倡優生學，還曾任美國心理協會會長一職。

才是根本原因，它是要從生物學角度去探討的。」他還補充說：「1916 年，特曼[016]嘗試將美國人的平均智商定為 100，但自此之後，沒有人知道這個國家民眾的平均智商降低了多少。」

在未開發國家，當人口出現過剩現象時，其五分之四的國民每天攝取的熱量不到 478 大卡，只有五分之一的國民可以享受均衡營養，在這種情形之下，誰相信民主制度會自發生成？即使外界力量強加給這個國家以民主制度，或者政府自上而下強行推廣民主制度，它又怎能存活？

我們再來看看已實現工業化的發達國家，雖實行民主制度，但因為任由劣生學（cacogenics）發揮影響力，國民的智商和身體機能同步下降。在這樣的國家，其個人自由和民主政治的傳統還能持續多久？五十到一百年之後，相信我們的後代將會看到這個問題的答案。

與此同時，我們必須面對一個極其惱人的道德難題。所有人都知道，不能為了達到良好的目標而不擇手段。但是，如上所述的眾多反覆出現的問題，手段良好，結果卻十分糟糕，這又該怎麼解釋？

我們舉一個熱帶島嶼的例子，在 DDT 的幫助之下，我們消滅了瘧疾，在兩到三年內，我們挽救了成百上千人的性命。很明顯這是一件好事。只是，這被挽救的成百上千人，和他們此後生育、繁衍的成百萬人，不僅衣不蔽體、無屋遮身、大字不識，甚至還耗盡該島的資源。是的，人們不再因瘧疾而死，但是營養不良、人口膨脹卻使生活品質低下，於是，普遍飢餓帶來的慢性死亡卻威脅著數量更加龐大的人群。

再舉先天不足的人為例，我們的醫學和社會救助體系確保他們也可以繁殖後代。幫助不幸的人很明顯也是一件好事，只是，不良的突變基因在我們的後代中大規模散布，基因庫（gene pool）受到不斷的汙染，這絕對是件壞事情，因為人們本來是要從此基因庫中覓取優良基因的。我們深陷

[016]　2000 年全球人口約為 63 億人，比赫胥黎預測的 55 億人還多了 8 億人。

道德悖論之中，想找到一條中庸的道路，我們需要融合善良的意願，還有全部的智慧。

第三章　組織膨脹

　　但是迫使人類走向極權主義的原因，不僅僅是持續增加的人口對資源的壓力 —— 這種生物學上盲目的擴張是自由的敵人，還包括因為科技進步而壯大起來的諸多極其強大的力量 —— 我們對此甚至還沾沾自喜呢。

　　自然，需要補充的是，對這些進步我們有理由感到自豪，因它們皆源於人類的天才、勤奮、理智、想像、忘我，一言以蔽之，乃是人類道德與智力優勝的成果，對此，我們只有敬意。但萬物難逃此理：有所得必有所失。取得這些令人崇敬的、驚奇的成就，人類亦必須付出代價。確實如此，可舉去年流行的洗衣機 [017] 為例，人們還在為它付出代價：每一期的分期付款都比前一期要高。諸多歷史學家、社會學家、心理學家皆有妙文，深切關注因科技的進步，西方人已經付出和即將付出的種種代價。比如，他們指出，在政治力量和經濟日益集中的社會裡，是基本不能指望民主生根發芽的，但是科技的進步恰恰導致了權力的集中。當機械化批量生產越來越高效，機器也就越來越複雜、昂貴，對資源有限的工廠主來說，他們很難採用此種生產方式；此外，機械化批量生產必須有龐大的物流系統做支撐，而龐大的物流系統運轉起來困難重重，只有那些實力最為雄厚的生產商才能順利解決這些困難。在機器大生產和龐大的物流系統主宰的世界裡，小人物們缺乏營運資本，在與大人物們的競爭中，處於絕對劣勢，於是，他們不僅虧本，而且最終會丟掉獨立生產者的資格 —— 小魚終於被大魚貪婪地吞噬了。

　　隨著小人物們銷聲匿跡，越來越多的經濟力量被越來越少的一群人掌

[017]　此處的洗衣機，是指自 1950 年代開始流行至今的直立式洗衣機。

控。其中，在獨裁體制下，一個個財團透過推動科技進步和打壓小本經營者來日益壯大，其背後的控制者其實就是國家，也就是說，是一小撮黨派領袖、他們的跟班、政客以及文職官員在發號施令。在資本主義民主社會裡，比如在美國，控制財團的人 —— 依照賴特・米爾斯教授[018] 的說法 —— 就是權力菁英。

這些權力菁英直接僱傭幾百萬勞動者，遍布於工廠、辦公室、商店；又透過借貸使更多的人購買商品從而控制他們；再透過控制大眾媒體，事實上影響了每個人的思想、情感和行為。套用溫斯頓・邱吉爾（Winston Churchill）的一句話：「從未見過如此之少的人以如此之手段操縱如此之多的人。」如今，我們已然遠離當年傑佛遜[019]對一個真正自由的社會的理想，他認為，真正自由的社會理應由一個個自治的政治單元組成，由下而上自成體系：「由社會的基本共和體制，到郡縣的共和體制，到各州的共和體制，直到整個聯邦的共和體制，共同組成層級清晰的權力機構。」

可我們已經看到，現代科技導致政治、經濟力量的集中，也導致社會被大財團和大政府所控制。在極權國家中這種控制是無情的，而在民主國家中這種控制尚可說是彬彬有禮，人們倒是不知不覺。但是社會永遠都是由單個個體組成的，只有當一個社會鼓勵個人發展其潛能，並幫助個人過上幸福、富有創造力的生活時，我們才會說這個社會運轉良好。

但是近年來的科技進步對個人又產生了怎樣的影響呢？一位哲學家兼精神病學家 —— 埃里希・弗羅姆博士[020] 給出了以下答案：今日的西方社會，雖然物質、智力、政治皆有所發展，卻不斷損害人心靈的健康，這一

---

[018]　賴特・米爾斯（C. Wright Mills, 1916-1962），美國著名的批判主義社會學家，《社會學的想像力》（*The Sociological Imagination*）、《權力菁英》（*The Power Elite*）是他的代表作。

[019]　湯瑪斯・傑佛遜 （Thomas Jefferson, 1743-1826），《美國獨立宣言》的重要起草人，美國第三任總統。

[020]　埃里希・弗羅姆（Erich Fromm,1900-1980），美籍德裔猶太人，社會心理學家、精神分析學家、社會學家、人本主義哲學家、法蘭克福學派重要成員，畢生致力於修改佛洛伊德（Sigmund Freud）的精神分析學說，以切合西方人在兩次世界大戰後的精神處境。

趨勢，削弱了個體內在的安全感、幸福感、理性和愛的能力，使人成為機器，這機器因人為的故障，心理疾病日益增多，被工作驅動陷入瘋狂，不停掩飾挫敗感，還裝出所謂的快樂。

「心理疾病日益增多」可以在各種精神官能症（neurosis）^[021]中得到展現，這些症狀既常見又令人沮喪。但弗羅姆博士說了，「我們千萬不要誤把精神健康定義成預防精神病症狀。症狀並非我們的敵人，相反是我們的朋友，症狀存在之處，意味著存在衝突，衝突的存在，則意味著生命的力量仍在為其完整和幸福做抗爭。」反倒是在那些最正常的人群中隱伏著真正無藥可治的精神疾病患者。「許多人看上去很正常，這是因為他們已經習慣了目前的生存模式，在生命的早期，他們就已失聲，放棄抵抗，不願受苦，也不可能像那些神經過敏者一樣發展出精神病症狀。」

說他們「正常」，不是從這個詞純粹的本義來談的，而僅僅是指他們在一個深度變態的社會裡是「正常」的，他們能「適應」這個深度變態的社會，這恰恰展現出他們的精神疾病。

這無數「正常」地生活於變態社會的人們，不僅泰然自若 —— 其實，倘若具有真正的人格，他們本不應該「適應」這樣的社會 —— 而且還做著「個性自足的迷夢」。實際上，在相當程度上，他們已經「去個性化」了，成為一個同一性的人。對環境普遍順從，使他們漸漸發展為千人一面。但是，「同一性與自由是絕不相容的，同一性與精神健康也是絕不相容的……人之所以為人，不是要像機器，倘若成了機器化的人，其精神健康的基礎也就被破壞殆盡了」。

在進化中，為了使人人有別，自然曾克服無窮困難。終於，人類選擇雜糅父母的基因以繁衍後代，雙方基因合併的方式，可謂千變萬化，於是，無論是生理還是心理，每個人本來都應該是獨一無二的。然而，卻有

---

[021]　神經官能症，精神病的舊稱。

文明以效率為理由，或藉著某些政治的、宗教的、教條的名義，試圖讓人們變得整齊劃一，它們實在是在扭曲人類的生物特性，這豈非暴行？

科學其實就可以定義為不斷減少多樣性，以達致單一性。它試圖忽略任何單一事件的獨特性，而聚焦於這些單個事件的共性，乃至提煉出所謂的「定律」，既可自圓其說，亦能有效解釋無窮無盡、千差萬別的自然現象。例如，蘋果從樹上落下，月亮在天上運動，自古以來，人類都知道這兩種現象，他們一定認同格葛楚・史坦 [022] 的說法：「蘋果之為蘋果，因其本來就是蘋果；月亮之為月亮，因其本來就是月亮。」

到艾薩克・牛頓（Isaac Newton）出世，窺見這兩種毫不相干的現象居然有其共性，便生造出一個萬有引力（gravitation）的理論，以此單一的理論及其種種說辭，便可解釋和處理蘋果、天體乃至物理宇宙間一切物體的某種行為特徵。

與之類似，藝術家們將外部世界無窮無盡的多樣性和萬物皆有的獨一性融合於他們的想像中，以造型的、文學的、音樂的藝術形式來建構整齊劃一的理論系統，以此賦予外部世界和萬物以意義。

試圖以秩序取代混沌，以和諧取代雜亂，以單一性取代多樣性，說來倒是人類才智的天性，是精神的一種原初的、基本的衝動。在科學、藝術、哲學等領域裡的這一現象，我稱之為「整合的意志」，它大體上算是有益的。固然，在證據不足的情況下，「整合的意志」也曾製造出某些不成熟的綜合性結論；也曾生造出某些荒謬的玄學、神學體系；也曾試圖以迂腐的錯誤概念去解釋現實，以賣弄式的象徵與抽象解釋直接經驗產生的數據。

只是不管這些失誤多麼令人遺憾，它們卻至少從不直接造成破

---

[022] 葛楚・史坦（Gertrude Stein, 1874-1946），旅居法國的美國猶太女作家、詩人、藝術品收藏家。

壞——雖然也發生過某種糟糕的哲學體系間接造成傷害的情況，但那是當它被利用來為無聊和不人道的行為辯解的時候。

「整合的意志」真正給人類造成危險，是當它出現在社會、政治、經濟領域的時候。將莫測的多樣性減少為易理解的單一性原本只是理論，在實踐中卻走樣了，變成取消人格的豐富性而以單一人格代替，取消自由而以奴役代替。於是，在政治領域，獨裁體制被認為等同於一種成熟的科學理論或哲學體系；在經濟領域，工人完全聽從機器指令使企業運轉良好，被認為等同於一件完美建構的藝術品。

在「整合的意志」作用之下，原本只是單純想解決麻煩的人可能成為獨裁者，建設乾淨整潔的市容市貌也能成為獨裁的理由。

組織當然是不可或缺的，因為它能提供自由。由一小群自由合作的個體組成的小團隊，以其自治精神，可以展現出個體的自由。但是，即便不可或缺，組織化卻也可能是致命的。太多的組織將男男女女變得機械化，壓抑創造精神，終至消滅自由的任何可能性。

一如慣例，唯一安全的辦法就是在兩個極端之間取中庸之道，這兩個極端，一是徹底的放任，一是全面的管制。

在過去的一個世紀裡，科技不間斷的進步相應地伴隨著組織的發展。複雜的機器生產，需要配合相應複雜的社會管理，以使工作順利、高效地開展，就像先進的生產工具一樣。為了適應這些組織，人們不得不去除自己的個性，否定原本多樣化的人格，使自己順從於唯一一個標準模範，並竭盡全力成為一個機器人。

同時，組織膨脹與人口過剩相互作用，使去除人性的效果大為增強。譬如，工業企業擴張，就會吸引不斷增長的人口中的大部分遷移至大城市，可是，大城市的生活對精神健康卻是有害的（據說，在工業區貧民窟那蜂群一般的龐大居民中，精神分裂症的得病率是最高的），而大城市的

生活也無助於培養負責任的自由精神，這種自由精神原本活躍於小型的自治社會中，且是真正民主制度的首要條件。

城市生活其實是隱姓埋名者的生活，似乎也是抽象的生活。人們確實保持相互連繫，卻不是以獨立完整的人格出現，而是作為經濟功能的化身出現；當他們不工作的時候，則以尋歡作樂的不負責任的形象出現。

因為這樣的生活方式，個人易於感覺孤獨、卑微，他們的存在已然不再有任何意義。

從生物學的角度來說，人類群居生活的程度只能算中等，還不是一種徹底群居的物種。這麼說吧，人更像狼或者大象，而不是蜜蜂或螞蟻。最初，人類社會與蜂巢、蟻窩毫無相似之處，它們不過是一些叢集 [023]。別的不提，文明其實就是指的這麼一個過程，它把原始人的叢集轉變為類似於這些群居昆蟲一樣粗糙、呆板的有機共同體。

現在，人口過剩的壓力和科技的日新月異，正在加速這一「文明化」的過程。白蟻窩看來是可以在人類中建成的，在某些人眼裡，它甚至是令人豔羨的理想文明呢。當然，不用說也知道，這個理想文明事實上是絕不可能實現的。因為在群居昆蟲和我們這種不那麼熱衷群居的、腦容量碩大的哺乳動物間存在一條巨大的鴻溝，即使後者再竭盡全力模仿前者，也無法彌補這一鴻溝。人類不管多麼努力，也無法建立一個社會有機體，他們只能建立一個個組織。如果他們試圖建立一個社會有機體，在此過程中，他們也僅僅是建立一個獨裁體制。

《美麗新世界》呈現了一幅想像的、有點粗鄙的社會風俗畫，在那個社會裡，人類像白蟻一樣重建了自己的生活，幾乎達到了最大的相似性。

---

[023] 叢集，生物學概念，指很多同種或異種的個體以一定的方式聚集在一起，這是動物利用空間的一種形式。採取叢集方式生存的動物與完全的群居動物的本質區別在於，前者仍然保留著個體性，而後者則徹底放棄個體性，完全以集體為目的。前者的典型是靈長類動物，而後者的典型就是白蟻、蜜蜂等昆蟲。

而現在，我們正被強迫走向「美麗新世界」，這一趨勢甚為明顯。不那麼明顯的是，其實只要我們願意，我們就可以拒絕與強迫我們的那些盲目的勢力合作。不過，目前這種抵制的欲望並不那麼強烈，也沒有那麼普遍。正如威廉・懷特 [024] 先生在他那本有名的著作《組織人》（*The Organization Man*）裡所說的，新的社會倫理體系正取代舊的社會倫理體系，後者認定，個人價值是首位的。但新的社會倫理體系的關鍵詞卻是：「自我調節」和「適應」、「社會導向的行為」、0「歸屬感」、「社會技能的獲得」、「團隊精神」、「集體生活」、「集體忠誠」、「群體動力學」「群體思維」和「團隊創造力」。它有一個基本假設，社會整體比微觀的個體有更大的價值和重要性，個體天生的生物多樣性需為單一性的文化讓步，集體的權利則遠勝十八世紀甚囂塵上的「人的權利」。根據這一新的社會倫理，基督宣稱安息日特為個人制定，實乃大錯特錯，與之相反，個人是為安息日而存在，故此務必犧牲其遺傳特質，假裝自己為善於交際的標準個體，而社會活動的組織者則視這樣的個人為團隊目標的踐行典範。

這典範之人顯示出了「動態一致性」（dynamic conformance）（何等標緻的術語）：對集體高度忠誠，毫不鬆懈地渴望著貶抑自己，渴望著被接納。這典範之人亦必有典範的妻子，極其熱愛社交，有無窮的適應能力，她不僅深信丈夫應首先忠誠於集體，而且她自己效忠集體時還特別活躍呢。正如彌爾頓評論亞當和夏娃時說的那樣：「他只為上帝而存在，她則透過他而臣服於上帝。」只是有一點，這典範之人的妻子與我們的女祖宗相比還是每況愈下的。要知道，上帝曾應許夏娃和亞當可以無拘無束地享受「青春縱樂」，我以為，上帝也不曾驅逐亞當遠離其白皙的配偶，而夏娃，也從不曾拒絕那夫婦之愛的神祕儀式。然而今天，據哈佛商業評論

---

[024]　威廉・懷特（William H. Whyte, 1917-1999），美國都市計畫專家、組織分析師、記者、社會學家，1956 年出版了探討公司文化的著作《組織人》（*The Organization Man*），銷售超過 200 萬冊。

（*Harvard Business Review*）的一位作者所言，為達到當代社會倫理提出來
的典範要求，男人努力奮鬥，而其妻子，「絕不可占據丈夫太多的時間，
也不可要求丈夫與其分享太多的樂趣，因為當他一心一意地集中於自己的
工作，他的性活動的重要性也必定降到次要的位置」。僧侶宣誓要清貧、
服從、貞潔。而今日的典範男人可以發家致富，卻一樣要宣誓服從（墨索
里尼（Mussolini）所言不錯 [025]：「他毫無怨言地服從於權威，凡事皆恭敬
等候上級吩咐。」），而為了僱傭他的集體的榮耀，他甚至隨時準備好將夫
妻白頭之恩棄如敝屣。

值得注意的是，在《一九八四》裡，黨的成員們被迫服從一種性愛倫
理，甚至比清教徒的還要嚴酷苛刻。《美麗新世界》與之相反，所有人都
可以無限制地享受性愛。奧威爾的小說描述的是一個一直處於戰爭狀態的
社會，統治者的首要目標自然是為了政權的順暢而行使權力，其次是確保
臣民們始終處於緊張狀態 —— 發動了這場持續戰爭的統治者們需要這種
狀態。於是，透過消滅性慾，長官們可以使其追隨者保持必要的緊張感，
同時以最令人滿意的方式滿足自己貪婪的權力慾。

而《美麗新世界》描述的世界是一個「萬國邦」，戰爭早已消滅，統治
者們的首要目標是不惜代價肅清臣民中的搗亂者。他們做到了，方法（虧
他們剔除了其他辦法）是允許性自由（透過取消家庭，性自由成為可能），
如此一來確保了「新世界」裡的人們自覺反對任何破壞性或創造性的情感
衝動。

在《一九八四》裡，權力慾的滿足是透過承受痛苦的方式；而在《美麗
新世界》裡，卻是透過幾乎沒有任何羞恥感的尋歡作樂的方式。

很明顯，在組織膨脹產生種種不盡如人意的後果之後，當下的社會倫
理體系不過是對膨脹的組織的辯護說辭罷了。它可憐巴巴地試圖為組織的

---

[025] 原文為義大利語。

必然性披上有利的外衣，試圖從令人憎惡的數據中提煉出組織的正面價值，因此，它是不切實際的，因而也是極其危險的一套道德體系。要知道，不管怎麼假設社會整體的價值遠高過個體價值，它也絕不可能像蜂群或白蟻群那樣成為真正意義上的有機體，它僅僅是一個組織罷了，是社會機器的一分子，本身毫無價值，除非它真的關心個體的生命與自覺。一個組織既無意識也無生命，它的價值僅僅是工具性的、衍生的，它並無好壞之別，只有當它促進了作為團隊分子的個人福祉，才能稱其是好的組織。

使組織優先於個人，等於使目的服從手段。目的服從手段會發生什麼樣的結果，希特勒和史達林早已清清楚楚地展示過。在二人可憎的統治之下，民眾的目的服從了組織的手段，包括一手暴力一手宣傳，以及系統性的恐怖和洗腦。在未來更高效的獨裁政權中，也許會比希特勒和史達林時代少許多的暴力。未來的獨裁者治下的臣民，則將毫無痛苦地被一批高度專業化的社會工程師所管理。

關於社會管理這門新科學，一位狂熱的支持者曾這麼寫道：「當今這個時代，社會管理面臨的挑戰就像五十年前技術管理面臨的挑戰一樣。如果說二十世紀上半葉是技術工程師的時代，那麼下半葉很可能就是社會工程師的時代。」—— 我還認為，二十一世紀將會是世界元首們的時代，科學化的種姓制度的時代，也將是「美麗新世界」的時代。

有這麼一個問題：「誰來把守監管人？[026]」我們可以延伸來發問，監護我們的人又由誰來監護？或者，管理者又由誰來管理？答案可能很乏味，監護者、管理者根本無需監管。就像在某些社會學博士們口中似乎流行過的一個令人動容的說法，說社會學的博士們絕不會被社會的權力腐蝕。像加拉哈德爵士[027]一樣，因為心地純潔，他們一分的力量有十分的

---

[026]　原文為拉丁語，通常被認為出自於古羅馬詩人尤維納利斯（Decimus Junius Juvenalis）的作品。
[027]　加拉哈德爵士（Galahad），亞瑟王傳說中亞瑟王的首席騎士，被稱為「世上最純潔高尚的騎士」。

功效，而他們之所以心地純潔，是因為他們可是社會學家呀，他們可是花過六千個小時學習社會學的呢！

哎，算了吧，高等教育可保證不了高尚的品德，也保證不了較高的政治智慧。除了這些出於倫理和心理原因的擔憂，還要加上一種純科學性的擔憂：我們能接受這樣的理論嗎 —— 社會工程師依據此理論進行社會管理，又從這理論中找到種種說辭，為自己操縱民眾辯解？

舉個例子，埃爾頓·梅奧 [028] 曾直截了當地說：「人們希望與自己的夥伴不間斷地保持工作的連繫，這種願望是人性的彰顯 —— 即使不是最強烈的彰顯。」但我會說，這句話毫無疑問大錯特錯。或者有人會具備梅奧描述的這種願望，但其他人並不一定如此 —— 此願望其實是氣質與遺傳的結果。任何一個社會組織，倘若其理論基礎是假設人（不管這個人是誰）「希望與自己的夥伴不間斷地保持工作的連繫」，那麼，對於組織裡的男男女女來說，他們就好比被捆綁在了普洛克路斯忒斯之床 [029] 上，只有經刀俎之苦，截長補短，他們才能適應這個組織。

再比如，人們用抒情的語言對中世紀的歷史進行了浪漫主義的誤讀，可是當下眾多的社會學家是何等佩服這樣的著作啊！「行會、莊園、鄉村裡的成員，在其一生中，都受組織保護，得享和平與寧靜。」我們很想問問，這些中世紀的人需要保護，那麼他們面對的危險是什麼？肯定不會是組織裡的權勢者要殘酷欺凌他們吧？

至於所謂的「和平與寧靜」？我們只知道在整箇中世紀，瀰漫的是無數人長久的挫傷、深刻的憂愁、強烈的憤恨，這種憤恨，針對的是那僵化的等級體制，以至社會階層的上下流動通道徹底封死，至於被束縛於土地

---

[028]　喬治·埃爾頓·梅奧（George Elton Mayo, 1880-1949），美國心理學家和社會學家。

[029]　普洛克路斯忒斯之床（Procrustean Bed），普洛克路斯忒斯是希臘神話中海神波賽頓（Poseidon）的兒子，也是一名強盜。在他所開設的黑旅店中有一長一短兩張鐵床，他逼迫高個子旅客睡短鐵床，而後斬斷他們的腳使身高與短鐵床相等；逼迫矮個子旅客睡長鐵床，而後強拉他們的身體使身高與長鐵床相等。

之上的人，則幾乎沒有自由遷徙的可能。

　　人口過剩、組織膨脹這兩股冷酷的勢力，以及想控制它們的社會工程師們，一起驅趕著我們走入一個新的中世紀體系，這回魂的幽靈世界或許會比其前身更加合人心意，因為它會充斥《美麗新世界》裡提供的種種賞心悅目之物，比如嬰兒制約、睡眠教育、嗑藥快感；但是，對於大部分男男女女來說，它仍然是一種奴役。

第四章　民主社會裡的宣傳術

在佛洛伊德（Sigmund Freud）的信奉者們看來，這等言語固然動人，卻未免天真古怪。但情況沒有十八世紀的樂觀主義者們想的那般美妙，因為人類早沒那麼多理性，也沒有那麼多內在的正義感了。另一方面，情況也不是二十世紀的悲觀主義者們試圖說服我們的那樣令人絕望，人類道德並沒有到徹底善惡不分的地步，也並非非理性到無可救藥。儘管佛洛伊德發現了本我和無意識對人巨大的影響，儘管地方性的精神官能症較為流行，儘管人群中低智商的比例越來越高，但絕大部分男男女女或許仍然足夠正派、明智，我們可以相信他們能自主選擇自己的命運之路。

民主制度能潤滑公共秩序、個人自由和創造性之間的矛盾，並使一個國家暫時的掌權者永遠效忠於民眾 —— 歸根到底，權力還是民眾的。在西歐和美國，大體上來看，這一制度執行良好。這一事實足夠證明，十八世紀的樂觀主義者們並非全錯。如果給民眾一個公平的機會，讓他們自己管理自己，他們可以管理得更好，雖然也許不會有機器般的高效率 ——「獨立於個人意志之外的權威力量」才會像機器一般高效呢。

我強調一遍，是「給民眾一個公平的機會」，公平是先決條件。原本在一個獨裁者統治之下做順民，忽然一變，政治民主了，個人自由了，純然是一個陌生的政治氛圍。這種轉變，對任何一個人來說都不是「公平的機會」，也難以立刻實踐民主制度。同樣，在動盪的經濟環境下，也沒有人能有「公平的機會」民主地管理自身事務。

自由之花盛開於社會繁榮的土壤之中。社會衰退，自由亦消減。只因

當社會衰退時，政府才會覺得有必要頻繁而徹底地插手民眾的事務。

正如前文所論，人口過剩與組織膨脹這兩種情形將會奪去社會「公平的機會」，使民主制度不能順暢運轉。由此可見，總有某些歷史的、經濟的、人口統計學的、科技的因素，使傑佛遜所言的理性的動物——他們具有天賦不可讓與的權利，並具有內在的正義感——即使在一個民主化的社會裡也無法行使其理性，伸張其權利，展現其正義行動。

我們這些生活在西方社會的人應感到極其幸運，我們得到了「公平的機會」，可以最大化地實現自我管理。但不幸的是，因近來形勢有變，看上去，這無限寶貴的「公平的機會」正一點一點被蠶食，從我們手邊被奪去。

當然，這還不是全部。個人自由與民主制度的敵人還不僅僅是這兩種盲目而冷酷的勢力。還有其他一些不那麼抽象的力量是追逐權力之輩樂於利用的。這些人的目標是部分或全部地控制其同胞。五十年前，我還是一個小男孩，當時形勢看上去是完全不言而喻的，就是說，舊時的壞日子終於過去，折磨、屠殺、奴役、異端迫害，凡此種種，都化為陳年往事。對於當時那些頭戴高禮帽、乘坐火車旅行、每日早晨都要沐浴的人們來說，那種種舊日的恐懼完全不可能再現，他們心想，我們畢竟生活在二十世紀了呀。可是，數年過後，就是這些每日早晨沐浴、戴著高禮帽去教堂的人們，就是他們，雙手卻沾滿鮮血，其暴行規模之大，即使無知的非洲人也不曾夢見過。

照近年情況來看，指望這類現象不會再次發生，怕是痴人說夢。它可能發生，而且毋庸置疑，一定會發生。在不久的將來，我們有理由相信，《一九八四》描述的那種懲罰性的統治術不會發生，真正發生的，會是《美麗新世界》描述的那種強化意識形態的統治術。

有兩種意識形態宣傳辦法。一種是理性的宣傳，無論對宣傳者本身，

還是對被宣傳者，這種宣傳都符合他們合理的利益訴求，且有利於實際的運作；另一種是非理性的宣傳，完全不顧任何人的切身利益，且是命令式的，它訴求的乃是激情。

人們的所作所為必有其動機，其動機比合理的利益訴求可能更高尚；但是在政治和經濟領域內，在集體行動的所有有效動機中，合理的利益訴求可能排在首要位置。如果政治家及其幕僚的一言一行都是為了提升他們個人或整個國家的長遠利益，這個世界將變成人間天堂；因為實際上，此輩經常背離自身利益採取行動，目的僅僅是為了滿足他們最微不足道的激情，結果，世界化為人間地獄。

理性宣傳有利於實際運作，符合合理的利益訴求，它所依賴的證據是充分可信的，因而也是最好的，若以此做出符合邏輯的論斷，便能籲求大眾的理性。僅憑衝動發出命令式的宣傳，不顧切身利益，其提交的證據必定是弄虛作假、斷章取義、漏洞百出的，因此其避免做邏輯的論斷，而是靠不停重複某些套話，或透過譴責本國內外的替罪羊，或狡猾地將最低階的衝動披上最高尚的理想外衣來加以掩飾。如此一來，他們便可藉著上帝的名義踐踏世人，而明明最是尖酸刻薄的權力政治卻戴上了一副宗教教義或愛國責任之類的面具。

約翰·杜威 [030] 曾有言道：「普通人人性深處信仰的復甦，通常而言將產生巨大的潛在能量，特別當其與理性、真理相呼應時將產生巨大的力量，於是，我們收穫了對抗極權政治的堅固堡壘。相比較而言，物質上的巨大滿足，或者對特別的法律條文以及政治形式盲目崇拜，卻不能有同樣的效果。」呼應理性與真理的能力人人皆有。不幸的是，響應非理性與謬論的傾向也同樣存在每個人身上，特別是當謬誤居然可以喚起令人愉悅的情感時，或者訴求非理性的時候，我們生命深處那原始的、獸性的部分，

---

[030] 約翰·杜威 (John Dewey, 1859-1952)，美國極富聲望的實用主義哲學家。「五四」運動前後他曾到中國講學，促進了實用主義理論在中國的傳播。

居然與之一拍即合。

在某些領域，人們已經在始終如一地響應理性與真理。博學的作者們寫論文時，可不會籲求同行的這些科學家、技術專家們的激情，而是傾盡其所有的知識，就某個特定的實際情況陳述事實，他們以理性來解釋他們的所見所聞，他們為支撐自身觀點而丟擲的論斷，同樣需要別人的理性判斷。在自然科學和技術領域，這一現象實在是稀鬆平常。

不過一旦牽涉到政治、宗教和倫理的領域，情況就困難多了。首先，相關的事實經常是令人捉摸不定的；其次，這些事實的意義，必然要依賴於特定的觀念系統來解釋。對於追求真理的理性者來說，這些還不是他們面對的唯一難題。要知道，在公共場合或私人生活中，人們常常沒有時間來蒐集相關證據，或權衡證據的輕重。於是，我們被迫採取行動，不但所依賴的證據不足，而且所憑據的邏輯也不是那麼站得住腳。

我們不吝以最高的善意讚美自己，但其實我們並不是總能完全誠實，或者真的始終如一都是一個理性的人。我們力所能及的只是在條件允許之時，盡量保持誠實、理性的態度，並響應別人提出的那些有限的真理和不那麼完美的推理 —— 人家這麼做其實倒是在體諒我們呢。

傑佛遜有言在先：「假使一個國家期望民眾既自由卻又無知無識，這豈非南轅北轍？……無知無識的民眾，是不可能安享一生的。只有當出版界自由的時候，當每個人都能閱讀的時候，一切才能有安全的保障。」在大西洋的另一邊，還有一人狂熱地信仰理性，他同時也在思考這一問題，甚至所用的語言都與傑佛遜差不多，此人即約翰·密爾[031]。下面我引用他評論其父 —— 效益主義哲學家詹姆斯·密爾[032] —— 時的一段話：「他是

---

[031]　約翰·史都華·密爾 (John Stuart Mill, 1806-1873)，英國著名哲學家和經濟學家，19 世紀影響力很大的古典自由主義思想家。邊沁 (Jeremy Bentham) 後效益主義 (Utilitarianism) 的最重要代表人物之一。

[032]　詹姆斯·密爾 (James Mill，1773-1836)，英國歷史學家、經濟學家、政治理論家、哲學家

如此徹底地依賴理性對人思想的影響，以至一旦民眾都能親近理性，他就覺得似乎一切都能成就；似乎所有民眾都能閱讀；似乎無論言說或寫作，所有的思想都允許傳播給民眾；似乎一旦擁有了投票權，民眾將自行任命一個立法機構，將他們所認同的意見立刻付諸實施。」「一切皆能有安全的保障」，「一切都能成就」！此處，我們又一次聽到了十八世紀樂觀主義者們那熟悉的聲調。

傑佛遜確實是一個實踐派，同時也是一個樂觀主義者。他以自身慘痛的經歷體悟到，自由出版的權利會受到何等的凌辱。他宣稱，「現如今，報紙上的字母一個都不能相信。」即使如此，他依然堅持（我們能怎麼辦，只能支持他呀），「在真理的範圍之內，新聞機構實屬高貴，是科學與公民自由的益友。」

一言以蔽之，大眾媒體非好非壞，它僅僅是一股勢力，就像別的勢力一樣，既能發揮積極影響，也能製造消極後果。從好的方面來說，新聞界、廣播界、電影界對民主的繼續存在是不可或缺的；從壞的方面來說，在獨裁者的武器庫中，它們又是最生猛的一種。

在大眾傳播領域，就像在其他產業領域裡一樣，技術的進步傷害了小人物們，卻扶持了大人物們。近至五十年前，每一個民主國家都炫耀其數量眾多的小雜誌和地方報紙，地方上成千上萬個編輯發表著成千上萬種獨立的見解，在任一地方，任一個人可以獲得任何印刷的東西。但是到了今日，法律上報刊是自由出版的，但是小型的報紙已然銷聲匿跡。紙漿、印刷機器和新聞稿的成本如此昂貴，小人物們是負擔不起的。

關於宣傳，早期支持識讀和出版自由的人們僅僅想到了兩個可能性：宣傳或者是正確的，或者是錯誤的。他們沒有預見到後來實際發生的情況，尤其在盛行資本主義民主的西方國家，居然發展出體量龐大的大眾傳播行業，基本上它並不關心對錯，而是關心些虛構的、幾乎完全不著邊際

的東西。簡而言之，前輩們未能周全考慮到人對消遣的愛好乃是無窮無盡的。

　　在過去，絕大部分人一輩子都沒有機會徹徹底底地滿足這一愛好。他們或許渴望消遣，可是哪有地方提供消遣？聖誕節不過一年一度；盛宴則是「莊重而稀罕」；沒有幾個讀者，也沒幾本書可讀；最近的「街區電影院」可不就是區域教堂嘛，裡面倒是頻繁表演，可惜難免陳腔濫調。

　　我們還可以把視野放得更遙遠些，那就必須回到鼎盛時期的羅馬帝國。當時的民眾享受著免費的、頻繁的、豐富多彩的消遣活動，他們的心情可是相當愉悅。當時的消遣包括：詩劇、擊劍、背誦維吉爾的詩、搏命的拳擊、音樂會、閱兵、行刑示眾等等。但是，即使羅馬也比不上今天的報紙、雜誌、廣播、電視、電影所提供的晝夜不停的消遣那麼誘人。在《美麗新世界》中，這些永不停歇的消遣之物是極度誘人的，包括了感官電影、吟誦會等，它們作為政策的工具被普遍使用，以避免民眾過多關注社會、政治的現實境況。

　　宗教的世界與娛樂的世界自然有所區別，卻也存在共通之處：兩者都明顯「不是真實的世界」。它們其實都是一種消遣，使民眾分神，倘若人們不斷地樂在其中，那麼按馬克思所說，這兩者就會變成「毒害民眾的鴉片」，也就威脅到自由的存在。

　　只有那些高度警惕之人，才能確保他們的自由；也只有那些持續而明智地選擇生活在當下的人，才有望透過民主程序有效地管理自己。在一個社會裡，如果大部分民眾耗費了大量時間，卻並沒有生活於當下，生活於此時此刻，生活於規劃妥當的未來；而是生活於他處，流連於運動、肥皂劇、神學、玄妙的幻想組成的不痛不癢的世界，那麼他們很難抵抗那些試圖操縱和控制社會的人對他們的侵犯。

　　今天的獨裁者在他們的宣傳中多半倚賴重複、壓制、合理化等手段。

重複是反覆說一些套話，獨裁者們希望人們視這些套話為真理；壓制是貶抑某些事實，獨裁者們希望它們被人遺忘；合理化是指透過喚醒民眾熱情，賦予熱情以合理性，來達到維護黨派或國家利益的目的。既然藝術化的、科學的操縱術其奧祕越來越被暴露，未來的獨裁者們必然將學會把這些操縱手段與永不停歇的消遣活動結合在一起。而在當下的西方世界，這些消遣活動之龐大，好比不慍不火的大海，威脅著要將理性的宣傳溺死，而理性的宣傳，對保證個人自由和民主制度的續存實在是至關重要的。

第五章 獨裁體制中的宣傳

而在我的寓言小說《美麗新世界》中，科技發展的程度，遠遠超過了希特勒時代的水準，因此，命令的盲從者與納粹時代的同輩相比，也就更加小心謹慎，也就更加順從於發布命令的菁英。此外，他們出生時基因就經過標準化處理，成長時又經過馴化教育，服從成為其使命，政府因此可以期望他們坐臥行止如機器一般始終可控。在下一章中，我們將看到，「較低的領導階層」的馴化工作已經在開展，俄羅斯人並不僅僅依賴發達科技的間接效力，他們還直接對其低層領導者「生理 —— 心理」的有機體進行馴化制約，使其身體、思想慣於服從一個無情的、極其高效的（世人一致認為）制約體系。

史佩爾 [033] 還說：「許多人常被惡夢纏住，他們生怕某天國家將會完全透過技術手段來治理。這場噩夢在希特勒的極權體制下幾乎實現。」幾乎實現，但最終還是沒有真正實現，因為納粹沒有足夠的時間 —— 也可能是他們沒有足夠的才智和必要的知識 —— 對其低層領導階級進行洗腦和馴化制約，這或許是他們最終失敗的原因之一。

在希特勒之後，未來的獨裁者們可以支配的武器庫裡，高科技工具已經極大地擴充。除了廣播、擴音器、電影攝影機、輪轉印刷機，當代的宣傳者們還可利用電視機來為其主人服務，傳播主人的形象和聲音，同時還能透過磁帶記錄下這形象與聲音。感謝科技進步，老大哥（Big

---

[033] 阿爾伯特・史佩爾（Albert Speer, 1905-1981），德國建築師，在納粹德國時期成為裝備部長以及帝國經濟領導人，是後來的紐倫堡審判中的主要戰犯，因其承擔了自己的道德責任，被稱為「道歉的納粹」而免於死刑。但關於他在猶太人大屠殺中的真實作用，至今存疑。

Brother）[034] 如今幾乎就像上帝一樣無所不在了。

其實，未來的獨裁者並不僅僅是藉助先進技術伸長了他的魔爪。在希特勒之後的時代，應用心理學和神經病學領域取得了發展，這兩個領域正是宣傳家、思想灌輸專家、洗腦專家特殊的工作範圍。過去，這些投身於改變人類思想的專家們都是經驗主義者，不斷試誤之後，他們總結出一套技術和程序，可以有效開展工作，雖然他們並不能精準地知道為什麼它們是有效的。到了今天，思想控制的藝術逐漸成為了一門科學。這門科學領域的從事者知道他們在做什麼，也知道為什麼這麼做是有效的。他們的工作受理論和假設指導，但這些理論和假設卻牢牢建立在大量實驗數據的基礎之上。正因了這些新的洞察力和新的技術手段，「幾乎就要在希特勒極權體制中實現」的惡夢很可能馬上就要徹底實現。

但在討論這些新的洞察力和新的技術手段之前，我們先看一看在納粹德國幾乎就要實現的那場惡夢。那麼，希特勒和戈培爾[035] 使用了什麼樣的手段，「剝奪了八千萬民眾的獨立思想，讓這八千萬人臣服於一個人的意志」？而這些大獲成功的恐怖手段，其依據的又是何種有關人性的理論呢？回答這些問題，其實大可引用希特勒自己的話。這些話是何等精闢，又是何等的引人注目啊！

當他寫作一些大而無當的東西，比如「種族與歷史」、「天意所在」時，其文章實在不忍卒讀。但是當他寫作有關「德國大眾」，以及他如何統治、指引他們的主題時，他的文風改變了，胡言亂語和誇誇其談消失不見，取而代之的是理智、強硬、冷嘲熱諷和明澈。在他潛心寫作的「哲學著作」中，希特勒或者如在雲裡霧裡夢裡，或者將別人的半調子言論拿來

---

[034]　老大哥，喬治·奧威爾《一九八四》中的獨裁者。

[035]　瑟夫·戈培爾（Joseph Goebbels, 1897-1945），納粹德國時期的國民教育與宣傳部部長，被稱為「宣傳的天才」，以鐵腕捍衛希特勒政權和維持第三帝國的體制。希特勒自殺後，戈培爾毒殺自己的六個孩子後自殺。

反覆炒冷飯。但是，在論及民眾、宣傳時，他是根據自己的第一手經驗來寫作的。為希特勒寫傳者中屬艾倫‧布洛克（Alan Bullock）[036] 最展現了其本色，他說，「希特勒是人類歷史上最偉大的煽動家。」

有人會加上一句說「僅僅是一個煽動家罷了」，他們可沒有領會在大眾政治時代，政治權力的本質究竟是什麼。希特勒本人就說過：「成為一個領袖，意味著能夠動員民眾。」希特勒的首要目的是動員民眾；民眾受其蠱惑，其道德觀和對傳統的忠誠便被他連根拔起；於是，大多數人被催眠，只知道同意；最終，希特勒便可在民眾身上施加其自創的一套新的獨裁體制。赫爾曼‧拉烏什寧（Hermann Rauschning）[037] 在 1939 年寫道，「希特勒對天主教的耶穌會 [038] 具有深深的敬意，倒不是說他多麼欣賞基督教義，而是贊成其精心設計、嚴格控制的一套『機械系統』，欣賞其等級森嚴的體系、極其聰明的伎倆、對人性的熟知，並欽佩它們在控制信眾時能機智地利用人性的弱點。」

去除基督精神的教會主義、修道士一般的苛刻紀律，不是為了獻身於上帝，也不是為了達到自我救贖，而是為了獻身於國家，獻身於由煽動家轉為獨裁者的那個人，匍匐於他那偉大的榮耀與權力之下。這就是系統性的群眾動員所要達到的目標。

我們且來看看，希特勒是如何定位他所要動員的群眾，以及他是如何進行動員的。第一個原則，是關於價值判斷的：民眾其實輕如鴻毛，他們無法進行抽象的思考，越出他們直接經驗範圍的任何事物他們都絕不感興趣，他們的行為並不取決於知識或理性，而是取決於情感和無意識衝動。正是這些本能衝動和情感，「是他們形成肯定或否定態度的真正根源」。因

---

[036] 艾倫‧布洛克（Alan Bullock, 1914 2004），英國知名歷史學家，著有《希特勒： 個獨裁政權的研究》（*Hitler： A Study in Tyranny*）一書。

[037] 赫爾曼‧拉烏什寧（Hermann Rauschning, 1887-1982），德國人，曾短期加入納粹，後立刻脫離，並逃離德國，從此開始公開批評納粹政權。

[038] 耶穌會（The Society of Jesus，簡寫 S.J.），天主教的主要修會之一。

此，要想做一名成功的宣傳家，務必要學會如何控制民眾的本能和情感。

「在此地球上，曾製造翻天覆地革命的驅動之力，從來都不是超越民眾之上的科學教育，而總是鼓舞民眾的獻身精神，經常還會是一種歇斯底里 —— 它能刺激民眾邁向行動。任誰想要主宰民眾，首先必須掌握開啟民眾心靈之門的鑰匙……」用佛洛伊德學派的術語來說，就是掌握民眾的「無意識」世界。

希特勒就發出了強烈的號召，他號召的對象，是那些下層中產階級人士，這一些人在 1923 年的通貨膨脹中飽受摧殘，1929 年及其後數年的經濟衰退給了他們又一次毀滅性的打擊，希特勒口中的「民眾」，就是這些困惑的、受挫的、長期焦慮的千百萬人。為了使他們更加群體化、同質化，希特勒將他們組織起來，於是，成千上萬的人湧入廣場、大廳，在那裡，個體的身分消失，甚至基本的人性都不再存在，終於，個人融入了群眾。

任何一個人，都可以透過兩種方式與社會直接發生連繫。其一，作為家族、行業、宗教等團體的一員；其二，作為群眾的一分子。團體是能夠表現出道德與才智的，就像組成團體的個人一樣；但是群眾卻是烏合之輩，他們組織混亂、漫無目的，而除了明智行動和務實思考外，他們倒是無所不能呢。

融入群眾之中，人們就會失去理智的力量，也會失去道德抉擇的能力，他們習慣於被人教唆，終至失去判斷力和自主意志。他們變得極其易怒，喪失個人的理智以及集體的責任感，突然爆發的狂怒、激情和恐懼極易感染他們。一言以蔽之，身處群眾中的一個人，其舉止好比吞食了大量強力麻醉藥一般，他就是我所謂的「群體毒藥」的受害者。像酒精一樣，「群體毒藥」是一種能使人活潑、性特別傾的藥劑。被「群體毒藥」麻醉的個人逃避自己的責任、才智、道德，變得發狂，如禽獸一般。

　　在希特勒的執政生涯中，他長期都是一個煽動者，他研究了「群體毒藥」的藥效，學會了根據個人所需加以利用。他發現，演講者可以喚醒「潛藏的力量」，並激勵聽眾做出行動——這比那些作家寫作的效果彰明多了。閱讀乃是一種私密的行為，於是，作家只能針對單一個的人說話，這些個體獨自坐著讀書，心思明澈；演講者則針對眾人說話，這匯聚的群眾已然中了「群體毒藥」，他們任演講者擺布，如果演講者清楚自己的目標，他可以對群眾為所欲為。

　　作為一個演講者，希特勒自然極其清楚自己的目標所在。他自己說，他能「牽引龐大的群眾，隨意自如，當他需要一個準確的詞語，他的聽眾那鮮活的情感就會把這個詞表露出來；反過來，這個詞被他說出，便直接打動了聽眾的心靈」。奧托·史特拉瑟（Otto Strasser）[039] 這樣評價希特勒：「他是一個擴音器，將一整個國家最隱祕的欲望、最見不得人的本能、最痛苦的折磨和國民的反叛性全部昭告天下。」

　　在麥迪遜大道（Madison Avenue）[040] 著手「動機研究」之前二十年，希特勒已經系統地鑽研了德意志民眾那隱祕的恐懼、希望、渴望、焦慮和挫折感。廣告業的行家裡手透過操縱「潛藏的力量」而引誘我們購買商品，比如牙膏、某種牌子的香菸，或選擇某個黨派候選人。同樣，希特勒也是訴求那「潛藏的力量」（還有其他一些手段風險太高，麥迪遜大道不敢涉足），引誘德意志民眾選出了他們的元首、一種瘋狂的哲學，以及一場世界大戰。

　　與民眾不同，知識分子的趣味在於理性和事實。因此，宣傳或者能對大多數人起很好的作用，但碰到這些喜歡來真的的人，就不太行得通。在

---

[039]　奧托·史特拉瑟（Otto Strasser, 1897-1974），德國政客、納粹黨員。因反對希特勒的策略觀點，1930 年被逐出納粹黨。

[040]　麥迪遜大道位於美國紐約市曼哈頓區，自 20 世紀初開始成為廣告業中心，常常被用作廣告業的代名詞。

民眾之中,「本能地位至高無上,於本能中產生信仰……當健壯的市井小民們出於本能聯合在一處,便形成群眾的共同體。」(不用說,這是在一個領袖的掌控之下。)「知識分子就不同,他們四處亂竄,就像養雞場裡的雞一樣,指望他們是創造不了歷史的,他們也不能成為群眾共同體的一分子。」

知識分子要求提供證據,看到邏輯矛盾和謬論,他們就會十分錯愕。他們視過分的簡單化為思想的原罪,又鄙夷口號、武斷之論、泛泛之談,不過這些可都是宣傳家們的慣用伎倆。希特勒寫道:「一切有效的宣傳,必須是針對少數必要的情況而發表,且務必用一些陳舊的公式。」這些陳舊的公式必須不停重複,因為「只要不停重複,終將成功在眾人腦海中牢刻下某些觀念」。

哲學教會我們,對那些看起來不證自明的事物要持懷疑的態度。與之相反,宣傳則要求我們接受這些不證自明的事物——本來我們理應對其表示懷疑。煽動家的目標即是在他的領導之下,建構社會凝聚力。但是,正如羅素所言,「教條的體系其實並無經驗支撐,比如士林哲學(scholasticism)和法西斯主義,但它們卻能在信徒中建構龐大的社會凝聚力。」

因此,善能蠱惑人心的宣傳家們必須保持始終如一的教條,他所有的陳述都是無條件正確的。在他的觀念裡,世界非黑即白,黑則如魔鬼臨世,白則如天神下凡。用希特勒的話來說,宣傳家需要採取「一種系統化的極端態度,來應對所有的問題」。他任何時候都絕不能承認自己也有可能犯錯,或者承認持其他觀點的人有可能部分正確。至於對手們,根本無需與之辯論,而是直接攻擊,蓋住其聲音,倘若他們太過麻煩,則直接將之清除。道德上帶些潔癖的知識分子知道有這種事,只怕會目瞪口呆。可是群眾總是確信「主動的攻擊者永遠正確」。如此便是希特勒關於群眾之人性的觀點了,格調或許不高,不過,它是否錯誤呢?

由果子可以知樹。而關於人性的一種理論,倘能啟發極其有效的統治

手段，那麼它至少還是有點真理的因子吧。在一個小團體內，個人與個人之間若能自由交流，則能激發美德與才智，可也會激發罪孽和愚蠢。但是當煽動家刺激著他的受害者走向行動時，他所訴求的乃是沒心沒肺，所倚賴的則是道德上的低能。沒心沒肺和道德低能，並非是作為個人的男男女女的特徵，而是作為群眾之一員的男男女女的特徵，這兩者本不存在於人的屬性中，而是「群體毒藥」發作的症狀。

　　在全世界所有高階宗教中，拯救與教化都是針對個人的。天國其實存於個人之精神，而非存在於群眾的集體性的喪智狀態之中。兩三人並處，則耶穌承諾現身。若成千上萬人皆中了「群體毒藥」，互相皆迷狂，耶穌豈能顯靈？在納粹統治之下，龐大的人群被迫花費大量的時間，組成密集的行列，前進前進，從此處到彼處，然後再從彼處到此處。「命令全體民眾不停行進，似乎只是無謂地浪費時間和精力，只是許久之後……」赫爾曼·拉烏什寧又說：「才發現原來此種活動含義微妙，其理論基礎是精準的調節手段與目的的關係。要知道，行進活動轉移了人們的思想，最終殺死思想。它終結了個人的存在感。它好比不可或缺的魔杖，在其指揮之下，群眾便逐漸適應一種機械的、準儀式性的活動，直到它成為人們的第二天性。」

　　就其觀點和選擇執行他那恐怖事業的程度而言，希特勒對人性的判斷完全正確。但是，對於像我們這樣 —— 視男男女女為個人，而不是群眾或嚴酷集體中的成員 —— 的人來說，希特勒似乎大錯特錯。

　　在人口過剩、組織膨脹的趨勢不斷加速的時代，在大眾傳播宣傳手段越發高妙的今日，我們如何來維護人性的正直，並重申個人的價值？這個問題仍然值得我們追問，也許我們還有機會獲得有用的答案。倘若再過一代人，想找到這個問題的答案也許就已經太遲了。在未來社會那令人窒息的集體氛圍中，甚至連追問這個問題或許都不再可能。

第六章　兜售的藝術

　　在西方社會，政府宣布實行民主原則，許多才華出眾、本著良心的政論家竭盡全力向選民提供準確的資訊，透過理性的論證，鼓舞民眾依據這些資訊來做出現實的抉擇。凡此皆大有好處。但不幸的是，在西方民主社會裡，尤其是在美國，宣傳有兩副面孔和一個分裂的人格。在編輯部門，總會有一個民主派的傑奇博士（作為一個宣傳家，他樂於證明，杜威所言人性有能力呼應理性與真理實屬正確），只是，這位傑出人士只控制了大眾傳播這部機器的一部分。在廣告部，我們會發現一個因反對理性而反對民主的海德先生 [041] ── 或者說是海德博士，因為現在，這位海德先生已經取得了心理學的博士學位，同時還取得了社會學的碩士學位。如果每個人都像杜威說的那樣，這位海德博士可就真的不高興了 ── 真理、理性是傑奇的事，可不是他的事。海德是一個行為分析專家，他專門研究人性的弱點和缺陷，探索那些無意識的慾望和恐懼 ── 人類如此之多的顯性思考和行為都是由此決定。他如此勤奮，可不像道德家努力讓人類變得更好，也不像醫師們盡心盡力增進人類的健康，他的真實目的，僅僅是發現最佳途徑來利用人類的無知，挖掘人類的非理性，以便其主人大發橫財。

　　畢竟會有人起來辯駁，說：「資本主義已經消亡，如今消費主義至上。」而消費主義要求銷售老手們使用各種說服的藝術（包括非常陰險的手段）來為主人效勞。在自由企業制度之下，全面的商業宣傳是絕對不可

---

[041] 傑奇博士（Dr. Jekyll）和海德先生（Mr. Hyde）是英國作家羅伯特‧路易斯‧史蒂文森（Robert Louis Stevenson, 1850-1894）所著小說《化身博士》（*Strange Case of Dr. Jekyll and Mr. Hyde*）裡的人物。在小說中傑奇博士飲用了實驗藥劑後會在晚上化身成海德先生四處作惡，令他飽受折磨。

或缺的，可是，不可或缺並不意味著令人滿意。在經濟學的範圍內被證明為很好的東西，或許對作為選民——甚至是作為一個人——的人來說倒不大好呢。那些更具道德感的古人，倘若見到今日行為研究員們那冷冰冰的玩世不恭的態度，只怕要極度震驚吧。

今日，在閱讀像萬斯‧帕卡德（Vance Packard）[042] 的《隱祕的說服者》這樣的書時，我們更多地會感到有趣、傾倒，而不是恐怖、義憤。考慮到佛洛伊德四處流行，考慮到行為主義（behaviorism）甚囂塵上，考慮到企業家巨鱷們長期以來一直極度渴求大眾消費，那麼這種轉變的發生也就是順其自然的事情了。但是我們想問一問，在未來，我們還會期待什麼樣的事情發生？是否到了最後，傑奇和海德會相互融合？支持理性的運動會否被支持非理性的運動（後者可比前者精力充沛得多）狠咬一口，動彈不得？這些問題，目前我不想回答，我們且將其放在一旁，作為我們下面討論技術發達的民主社會裡流行的「大眾說服術」的背景吧。

民主社會裡的商業宣傳，與被一個獨裁者或一個謀求獨裁的政客所僱而進行的政治宣傳相比，其任務在某些方面更容易，但在另外一些方面又更難。之所以說更容易，是因為幾乎每個人在啤酒、香菸、冰箱等事物上本來就有所偏好，但幾乎沒有人生來就對獨裁者有偏好。之所以說更難，是因為商業宣傳根據自身的遊戲規則，是不能訴諸大眾更多的野蠻本能的。日用品的廣告商倒很想告訴他們的讀者或聽眾，他們所有的麻煩都來源於國際上某些萬惡的人造奶油製造商的陰謀詭計，而出於愛國主義者的責任，他們需要遊行，把那些壓迫者的工廠用一把火燒個精光。

可是，這類做法早就被禁止了，因此，廣告商不得不滿足於溫和得多的宣傳途徑。可是，溫和的方式遠遠比不上採取語言暴力或直接動手那麼

---

[042]　萬斯‧帕卡德（Vance Packard, 1914-1996），美國記者、社會批評家、作家。《隱祕的說服者》（*The Hidden Persuaders*）一書主要揭露了製造商、金融掮客、政治家操縱大眾，使其甘心購買物品、金融品或投票的方法。

刺激——雖然從長遠的角度看，挑撥憤怒與仇恨的情感最終會弄巧成拙；不過，短期內，倒是能收穫心理的甚至生理的滿足感（要知道憤怒、仇恨的情感能釋放大量的腎上腺素）。

或許，民眾起初對獨裁是懷著一種偏見的，可是當獨裁者或未來的獨裁者向他們宣傳時，痛斥他們的敵人（尤其是這些敵人勢孤力單易於迫害）的邪惡，從而釋放了他們的腎上腺素，他們就滿懷激情，起而跟隨了。比如，希特勒在他的演講中不停重複如下詞語：仇恨、力量、無情、摧毀、粉碎，等等，當他口中說著這些詞時，他還會伴之以更暴烈的肢體動作。他會狂吼、尖叫，他的靜脈會鼓凸起來，他的臉色會變得蒼白。正如每個演員和戲劇家都知道的，強烈的情感是最能傳染的。當演講者傳遞出他那惡意的狂暴，受其感染，聽眾會呻吟、啜泣、尖叫，陷入難以抑制的激情的狂放狀態之中。這種狂放狀態是如此令人迷戀，大部分人只要感染過一次，便會渴求更多次。

我們幾乎都渴望和平與自由，但是卻很少有人會對成就和平自由局面的思想、情感、行動產生熱情。反過來說，沒有人希望戰爭、獨裁，但是卻有相當多的人對造成戰爭獨裁局面的思想、情感、行動懷抱深深的喜悅，但這類思想、情感、行動太過危險，是不能移用於商業目的的。受此拘束，廣告界人士既要少用迷狂的情感，又要採用較為安靜的非理性的形式，他們也只得竭盡所能去做宣傳了。

只有考慮周全，並對象徵的本質以及象徵與被象徵的事物之間的關係有清晰的認知，理性的宣傳才有可能取得極佳效果。非理性宣傳相反，其有效性建立在普通人無法理解象徵本質的前提之下。頭腦簡單的人傾向於在象徵與被象徵物之間畫等號，傾向於把宣傳家們選擇用來描述事物本質的詞語等同於事物本身的特質——目的是談論事物時有話可說。

舉一個簡單的例子，絕大部分的化妝品其實都是由綿羊油製作的，是

用提純的綿羊油和水混成的一種乳劑。這種乳劑有許多有價值的特性：它能滲透皮膚，不會發臭，很溫和，還能防腐，諸如此類。但是商業宣傳家們可不會描述這乳劑的真正性質，他們只會給它重新命名，用上一個生動撩人的名字，然後心醉神迷地描述（其實完全是誤導）它那滋陰養顏的功效，並配上金髮碧眼的白膚大美女，她們因那「皮膚營養品」而容光煥發。「化妝品製造商，」其中一個廣告商曾經這麼寫道，「並不是在推銷綿羊油，他們是在推銷希望。」為了這所謂的希望，為了她們將重獲新生這樣的欺騙性承諾，女人們會花上十倍、二十倍的價格來購買這種乳劑，而這種乳劑，都已經被宣傳家們巧妙地描述過一番，他們用的是誤導性的象徵話語，並投合了天下女性普遍的、根深蒂固的一種願望，即讓自己更加有吸引力。

這種宣傳的原理極其簡單，找到大眾的欲望、廣泛的無意識恐懼和焦慮，尋求敘述的模式，將此渴望與恐懼投射在要銷售的商品身上，然後以語言或符號的象徵建構起一座橋梁，消費者穿過這座橋梁，便能將事實轉化為補償性的迷夢，做了這夢，消費者便生幻覺，以為一旦購買了此商品，便能夢想成真。

「我們不再買橘子，我們購買的是『活力四射』。我們不再是單純買一輛汽車，我們購買的是『聲望』。」以此類推。以牙膏為例，我們購買的不僅是清潔與防腐之物，更是購買了確保自身性吸引力仍然叫座的自信。

至於伏特加和威士忌，我們購買它們，不是為了購買一種原生質毒劑（若是少量使用，從心理上倒能緩解緊張，算是有其價值），而是為了購買友情、兄弟之誼、丁格來谷[043]的溫暖、美人魚酒館[044]的榮光。而購買

---

[043]　丁格來谷（Dingley Dell），狄更斯小說《匹克威克外傳》中的一個農場，是匹克威克和朋友們圍著爐火享受美食、盡情歡樂的場所。

[044]　美人魚酒館（Mermaid Tavern），伊麗莎白一世時代作家們的聚會場所。

瀉藥，等於購買了一位希臘神靈的健康，是沾了黛安娜[045]的屬下寧芙[046]的光。而購買每月暢銷書，我們其實是購買了文化、他人（文盲的街坊鄰居）的羨慕、世俗的尊敬。

如上的每一個例子，其實都是行為分析專家先發現了人們根深蒂固的願望或恐懼，利用這種隱藏的力量鼓動人們掏腰包消費，如此便間接地推動了工業車輪的運轉。此種潛在的力量隱藏於無數個個人的思想與身體深處，透過精心設定的象徵語境，這些力量被釋放、傳輸出來，並繞過人的理性，矇蔽事物的真相。

有時，這些象徵因其本身的誇張而令人印象深刻，使人魂牽夢繞、神魂顛倒，如此產生宣傳之效。宗教的儀式和諸種盛景便是一個好例子。這些「聖潔華美之物」強化了信眾原已存在的信仰 —— 如果他們還沒有信仰，則能促其轉變。此等「聖潔華美之物」訴求的只能是審美快感，它們雖被強行與宗教的教條連繫在一起，卻並不能保證此教條之為真理，也不能保證其倫理價值。

史實明白無誤，所謂的「聖潔華美之物」常常與不那麼聖潔的假美之物並行不悖，甚至被後者擠掉。例如，在希特勒治下，每年一度的紐倫堡黨代會，實在是儀式和劇場藝術的傑作。對此，希特勒統治時期的英國駐德大使內維爾・亨德森爵士（Neville Henderson）這麼評論：「大戰之前，我曾有六年時間待在聖彼得堡，那是俄羅斯芭蕾的黃金時代，但是就宏大之美而言，我看沒有任何芭蕾表演能與紐倫堡黨代會相媲美。」有人會說，濟慈（John Keats）不是有言「美即是真，真即是美」嘛，哎，算了吧，這等真理只能在某些終極的、超凡脫俗的層面上存在。在現實的政治和神學層面上，「美」與胡言亂語、獨裁專制配合得很好，可以說是嚴絲

---

[045]　黛安娜（Diana），羅馬神話中的月亮女神和狩獵女神，眾神之王朱比特和溫柔的暗夜女神拉托娜的女兒，太陽神阿波羅的孿生妹妹。在希臘神話中對應的是阿蒂蜜絲。

[046]　寧芙（Nymph），希臘神話中的一位女神，是自然的精靈。

合縫。這倒也算是幸事，因為倘若「美」與胡言亂語、獨裁專制不合，那麼世上的藝術就既珍又稀了。要知道，世上繪畫、雕塑、建築之佳作，大多都是因宗教、政治宣傳而產生，為的乃是宣揚神、政府或僧侶的偉大榮耀。但是大部分帝王和僧侶都是暴君獨夫，而一切宗教皆充斥著迷信。

天才匍匐於專制之下，藝術則諂媚於本地祭儀的排場。時間流逝，真正好的藝術會與差勁的形而上學分家。可是，我們能否不學事後諸葛，而是在這種分離發生前就學會把兩者區別開來呢？這是一個問題。

在商業宣傳中，我們很容易理解其誇張、誘人的象徵原則。每一個宣傳家都有自己的藝術部門，始終努力美化廣告招牌，或者採用顯眼的海報，或者在雜誌內頁插入的廣告中布滿漂亮活潑的圖畫、相片。廣告之中無藝術傑作，因為傑作召喚的是少量的閱聽人，而商業宣傳家極力捕獲密集人群的注意力，對於他來說，理想的廣告乃是適度與優異的結合，無需太好，但求足夠顯目，這樣的「藝術」期待與它所要象徵性描述的商品本身完全符合。

另一種誇張、誘人的象徵方式是商業歌曲，這是最近才出現的。不過，神學上禱告時的歌聲，即聖歌與讚美詩，早在宗教誕生時就一併出現了；軍歌、進行曲，則與戰爭同步出現；愛國歌曲（國歌的前身）—— 毋庸置疑專門用來提升群體凝聚力，強調「我們」與「他者」的區別 —— 早在舊石器時代就由一群一群遊蕩的獵人和食物採集者們唱響了。

對於大部分人來說，音樂本身即具有內在的吸引力。此外，動聽的歌曲易於在聽者的思想中生根，一段旋律很有可能迴響於人的一生。假設現在有一段枯燥無味的陳述或價值判斷，單單放在這裡，沒有人會注意。可是，將這段話配上一段朗朗上口、易於記住的旋律呢？立刻，這段話就顯出了魔力。而且，只要旋律響起，或自然而然想起了這段旋律，那麼話語

就自動開始重複。看來奧菲斯[047]與巴夫洛夫[048]已然結盟了 —— 音樂魔力與制約反射（conditioned reflex）相互配合。

對商業宣傳家和他在政治、宗教領域裡的同行們來說，音樂還有另一個優勢。一個正常理性的人，要寫、要說或聽他人說些胡言亂語的東西，未免自覺慚愧；但這些胡言亂語倘若譜成歌曲，讓一個理性的人去唱、去聽，他將滿懷愉悅，甚至獲得知識的自信。如此一來，我們又怎能將聽歌、唱歌時感到的愉悅，與這動聽之歌所掩蓋的宣傳意圖明確區分呢？這也是一個問題。

多虧義務教育和輪轉印刷機，宣傳家們多年來已經能夠將其意圖傳遞給任一文明國度裡幾乎任何一個成年人。今天，又多虧了廣播與電視，宣傳家們欣然發現，他們甚至可以向未上過學的成年人和未開蒙的小孩傳遞資訊呢。

正如所預料的，孩童極易受宣傳的影響，因為他們對世界及其執行模式一無所知，也就毫無防備。他們還不知批評為何物。年紀最小的甚至還不懂得理性，年紀較大的則涉世不深，因此即使初知理性，也不能很好地運用。在歐洲，過去人們常開玩笑說，應徵入伍就是去當「砲灰」，而現在，他們小小年紀的弟弟妹妹們則成了「廣播迷」、「電視迷」。在我的童年時代，家人教我們唱兒歌，在虔誠的家庭裡，則唱讚美詩。而到了今天，小傢伙們則哼哼著商業歌曲。

下面的一些商業歌曲還算是較好的呢。「萊茵黃金[049]是我的好啤酒，好啊好辛口啤。」或者「嘿呀嘀叨嘀叨，貓和小提琴好。」

---

[047]　奧菲斯（Orpheus），古希臘神話中的詩人和歌手，善於彈奏豎琴。

[048]　伊凡‧彼得羅維奇‧巴夫洛夫（Ivan Petrovich Pavlov, 1849-1936），俄羅斯生理學家、心理學家、醫師，因對狗的研究而出名，並在 1904 年獲諾貝爾生理學或醫學獎。

[049]　德國的尼伯龍根傳說中，萊茵黃金是一處祕藏的黃金，原為萊茵河三位仙女守護，後為尼伯龍族人和齊格菲（Siegfried）所占有。此處指一啤酒品牌。

可是這些呢？「與我同在吧。」或「用上白速得，牙漬哪去了？」鬼知道！

「我不是說要慫恿小孩看了電視廣告之後就纏著父母買這買那，可是，我又不能睜眼說瞎話：這事可是天天發生呢。」某一電視明星寫道，他為一個青少年節目工作 —— 這樣的節目現在有很多。他又補充說：「小孩子們就是一卷活靈活現的錄音帶，把我們每天所灌輸的東西說給別人聽。」總有一天，這些電視廣告的活靈活現的錄音帶，會長大，賺錢，購買工業產品。「想想看，」克萊德・米勒[050]興高采烈地說：「如果你能制約一百萬甚至一千萬的小孩，他們長大成人後，將會制約反射式地購買你的產品，就像訓練士兵前進，一旦聽到『起步走』，他們就像扣動扳機一樣行動。想想看！這會替你的公司增加多少利潤！」

是的，僅僅想一想都要欣喜若狂！

與此同時，我們不能忘了，獨裁者們和未來的獨裁者們也一直在思考這種事情，已經有很多年了。而成百萬、上千萬甚至上億的孩子在成長的過程中，也不得不購買當地暴君的意識形態的產品，就像訓練有素的士兵一樣，他們一聽到在其思想中生根的關鍵字，同樣就像扣動扳機一樣，按標準行為來行事。暴君的宣傳喉舌們成功了。

人數越多，自治能力越差。選區越是龐大，單個人的投票價值也就越小。如果這單個人只是幾百萬人中的一員，他會自覺渺小，無足輕重。他投票選出的那個人在遙遠的地方，在權力金字塔的頂峰，跟他毫無關係。

從理論上講，當選者應是民眾的公僕；實際上，公僕反倒是發布命令的人，而遠遠居於這巨大金字塔底部的民眾，卻是必須服從的人。不斷增加的人口、不斷發展的科技，使總人數增加了，使得組織更複雜了，也使得官員手中聚集了更多的權力 —— 與此同時，選民反而日益喪失了對官

[050]　克萊德・米勒（Clyde L. Miller, 1910-1988），美國民主黨政客。

員的控制力，而公眾對民主程序的關注度也相應下降了。現代世界裡各種龐大的、無情的力量原本已經削弱了民主制度，現在，政治家和他們的宣傳喉舌們又從內部加以攻擊了。

人類行為，在許多方面固然是非理性的，但是倘若給予「公平的機會」，所有人似乎都能依據可靠的事實做出理性的選擇。民主制度下，只有當所有人皆盡其可能努力傳播知識、鼓舞理性的時候，這一制度才能運轉流暢。可是今天在世界上大多數勢力強大的民主國家裡，政客們和他們的宣傳喉舌寧願使民主變成廢話一籮筐，他們訴求的幾乎只是選民的無知和非理性。

1956 年，一家重要的商業日報的編輯這麼寫道：「兩家黨派，其玩弄選民和政治議題的方式，與商家售貨的辦法異曲同工。這些辦法包括：以科學的方法篩選出有吸引力的議題，刻意重複……電臺插播廣告不斷重複一些句子，其強度是預先計算好的。廣告牌上的標語，其效果也是要經過證明的……在攝影機面前，候選人們除了嗓音富有吸引力、用語得當之外，看起來還必須顯得『很真誠』。」

政治業務員們唯一訴求的，就是選民的弱點，從來不會考慮選民們蘊藏的政治力量。他們不會做任何努力去引導民眾學會自我管理，他們只滿足於操縱或剝削民眾。為達到這一目的，這些人動用了一切心理學和社會科學的手段。比如，會謹慎選擇一些選民，讓候選人與之進行「深度訪談」，這些「深度訪談」會呈現出選舉期間社會上最為流行的無意識恐懼和願望。於是，專家們會選用一些語句和形象，目的是緩和或加強（如果有必要）這些恐懼，滿足這些願望或至少象徵性地滿足，然後將這些語句和形象投放出去，作用於讀者或觀眾，他們接收之後，其選舉態度會改變或者鞏固。此後，競選團隊要走向大眾媒體了，現在他們需要的只是大把的金錢和一名候選人。通過訓練，這名候選人看起來已經「很真誠」了。

　　在這種新的遊戲規則之下，政治原則、特定的行動計畫都逐漸失去其大部分的作用。候選人的個性和他被宣傳專家們廣而告之的方式，才真正造成了關鍵作用。或者是一個精力充沛的男子漢，或者是一位慈祥和藹的父親，總之，候選人務必光彩照人。他還必須是一個娛樂家，他的觀眾對他的表演從來不感覺厭倦。觀眾已經習慣了電視和廣播，他們也就慣於走神，不喜歡集中注意力，或做長時間的腦力活動。因此，這位娛樂家兼候選人的所有言論務必簡短且生氣勃勃。當天的重要話題，處理時間最多五分鐘 —— 最好六十秒解決問題，因為觀眾對通貨膨脹和氫彈並不感興趣，他們總是急著把話題轉到輕鬆許多的一些事情上去。其實，在政客和牧師們中間，始終都有一種傾向，即將複雜事情極簡化，這就是修辭學（rhetoric）的本質。

　　站在聖壇或講臺上，即使最認真負責的演講者也會發現，講出全部的真相也是極其困難的。到了今日的世道，採用了如上論及的諸種手段，一名政治候選人已然被機械化了，似乎他不過是一瓶除臭劑，積極地守護著他的選民們，使其永遠不被任何事物的真相所感染，彷彿真相是熏臭難聞的。

第七章　洗腦術

在進行制約反射這一個劃時代的實驗過程中，巴夫洛夫發現，長時間身處生理或心理的壓力之下，被實驗的動物們會表現出精神崩潰的所有症狀。面對令人難以忍受的環境，它們拒絕配合，其大腦開始罷工，就是說大腦完全不工作（有些狗失去了意識），或者反應遲鈍乃至破壞大腦功能（有些狗行為怪異如在夢中，或者表現出歇斯底里的生理症狀──用人類的術語來說）。有些動物較別的動物抗壓能力更強。巴夫洛夫稱之為「強烈興奮型」的狗，與他稱之為「一般活潑」（不易發怒、焦慮）的狗相比，前者更快地崩潰了。與此類似，「自我控制力較弱」的狗，與「清醒冷靜」的狗相比，前者會更快地竄到繩子的終點。但是，再冷靜無所謂的狗，也不能無限制地忍受折磨。倘若它承受的壓力足夠大，時間足夠長，它最終也會崩潰，就跟它同類中的最脆弱者一樣，可憐而徹底地崩潰。

巴夫洛夫的發現在「二戰」中得到了驗證，那是在極其廣泛的範圍內，以最痛苦的方式做出的驗證。在士兵中，或者因為單一的創傷經歷，或者被連續的恐怖（受驚程度較小但是不停重複）驚嚇，他們便會呈現出各種心理失能的症狀，比如，暫時的昏迷、狂躁、嗜睡、功能性失明或癱瘓、完全不真實的應激反應、固化的行為模式忽然逆轉，等等。所有這些症狀巴夫洛夫都在實驗的狗身上看到過，後來在世界大戰的士兵身上重現──一戰時這些症狀被稱為「砲彈恐懼」（shell shock），二戰時則稱為「戰鬥疲乏」（combat fatigue）。

同狗一樣，每個人都有其忍受壓力的限度。在現代戰爭的環境之下，面對或多或少但持續不斷的壓力，大約三十天之後，大部分人就達到了忍

耐的極限；比常人更為堅韌的戰士們能夠抵抗四十五天甚至五十天。不管忍耐力是強大還是弱小，總之到了最後，他們所有人都會崩潰。注意，我們說的是，所有那些原本正常的人，因為足夠諷刺的是，在現代戰爭中能無限抗壓的僅有少數人，而這些人，無一例外都是精神病。瘋狂的個體對集體瘋狂的後果乃是免疫的。

每個人都有其忍耐的極限，這一事實已被廣泛認可。其實自古以來，人們就在利用這一點，雖然採用的是較為粗野、不那麼科學的方式。某些情況下，一個人對同類凶殘、毫無人道，其實源於此人對殘忍本身的愛好，他認為殘忍是可怕的、迷人的。然而，更多時候，這種純粹的虐待狂，倒是被效益主義、神學或國家主義催逼出來的。法官們為了讓頑強抵抗的證人鬆口會折磨其身體，或施加其他的壓力；牧師們為了懲罰異教徒，引誘他們改變信仰，也會這麼做；同樣，面對被懷疑為反政府的人士，祕密警察也以此手段逼使他們坦白。

在希特勒治下，折磨以及隨之而來的種族滅絕，皆施加於那些他認為的生物學上的異教徒 —— 猶太人。身為一個年輕的納粹分子，需在死亡集中營中任職，照希姆萊[051]的說法，這是「最好的教化，使其明白低劣生命和次等人究竟是何物」。在維也納的貧民窟裡，年輕的希特勒重拾反猶主義的信條，且終身不曾放棄，因此，原本是宗教裁判所用來對付異教徒與女巫的種種手段，後來通通死灰復燃，就是不可避免的了。

可是根據巴夫洛夫的發現，和精神病醫師在治療戰爭神經症中所獲的知識來看，理論與實踐之間似乎顯出了可怕的、怪誕的時代錯亂。

其實，無需身體的折磨，只要用上野蠻且沒有人性的一些手段，就能夠產生充分的壓力，足夠令人的大腦徹底崩潰。

---

[051]　海因里希·希姆萊（Heinrich Himmler, 1900-1945），納粹德國的重要人物，德國祕密警察首領，將黨衛隊發展為控制著整個納粹帝國的龐大組織。他屬下的集中營屠殺了六百萬名猶太人。

　　不管早年發生過什麼，至少目前很可以確定，不發達國家的警察並未廣泛使用折磨這一手段。他們不是從宗教審判官或親衛隊那裡，而是從生理學家和系統性的制約反射實驗中的動物身上激發了靈感。對於獨裁者和他手下的警察們來說，巴夫洛夫的發現具有重要的實踐啟示，因為如果一條狗的中樞神經系統可以崩潰，那麼政治犯的中樞神經系統一樣可以崩潰，他們需要做的，僅僅只是給政治犯們施加足夠的壓力，持續足夠的時間。承受此等壓力之後，犯人們會變得神經衰弱或歇斯底里，他們隨時準備向其抓捕者坦白，洩露一切。

　　可是坦白是不夠的。一個無可救藥的精神病患者對任何人都是無用的。聰慧的、務實的獨裁者可不需要把一個病人納入組織裡，而是需要為神聖事業服務的變節者。獨裁者再一次轉向巴夫洛夫，他了解到，在即將崩潰之際，狗比任何時候都易受影響，如此一來，新的行為模式輕易就建立起來，而這些新的行為模式，看起來是不可根除的。動物一旦被植入新的行為模式，其制約反射便不能消除。在壓力之下學會的東西，將在它的性格中烙下不可磨滅的痕跡。

　　有很多種製造心理壓力的方式。當刺激極其強烈時，狗會變得坐立難安；過度延長刺激與反應之間的時間間隔，狗就會表現出焦慮情緒；如果與先前建立的條件完全相反，狗在受到刺激時腦子會一片混亂；如果刺激超過了這條狗已經建立的條件原則，它會茫然不知所措。此外，研究還發現，故意施加恐懼、憤怒、焦慮等情緒到狗身上，會明顯提高它對暗示的敏感性，但倘若這些情緒長時間維持在高強度，狗的大腦就開始「罷工」了，「罷工」一旦開始，人就能極其容易地在狗的大腦裡建立全新的行為模式。

　　能提高狗對暗示的敏感性的軀體應激力包括了疲憊、受傷和各種疾病。

對於未來的獨裁者來說，這些發現在實際應用中非常重要。比如，它們證明了希特勒是完全正確的——他曾堅持認為在晚上舉行群眾集會要比在白天舉行效果好得多。「身處白天，」希特勒寫道，「人們的意志力強度極高，若有人試圖將某個人的意志和想法強加給他們，他們必極力反抗；但是在夜晚，面對一個更強大意志的主宰力，他們會更容易匍匐在地。」

巴夫洛夫很可能會同意希特勒的觀點，因為疲憊會提高人對暗示的敏感度，這也是為什麼電視節目的贊助商準備了大把大把的鈔票，就是要選擇晚間來播放節目的原因所在。

疾病與疲憊相比較，會更有效地提高人對暗示的敏感度。過去，病房裡上演了不計其數的不同好戲。未來的獨裁者將接受科學訓練，他們將把自己控制範圍內的所有醫院都布滿電線，在每個病床枕頭下都配備喇叭，二十四小時不間斷地播放錄音宣講。而更重要的一些病人，則會由政府專門派遣靈魂拯救者、思想改造者來進行說服工作，就像在過去神父、修女、虔誠的教徒會走到病人的床前一樣。

其實，早在巴夫洛夫之前，就有人觀察到，強烈的消極情緒易於提高人對暗示的敏感度，有助於改變人的思想，這一發現立刻就得到了應用。威廉·薩甘特 [052] 曾在他那本很有啟蒙性的書《為心靈而戰》（*Battle for the Mind*）裡指出，約翰·衛斯理 [053] 作為牧師取得了巨大成功，其成功的基礎在於他憑直覺知道中樞神經系統的存在。通常，他布道的開場白都是對痛苦進行大段大段繪聲繪影的描述，除非立刻走向信仰的正途，否則所有聽眾毫無疑問將被打入地獄，永無翻身機會。於是，當聽眾們充滿恐懼、痛

---

[052]　威廉·薩甘特（William Sargant, 1907-1988），英國心理學家，是二戰後英國心理學界的重要人物，但因其治療的偏激方式備受爭議。他的學術著作《為心靈而戰》（*Battle for the Mind*）探討了如何影響他人心靈。

[053]　約翰·衛斯理（John Wesley, 1703-1791），英國十八世紀著名基督教牧師、神學家，他領導了英國宗教復興，也是衛理宗和聯合衛理公會的創立者。

苦、罪惡感，達到一定的極限，有時甚至超越極限程度，他們的中樞神經系統就崩潰了，然後，他聲調一變，向信仰者和懺悔者許諾得救的可能。用這樣的方式布道，衛斯理讓成千上萬的男人、女人、小孩改宗 (Religious conversion)。

在此例中，高強度的、持續的恐懼令聽眾崩潰，並使聽眾對暗示的敏感度達到極高的程度，身處此種狀態，他們不分青紅皂白地接受了牧師的神學宣言。其後，牧師又以溫馨的言語安慰他們，使其擺脫痛苦，重建一個新的、通常更好的行為模式，它會深深扎根在聽眾的腦海和中樞神經系統。

政治和宗教宣傳的效果，取決於採用的宣傳方式，而非所宣傳的具體教條。這些教條或對或錯，或好或壞，區別很小，甚至根本就沒有區別。只要在人神經疲憊之時，施以恰當方法，所有的灌輸必定成功。事實上，只要條件充分，任何人幾乎都可以被制約改變。

我們已經掌握了詳實的證據，可以知道某些不發達國家的警察們是如何對付政治犯的。政治犯一被拘捕，就被施以系統性的、形式多樣的壓力，包括生理的和心理的。吃得很差，住得極不舒服，每晚睡覺時間不到幾個小時，以此迫使他始終處於一種焦慮、不安、極端恐懼的狀態。因為巴夫洛夫的這些警察信徒們深知疲憊的價值 —— 增強人對暗示的敏感度，於是，他們就一日復一日、一夜復一夜地審問政治犯，一口氣都不停能長達數小時。同時，審訊者無所不用其極，使政治犯恐懼、困惑、完全不知所措。只要這樣持續個幾週或幾個月，政治犯的大腦就罷工了，他會向當局交代一切。然後，如果不想槍斃這個政治犯，還想轉化他，則會給予他安慰與希望，如果他誠心信仰黨國的唯一真理，他甚至都能被拯救呢，當然不是在來世（因為官方當然不承認還有來世），而是在今生。

在這種制約體系中，個體就像是原料，被運送到特殊的營地，在那裡，受訓者與他們的朋友、家人以及整個外界徹底隔離，進行生理和心理

的殘酷訓練，直至筋疲力盡；他們不被允許一個人行動，永遠都是和一個團體內的所有人在一起；他們被鼓勵相互監督；他們被要求寫檢查表；他們時刻恐懼，生怕因為自己坦白了什麼，或者因為告密者說了他們的什麼壞話，最後大禍臨頭。

六個月之後，這樣長期的生理和心理的壓力能產生什麼樣的結果，知道巴夫洛夫實驗的人自然會想到：一個接一個，甚至整個團體的受訓者們都崩潰了，出現種種神經過敏、歇斯底里的狀況，其中一些受訓者甚至自殺，其他人（據說多達20%的受訓者）則患上嚴重的精神疾病。而經歷殘酷的思想改造存活下來的人，其行為模式煥然一新、牢不可破。但與過去有關的所有連繫──朋友、家人、傳統禮儀、孝順──已經煙消雲散。他們是新的人了，崇拜著新的偶像，並完全聽命於他。

在這個世界上，從成百上千個這樣的「訓練營」裡，每年產出成千上萬個這樣的年輕人，他們受過制約，富有奉獻精神。耶穌會曾經為反宗教改革的羅馬教會所做的一切，這些用更科學、更殘酷的方式制約出來的成果也正在做著，毫無疑問，他們還會持續做下去。

在政治上，巴夫洛夫或許是一個老式的自由主義者，但諷刺的是，命運總是離奇巧合，他的研究和理論衍生出一支狂熱之徒組成的大軍，他們奉獻心智與靈魂，以及自身的制約反射和神經系統，為的卻是摧毀老式的自由主義──不管它在哪裡出現。

這就是洗腦術，它是一種混合技術，其功效一部分取決於系統性地使用暴力，一部分取決於對心理操縱術的嫻熟應用。它既代表了《一九八四》設想的獨裁傳統，也在朝《美麗新世界》設想的獨裁傳統發展。

在一個長期存在的、運轉良好的獨裁體制下，目前流行的由一般暴力組成的控制術看來無疑是荒謬而粗暴的。倘從幼兒即開始制約（或者也可

以先行用生物科技設定好），一般說來，中級和低階種姓的個體對唯一真理是信奉至死的，無須害怕他們轉變思想，甚至無須讓他們複習。而高階種姓的人們則務必使其明瞭面對新情況時需有新思想，自然，對這部分人，其制約不必那麼苛刻；而對中級和低階種姓，既然他們無需思考事情的成因，而僅僅只需要去做事情，並且死亡之時要求其安之若命，那麼對他們的制約必然要嚴苛許多。因此，這些高階種姓的個人，乃是野性較多的；而他們的訓練員和管理員對其本身也只是略微做一些制約，使其完全成為家養動物一般的人種。這些人因其野性尚存，他們有可能變成異端或公然犯上，這種事情一旦發生，他們或者被清除，或者接受洗腦，重新成為循規蹈矩之徒，或者（像《美麗新世界》描述的）被流放到某個荒島，在那裡，他們沒辦法製造什麼麻煩 —— 當然，他們互相之間倒是可以互相內鬥的。

不過，幼兒制約和其他操縱控制術仍然遙遠，要等幾代人之後才能看到。於是，在通往「美麗新世界」的路上，統治者們也就只有依賴過渡性質的、臨時的洗腦術了。

第八章　化學藥品之誘導

「美麗新世界」裡的索麻，沒有古印度原型索麻一丁點的缺陷。服用少量，它能給人帶來喜悅；用量過大，又不過使人產生幻覺；如果吃了三粒，不過讓人沉睡，醒來又神清氣爽。它完全不會產生任何生理和精神的負擔。《美麗新世界》裡的人服用索麻就像度假，遠離陰暗情緒，遠離日常生活的種種煩惱，根本不會傷及身體或永久性地破壞身體機能。

在《美麗新世界》裡，消費索麻的喜好並非見不得人，它其實是一種政治制度，是生命、自由、追求幸福的本質，是受到《權利法案》庇護的。不過，它雖然是臣民們不可分割的特權，珍貴無比，卻也同時是獨裁者軍備庫中最有力的武器之一。系統性地讓個體享受藥物，原本為的是國家之利益 —— 當然順便也讓個體取樂取樂，這是世界元首們政策中的核心綱領。每日供應定量的索麻，可遏制個人不適、社會騷亂，防止顛覆性觀念的擴散。卡爾・馬克斯（Karl Marx）曾經宣布，宗教是民眾的鴉片。而在《美麗新世界》裡，這種情況反轉過來，鴉片，準確說是索麻，是民眾的宗教。像宗教一樣，這種藥物有撫慰、補償民眾之力，它可引來一個更好的世界的幻象，它更能提供民眾以希望，加強民眾對政權的信仰，並促進民眾更加寬容。

一個詩人曾這樣寫道：

啤酒……遠勝彌爾頓之能
它見證上帝之路
引人前往天堂。

　　讀者務必記住，與索麻相比，啤酒作為一種藥物是最粗糙的，效果也是最不可靠的。向凡人呈現上帝的道路，要論功效，索麻遠勝啤酒，就像啤酒遠遠勝過彌爾頓的神學論述一樣。

　　1931 年，我正在寫作一篇文章，論述一種想像中的合成物質，憑藉此物，未來的一代代人能變得快樂和溫順。當時著名的美國生化學家歐文·佩奇博士 [054] 正準備離開德國，此前三年，他一直在威廉皇帝學會 [055] 工作，研究大腦的化學構成。在最近的一篇文章中，他寫道，「很難理解，為什麼隔了如此長的時間，科學家們才開始著手研究人類大腦的化學反應。就我個人的切身經驗而談，其實早在 1931 年，我正要離開德國回家……當時我無法在此領域（大腦化學領域）找到任何工作，也不曾掀起一點波瀾，使世人對此領域感興趣。」但是到了今日 —— 已經是二十七年之後了，1931 年的時候還不存在的小小波瀾，早已成滔滔浪潮，生物化學、精神藥理學研究已經是炙手可熱了。

　　人們正在研究調節大腦運轉的酶。在身體內部，迄今為止還不甚知名的化學物質，比如腎上腺素、血清素（佩奇博士是血清素的共同發現者之一）已經被分離出來，科學家們正在研究它們對人的精神和身體機能的廣泛影響。與此同時，人們又合成了新的藥物，這些藥物能加強、修正、干預多種化學物質的作用，這些化學物質促使神經系統作為身體的總司令、意識的仲介與工具發揮作用，時時刻刻創造著生命的奇蹟。

　　從目前的觀點來看，這些新藥最有趣的地方在於，它們短暫改變了大腦的化學作用以及思想的連結狀態，卻未曾對整個機體造成任何永久性的損傷。從這點來看，它們很像是索麻，與過去那些改變思維的藥物完全不

---

[054] 歐文·佩奇（Irvine Heinly Page, 1901-1991），美國生理學家，長期研究高血壓，在該領域極其有名。早年曾經研究過大腦神經化學。

[055] 威廉皇帝學會（Kaiser Wilhelm Institute），德國知名科學研究機構，始建於 1911 年，位於柏林，二戰期間與納粹關係密切，1946 年機構解散。

同。比如，傳統的鎮靜劑極像鴉片，但鴉片是一種危險的藥物，從新石器時代到今天，它一直培養著癮君子，並摧毀著人們的健康。傳統的興奮劑——酒精，也如鴉片一樣，照大衛王 [056] 的說法，酒精「使人心情舒暢」。不幸的是，酒精不僅能使人們心情舒暢，若飲用過量，也會造成疾病和上癮，在過去的八千到一萬年間，它乃是犯罪、家庭不幸、道德衰退、意外災害的主要原因。

謝天謝地，在傳統興奮劑之中，如茶、咖啡、瑪黛等，皆是無害的，但其刺激的效果不敢恭維。不像這些「令人愉悅但不能沉醉的一杯杯的東西」，古柯鹼興奮效果強烈，但也十分危險。食用者雖得狂喜，卻也付出代價：他們會感覺身體、精神力量皆無窮無盡，但卻斷斷續續感到痛苦與沮喪；還會出現某些可怕的身體現象，例如感到無數爬蟲鑽心；甚至產生妄想，這妄想或能導致罪惡發生。

較近發現的另一種興奮劑是安非他命，更為人所知的是購買時它的另一個名字苯丙胺。安非他命作用明顯，但濫用之下，卻會對身體、精神健康造成傷害。據報導，在日本，大約有一百萬安非他命癮君子。

在傳統的迷幻劑中，最有名的包括烏羽玉 [057] 和大麻；此外，在全世界廣泛消費的迷幻劑還包括：哈希什 [058]、印度大麻、麻醉劑、大麻菸。根據最可靠的醫學和人類學研究，與杜松子酒和威士忌相比，烏羽玉的副作用小很多，它幫助宗教儀式中的印第安人如入天堂，使他們感到與至愛的社會融合為一，這等享受的害處卻寥寥無幾，不過是咀嚼時味道有點難聞，或一兩個小時內感到作嘔罷了。至於大麻，就沒有那麼良性了，雖然其害處也沒有謠傳的那麼大。1941 年，紐約市長任命的醫學委員會調查過

---

[056]　大衛王（King David，前 1040 － 前 970），西元前十世紀以色列的第二任國王。

[057]　烏羽玉（Peyote），一種細小無刺的仙人掌，含有精神生物鹼，很早就被美國原住民用作宗教致幻劑。

[058]　哈希什（Hashish），一種用印度大麻榨出的樹脂。

大麻菸，經過認真研究後得出結論，大麻對社會甚至對上癮者都沒有致命威脅，這東西不過是惹人煩心罷了。

拋開這些傳統的改變思想的迷幻劑，我們再來談談精神病理學研究的最新產品，其中三種宣傳最廣的鎮靜劑是利血平（Reserpine）、冬眠靈（Wintermin）和眠爾通（Meprobamate）。在對某些類型的精神病患者進行治療時，發現前兩者的效果極其顯著，倒不是說它們能治好精神病，但至少能暫時緩解他們的痛苦症狀。對受到各種精神衰弱症折磨的人們，眠爾通也有相似的療效。

這些藥物並非全然無害，但是考慮到它們有利於人類身體和心智活動的效果，這些害處還是微末至極的。簡而言之，固然有得必有失，但鎮靜劑所得甚大，而所失甚小。冬眠靈、眠爾通並沒有索麻那麼神奇，但有一點已經很接近這神奇的藥物：它們同樣能使人暫時緩解精神緊張，而在大多數情況下，卻並不會對機體造成永久的傷害 —— 要說有什麼傷害，也僅僅是它們起效用時會對人的心智和生理的工作效率產生極其細微的損傷。

作為麻醉劑它們也比巴比妥酸鹽類（Barbiturates）好許多，後者會使人的頭腦反應遲鈍，若用量過大，還會造成許多意想不到的身心症狀，甚至可能導致完全上癮。

在另一種藥物 LSD[059] 上，藥理學家最近發現了又一個近似索麻的特徵：提升感覺力、製造幻覺，而且從生理學的角度看，近乎沒有副作用。這一別緻的藥物，劑量小至一克的百萬分之五十甚至百萬分之二十五便能起作用。像烏羽玉一樣，此藥物能把人引入另一個世界。在大部分案例中，LSD 創造的另一個世界宛如天堂，但反過來也有可能好比煉獄。只是，不管是積極的還是消極的，幾乎所有服用過此藥的人皆感覺到，其效

---

[059] LSD，一種曾在世界範圍內流行的致幻劑。

果實在是非比尋常、引人入勝。

總而言之，想法可以如此劇烈地改變，代價卻如是之小，這豈非驚世駭俗的發現？

索麻不僅僅是一種迷幻藥或鎮靜劑，毫無疑問它也能刺激精神與身體，既創造積極的愉悅之感，也在釋放人的焦慮、緊張感之後產生一種消極的快感 —— 這可就令人難以置信了。

理想的刺激藥物 —— 效果明顯卻毫無傷害 —— 仍然等待人們去發現。我們已經知道，安非他命遠不能讓人滿意，它雖有效果，卻損人太多。另一個前途遠大有望媲美索麻的藥物是異丙煙肼 [060]，它具有索麻的第三個特徵，並已應用在臨床上 —— 使憂鬱的病人擺脫痛苦，使冷漠的病人變得活潑。總之，提升了有效的心理能量。更令人欣慰的是，我認識的一位優秀的藥理學家告訴我，有一種新的合成藥物，正處於試驗階段，名為酊樂，它是一種胺基醇（Amino Alcohol），被認為可以提高人體內乙醯膽鹼 [061] 的含量，如此一來，人體神經系統的活力和工作效率就會大大提高。服用此藥的人所需睡眠時間減少，感覺更為敏銳和愉悅，思考速度更快，更聰明，而且幾乎對機體無任何損害，至少從短期觀察來看如此。聽起來很是美妙，有點不像真的。

現在我們可以看到，儘管索麻在現實中尚未存在（可能永遠都不會存在），但相當棒的替代品（它們已經具有索麻類似的功效）已經被發現。現在，人類已經擁有了便宜的生理鎮靜劑、迷幻劑和興奮劑。

因此，很明顯，任何一個獨裁者，只要他想，就能將這些藥物用於政治目的。只需改變臣民們大腦的化學作用，就能避免任何形式的政治動亂，並使臣民們對奴役狀態心滿意足。用上鎮靜劑，能讓激動的臣民冷靜

---

[060]　異丙煙肼（Iproniazid），治療憂鬱症藥物。
[061]　乙醯膽鹼（Acetylcholine），神經中樞及周邊神經系統中常見的神經傳導物質。

下來；用上興奮劑，能喚起冷漠的臣民內心的激情；用上迷幻劑，能讓悲催的臣民從自己的悽慘境遇中抽離出來。不過，讀者諸君可能會問，獨裁者又如何能迫使他的臣民們服用這些藥物，以使臣民們按他所期望的模式思考、感受、行動呢？

其實很簡單，保證這些藥物隨處可以買到即可。現今世界，菸酒隨處可買，它們作為興奮劑、鎮靜劑的效果遠沒有那麼好，但是人們卻願意為之花大錢，比他們準備用在子女教育上的投入要多上許多。再看看巴比妥酸鹽和一些鎮靜劑，在美國，這些藥物只需一張處方箋就能買到。而美國民眾是如此渴望有什麼東西能夠使他們在城市、工業化環境中的生活稍微舒服一點點，因此，醫生們只有手不停歇地寫處方箋了，這導致今日的美國各種鎮靜劑銷售額達到每年四千八百萬美元。此外，大量的處方箋還可以反覆填寫，要知道，一瓶鎮靜劑帶來的快感可是遠遠不夠的。一瓶用完了，再去買一瓶，又用完了，再去買……毫無疑問，如果購買鎮靜劑和購買阿司匹林（Aspirin）一樣方便、實惠，那麼其銷售總量可不止現在的數字，而是要翻上二十倍，甚至一百倍。質優價廉的興奮劑也會同樣受歡迎。

在獨裁體制下，藥劑師必須聽指令，根據情況之變，隨時轉換說法。在國運艱難之時，他們必須促進興奮劑的銷量；太平之時，臣民太過警覺，其精力太過充沛，對獨裁者來說，或者會造成尷尬的局面，在這樣的時候，藥劑師必須配合政府，鼓勵大眾購買鎮靜劑、迷幻劑。在甜滋滋的糖漿的滋潤下，臣民們定然不會給他們的主人製造任何麻煩。

照目前的情況來看，鎮靜劑或許可以阻止某些人製造相當大的麻煩——不僅是給統治者，也是給自己製造麻煩。過度緊張是一種疾病，太少的緊張感也是疾病。在某些特定情況下，我們需要保持緊張感，此時太過鎮靜（尤其是透過化學手段從外部強加的鎮靜）完全不合適。最近，我參加了一場有關眠爾通的報告會，一位知名的生化學家開玩笑地建議

說，美國政府可以免費贈送蘇聯人民五百億顆這種最為流行的鎮靜藥。雖是玩笑，其實蘊含深意。在這兩個大國的較量中，其一國民眾始終被威脅、許諾所刺激，始終受單一宣傳的引導；而另一國民眾始終被電視分神，被眠爾通安撫。兩者之競爭，你們猜鹿死誰手？

除了鎮靜、致幻、刺激的作用，在我的寓言小說中，索麻還有提升人對暗示的敏感度的作用，如此便可用來強化政府宣傳的效果。現實生活中，雖然效果差強人意，而且對人的生理造成較大的傷害，但醫生的處方裡面還是有幾種藥物，同樣可以用於促進宣傳。例如，有一種藥物叫做東莨菪鹼（scopolamine），從天仙子中提取有效成分，如果劑量過大，會有較強的毒性；還有硫噴妥鈉 [062]、異戊巴比妥 [063]。

因為某種奇怪的原因，硫噴妥鈉有個外號叫「吐真劑」，許多國家的警察已經用此藥來對頑固的罪犯套取口供，或者也有可能誘使頑固分子接受暗示說出口供。硫噴妥鈉、安米妥鈉（也就是異戊巴比妥）縮短了意識與潛意識之間的壁壘，對治療「戰鬥疲勞」有極大的價值，其治療過程被英國人稱之為「宣洩治療」，被美國人稱之為「精神綜合治療」。據說，另一些國家偶爾也會用上此等藥物，確保某些重要的罪犯在法院公開露面時不會出問題。

與此同時，藥理學、生物化學、神經學正在大踏步發展，我們可以確信，不用幾年，就會發現更新更好的化學方法來提升人對暗示的敏感度，並降低人的心理牴觸。與其他發明發現一樣，其結果之善惡，都取決人心之善惡。它們可以幫助精神病醫生們治療精神疾病，也可以幫助獨裁者消滅自由。更有可能的是（要知道科學正因其不偏不倚而神聖），它們既能製造奴役，也能推動自由，所謂能立亦能破也。

---

[062]　硫噴妥鈉（Pentothal），一種麻醉劑。
[063]　異戊巴比妥（sodium amytal），一種精神藥品。

第九章　潛意識勸導

經過反覆的修正和改善，波茲的實驗被重複了多次，近來做這項實驗最多的人是查理・費雪（Richard Fisher）博士，他寫作了三篇出色的論文，發表在美國心理分析協會的會刊上，主題都是關於夢以及「前意識（Preconscious）知覺」的。與此同時，學院派的心理學家們也沒有閒著，在確認了波茲的發現之後，他們進行了更多的研究，發現其實人們真正的所見所聞，遠比他們意識到的所見所聞，內容還要豐富太多了，這些沒有被意識到的見聞，儲存在潛意識中，卻能對人顯性的思想、情感、行為產生影響。

純科學可不會永遠那麼純潔，早晚它都要被應用在實際面上，最終變成技術。理論轉變為工業技術，知識變成生產力，公式、室內實驗經過華麗轉身，甚至都能變成氫彈呢。在此處討論的實例中，波茲所做的小而精緻的純科學實驗，以及其他在「前意識知覺」領域所做的同樣小而精緻的純科學實驗，保持了其原始的純潔性，時間倒是相當長。後來，1957 年的早秋，在波茲最初的論文發表整整四十年之後，人們宣布科學的純潔性已然不再，波茲的發現已經進入應用化階段，並成為了一種技術。

這在整個文明世界激起千層浪。其實，這是不足為奇的，因為這門新的技術名為「潛意識投射」，顧名思義，這門技術與大眾娛樂業關係匪淺，而在文明人的生活中，大眾娛樂業如今產生著至為關鍵的作用，好比中世紀時的宗教。我們的時代有很多綽號，比如「焦慮的時代」、「原子時代」、「太空時代」。或許，同樣有充分的理由稱之為「電視迷時代」或「肥皂劇時代」或「廣播員時代」。在這樣的時代裡，波茲的純科學已經以「潛

意識投射」之名技術化了，這一宣告難免要引發全世界大眾娛樂行業的極大興趣。

　　因為，這門技術直接針對大眾娛樂業的閱聽人，其目的就是為了操縱他們的思想，卻不讓他們知道自己被操縱了。透過特別設計的速示器（tachistoscope）[064]，當節目正播出（不是播出之前也不是播出之後）的時候，特定的文字、影像可以在一毫秒甚至更短的時間裡在電視螢幕或影院幕布上一閃而過。

　　當節目裡正播放著情侶相擁或心碎母親眼淚直流的場面時，「來杯可口可樂」或「點上一根駱駝牌香菸」這樣的字眼已經疊加到畫面上去了，觀眾的視神經記下了這些隱藏的資訊，其潛意識會回應這些資訊，時間一長，他們會意識到自己對汽水或香菸極度渴望。與此同時，其他一些隱祕資訊則被低柔地說出來，或尖利地叫出來，終有一日，聽者會真的意識到這些聲音。在意識層面，聽眾也許正注意到諸如「親愛的，我愛你」這樣的句子，而在潛意識層面，在低於臨界值的意識之中，在他們那令人不可思議的敏銳的聽覺和下意識的神智中將接收到有關除臭劑和瀉藥的最新消息。

　　這種商業宣傳真有效果嗎？從第一家揭露「潛意識投射」技術存在的廣告公司提供的證據來看，效果不明顯，若從科學的角度來說，這效果尚不是很令人滿意。據說，在電影畫面中定時閃入購買更多爆米花的暗示，能使電影中場休息時間的爆米花銷量猛增 50%，但是個案不能說明什麼。此外，這個試驗本身做得也不完善，既未對試驗過程進行控制，也未考慮到必定會影響觀眾消費爆米花的多種變數因素。更何況，莫非這就是從事潛意識知覺研究多年來累積的知識，其最有效的技術轉化？從本質上來講，單單把一個商品的名字和購買該商品的指令打在螢幕上，就能打破銷

---

[064]　速示器（Tachistoscope），一種使人們短時呈現視覺刺激的儀器。在知覺、記憶和學習等方面的試驗中，經常要用速示器把刺激呈現給被試驗者，以記錄他們的反應。

售阻力，吸引新客源嗎？針對這些問題，答案很明顯是否定的。自然，這不是說神經學家和心理學家的發現沒有任何實際價值，其實，只要應用得當，波茲所做的小而精緻的純科學實驗，可以變成一種威力強大的工具，用於控制那些毫無防備之心的人們，還是有一些這方面的證據。

暫且拋開爆米花零售商的試驗不談，我們來了解一下在同樣的領域裡所做的另外一些試驗，這些試驗沒那麼嘈雜，但更具想像力，手段也更先進。在英國，控制低於臨界值的意識的方式，被稱作「頻閃輸入法」，研究者強調，創造適當的心理狀態，為「潛意識勸導」做準備是非常重要的。任何暗示要想對高於臨界值的意識更有效果，必須確保接收暗示者正處於輕微的催眠狀態 —— 或者是特定的藥物正在發揮作用，或者因疾病、飢餓以及其他任何生理、情感的壓力而疲憊不堪；但是，既然暗示能對高於臨界值的意識發揮作用，也一定能對低於臨界值的意識發揮作用。總而言之，一個人心理牴觸程度越低，那麼「頻閃輸入法」的暗示效果就越好。未來的科學獨裁者將會在學校、醫院以及所有公共場所裝備耳語機器和「潛意識投射儀」（需知兒童和病人最易接受暗示），透過暗示性的演講、儀式，軟化聽眾的防備之心。

前面我們講到如何創造條件使潛意識的暗示效果更好，現在我們要來談談暗示本身。何等情況下，宣傳家們可以直接影響閱聽人的潛意識？要讓直接命令（「去買爆米花」或「投給瓊斯一票」）、結語（「史達林是臭大糞」或「X牌牙膏清除口臭」）發揮作用，前提是閱聽人已經對瓊斯或爆米花有所偏好，已經對史達林和口臭的害處非常敏感。但增強已經存在的信念還不夠。一個稱職的宣傳家務必要去創造新的信念，務必學會把中立的或立場動搖的人拉到與自己同一邊，務必能夠促使敵人軟化態度甚至轉變立場。因此，他知道，自己必須在潛意識的命令、結語之外，加上潛意識的勸導。

　　針對高於臨界值的意識，最有效的非理性勸導手段就是我們所稱的「聯想心理學」。宣傳家蠻橫地將他要推廣的產品、候選人、理念，與特定文化中大多數人視為絕對正確的觀念、人或事物的形象連繫在一起。因此，在銷售策略中，可以活生生將美女與從推土機到利尿劑的任何物品連結在一起；在政治運動中，愛國主義既能與從種族隔離到種族融合的任何理念掛上鉤，也能與從甘地（Mahatma Gandhi）到麥卡錫（McCarthy）之間的任何人物牽扯到一起。

　　幾年前，在中美洲，我親眼見到一個「聯想心理學」的實例，對設計者我不免心懷欽佩之情（雖然難免有些驚悚之感）。在瓜地馬拉山區，唯一進口的工藝品是彩色日曆，由外國公司免費分發，這些外國公司的產品，是要賣給印第安人的。其中，美國公司分發的日曆上面，都是一些狗、風景、半裸的美女之類的圖片，但是對於印第安人來說，狗不過是一種實用的動物，風景不過是他們每天見到太多的東西，至於半裸的金髮美人，他們不僅不感興趣，說不定還有些厭惡呢。相比較而言，這些美國公司的日曆，就遠沒有德國公司的日曆那麼受歡迎了。因為德國的廣告專家們不辭辛勞地研究了印第安人的興趣和價值觀。我仍然記得其中一本日曆，實在是商業宣傳的傑作。這本日曆是一家阿司匹林製造商出版的。在日曆畫面的底部，人們可以看到裝著白色藥片的眼熟的藥瓶上面那眼熟的商標，其上則沒有什麼雪景、秋日森林、可卡犬、大胸的女演員。呔，德國人狡猾著呢，他們印上了色彩明豔、栩栩如生的基督像，祂坐於雲上，為聖若瑟（Saint Joseph）、聖母馬利亞（Blessed Virgin Mary）、各式各樣的聖徒和一群天使環繞。德國人就是以這樣的形象與他們的止痛藥連繫在一起。其神奇的效果便是，他們生產的阿司匹林在印第安人樸素、虔誠的心靈中與聖父以及整個萬軍之天國緊緊相連了。

　　潛意識投射的手段配合此「聯想勸導」術，效果似乎甚佳。在美國國

立衛生研究院的支持之下，紐約大學做了一系列實驗，實驗表明，一個人對某些意識可見的形象的感覺，如果在潛意識層面與另一個形象（或最好是有價值判斷性的詞句）連繫在一起，則此人原來的感覺會被改變。也就是說，如果在潛意識層面與「快樂」這個詞連繫在一起，那麼即使一張空洞的、毫無表情的臉，在閱聽人看來，也似乎是在燦然微笑、友好對望、和藹可親、樂於助人；同樣一張臉，如果在潛意識層面與「憤怒」這個單字連繫在一起，這張臉就會呈現出令人生畏的表情，對閱聽人來說，它似乎是充滿敵意的，令人感到厭惡。（不過對於一群年輕的女士來說，似乎「憤怒」的這張臉她們覺得是充滿陽剛之氣的，相反，當這張臉與「快樂」連繫在一起時，她們卻把這張臉看成是屬於她們這個性別的一員。諸位父親、諸位丈夫，你們可得記牢了。）

對於商業或政治宣傳家來說，這些發現明顯有非常高的價值。如果他能提升閱聽人對暗示的敏感度，直到高得反常的值；如果此時他向閱聽人展示他要推銷的事物、人，或透過一個象徵來推銷一個觀念；與此同時，在潛意識層面，他還能將要推銷的事物、人、象徵物與某些帶有價值判斷的詞語或形象連繫在一起，那麼，他就能改變閱聽人的情感、觀點，而閱聽人則完全不知道他已經對他們施加了魔法。

據紐奧良一家娛樂集團的說法，採用此種方式，就能夠提升電影、電視劇的娛樂價值。人喜歡體驗強烈的感情，因此他們願意欣賞悲劇、恐怖片、神祕謀殺案以及愛情故事。戲劇化的打鬥場面、擁吻場景，在觀眾心中喚起強烈的感情；如果在潛意識層面，這些場面能與適當的詞語、象徵物連繫在一起，還能造成更強烈的震撼。

例如，在電影《戰地春夢》[065] 中，假如在螢幕上反覆閃爍不詳的詞語如「痛苦」、「血淋淋」、「死亡」等來刺激觀眾的潛意識，則女主角死於難

---

[065] 《戰地春夢》（A Farewell to Arms，1957），根據海明威半自傳式小說改編的電影。

產的場景將變得更加悽楚哀傷。自然，在意識層面上，這些詞語人們注意不到，但是它們會極大地影響人們的潛意識，並顯著加強人們被所意識到的畫面、對白激起的情感。事情看來十分明顯，倘若潛意識投射一直用於強化電影觀眾的感觸，電影工業就不會破產；當然，前提是電視劇的製造商們沒有搶先一步用上這門技術。

根據上述所論的「聯想勸導」術以及透過潛意識暗示增強情緒的手段，我們試著來想像一下，未來社會的政治集會將是什麼模樣。候選人（如果屆時還有所謂的候選人的話），或寡頭政權的指定代表將對所有人發表演說，與此同時，視速儀、耳語機器、尖叫機器、投影儀等裝置開動起來，傳遞出的資訊是如此含糊，只有潛意識才能接收。於是，這個人說的每一句話，其效果都會被系統性地加強，方法即是：在描述自己時，利用「頻閃輸入法」，不停將這人及其觀念與動人的詞語、神聖的形象連繫在一起；一旦提及國家、黨派的敵人，則同樣利用「頻閃輸入法」，不停地將敵人與貶義的詞語、可憎的符號連結在一起。

好比在美國，林肯（Abraham Lincoln）的形象、「民治」等詞語會倏忽閃過，通通投射到演講現場。在俄羅斯，則自然是輪到列寧（Vladimir Lenin）、馬克斯（Karl Marx）先知般的鬍子等形象以及「人民民主」等詞語頻閃出現在演講現場。正因為這樣的場面會發生在未來，所以，現在的我們還能笑得出來，可是二三十年後，恐怕就沒有那麼好笑了。因為，我們現在只是在科幻小說裡看到的場景，終有一天會變成日常的政治現實。

當寫作《美麗新世界》時，我竟然忽視了波茲的預言，因此，在我的寓言小說中，並沒有提及潛意識投射。我粗心大意了。如果今天可以重寫《美麗新世界》，我一定會改正此錯誤。

第十章　睡眠教學法

　　看完有關這個「林地露營」的報導，我轉而想到《美麗新世界》的第二章。在此章節裡，西歐孵育暨制約中心的主管向一群新人介紹國家倫理教育系統的工作，時間是福特紀元的第七個世紀，這套教育系統名為「睡眠學習法」。主管對他的聽眾們說道，最初睡眠學習的嘗試誤入歧途，所以並不成功。最初，教育者們試圖對睡覺中的學生進行智識訓練，可是，智力活動與睡眠是不相容的。睡眠學習法只有在用於道德訓練時才真正成功，也就是說，在人的心理阻力最低的時候，透過語言暗示，對其行為模式進行制約。

　　「非語言的條件反射既草率，也失之於籠統，無法傳授較為複雜的行為——這些行為乃是國家所需要的。所以，需要的是語言，不過是不講理性的語言。」這種語言，要想被理解，倒也不需要進行分析，只需在睡眠中直接地灌輸到大腦中去即可。這就是真正的睡眠學習法，「乃是人類有史以來最強大的道德、社交力量」。在《美麗新世界》裡，低階種姓中沒有任何人起來惹事，為什麼？因為從他們能說話、能理解別人的話時開始，每一個低階種姓的兒童一夜復一夜，在其睏倦睡眠之時，都要接受永不歇止、不停重複的暗示。這些暗示例如：「液封蠟，一滴滴流下來，黏附、鑲飾於這受體，並與之融合在一起，最終一整塊岩石都能變成猩紅色混沌的一團。最終，孩子們的腦子盡是這些告誡，所有告誡整合一起，也就變成孩子們的想法。還不僅僅是孩子們的思想呢，成年人的思想也是一般無二，甚至是終其一生。判斷、欲望、決定，這些所謂的思緒，其實

都是由這些告誡組成。而所有這些告誡，全全部部都來自我們，來自國家……」

到目前為止，據我所知，還沒有任何一個國家進行的睡眠暗示能比圖萊裡縣的實驗更令人敬畏，圖萊裡縣的睡眠暗示針對的是違法者，其本質是無懈可擊的。我倒是想，如果不僅僅是「林地露營」裡的傢伙們享受這等福氣，而是我們所有人都能在睡夢中內心充滿對世人的愛與同情，倒是精妙絕倫呢。不，我們不是反對那鼓舞人心的私語所傳遞的資訊，我們反對的是政府機構公然採用睡眠學習法。在民主社會裡，官員們受民眾委託行使權力，他們難道可以隨意自行裁定，來使用睡眠學習法這樣的工具嗎？在此處提到的實例中，官員們也只是在自願者身上進行了睡眠學習實驗，而且意圖良好。可是，無人可以保證，在別的情況下，意圖就能是良好的，或者制約會在自願的基礎上進行。任何允許官員們嘗試邪念的法律或社會制度，必定是邪惡的。任何保護官員不因自身利益而濫用職權（甚至只是在極短的時間之內）的法律或社會制度 —— 在這樣的社會裡，教會組織亦有存在價值 —— 是良善的。睡眠學習法，倘若果真有效，在任何一個有權向被奴役的閱聽人強加暗示的人手中，都會成為威力極其強大的工具。

而一個民主社會相信以下道理，即權力經常會被濫用，所以官員們受民眾委託所據有的權力，只能是有限的，而且其行使權力的時效也有限制。在這樣的社會裡，官員們可依法推行睡眠學習法，當然，前提是說睡眠學習法真的具有強大的威力。但是，它真的是一個威力強大的工具嗎？或者，它會像我想像的那樣，按福特紀元第七個世紀的模式來應用？且讓我們看看如下的證據吧。

在 1955 年 7 月刊的《心理學公報》（*Psychological Bulletin*）上，查理·W. 西蒙（Charles W. Simon）和威廉·H. 埃蒙斯（William H. Emmons）就

睡眠學習法領域十項最重要的研究進行了分析和評估，所有這些研究都與記憶相關。睡眠學習能否幫助學生提升死記硬背的能力？趁熟睡時低聲對著耳朵說出的素材，到了第二天早晨醒來時還能記得多少？對此，西蒙和埃蒙斯如此回答：「我們對睡眠教學法的十項研究進行了評估，其中許多項研究被商業公司、流行雜誌、新聞報導不加批判地作為證據使用，以支持睡眠教學的可行性。對這些研究的實驗設計、數據、方法論和睡覺的定義標準，我們分別進行了嚴格的剖析，結果發現，或多或少，這些研究都存在不足之處。可見這些研究並不能準確無誤地證明睡眠教學果真可行。不過，有些學習經驗是在一種特殊的清醒狀態獲得的，而參加實驗的人事後卻不記得當時他們是否清醒。從學習時間的效率上來說，這一發現可能具有重大的應用價值，只是，這卻不能被定義為睡眠學習……因為對睡眠缺乏精準的定義，問題顯得更加混亂了。」

　　雖然如此，某些事實仍不變。例如，美軍在「二戰」期間（甚至在「一戰」期間就曾做過實驗）向士兵培訓摩斯電碼和外語，除了白天的學習之外，還以睡眠教學來補充，很顯然，這一做法收穫了奇效。二戰結束以來，美國和美國以外的好幾家公司售出了大量的「枕頭喇叭」、「定時留聲機」以及磁帶錄音機，以方便日程密集的演員記臺詞，方便政客、牧師記演講詞（他們希望給聽眾一種錯覺，讓大家以為他們的雄辯乃是順其自然的），或幫助學生準備考試，最後也是價值最大的，是他們幫助不計其數的對自己現狀不滿的人們接受暗示，或自我暗示，直至煥然新生，與舊我告別。

　　自我暗示可以很容易就記錄在錄音帶上，一遍又一遍地去聽，不管白天還是睡眠。外界的暗示可以透過購買相應的錄音帶得到，這些錄音帶記錄了相當多領域的有價值資訊。比如，市場上就有關於舒緩壓力、深度放鬆訓練的錄音帶，以及促進自信的錄音帶（多是銷售員需要），還有的錄

音帶有助於提升一個人的魅力，使其個性更富吸引力。其中最暢銷的，是關於兩性和諧和減肥的錄音帶（如「我不喜歡巧克力，對馬鈴薯不感興趣，對鬆餅完全無動於衷」）。還有些錄音帶是關於促進健康的，甚至是關於如何賺大錢的。令人稱奇的是，有些購買錄音帶的顧客感激涕零地回信，自動作證，證明有一些人在聽了有關如何賺大錢的睡眠暗示之後，居然真的發財了；許多肥胖的女士居然真的瘦身了；還有一些夫婦，本來瀕臨離婚的邊緣，卻重新找回性和諧，從此白頭偕老了。

關於這點，西奧多‧X. 巴伯 [066] 在 1956 年十月版的《臨床與實驗催眠學報》發表了論文《睡眠與催眠》予以論述，極富啟發性。他指出，淺層睡眠和深度睡眠有著重要的區別，在深度睡眠之中，腦波儀未能記錄下 α 腦波，而在淺層睡眠之中，α 腦波卻現身了，由此可見，淺層睡眠更靠近清醒狀態或催眠狀態（在這兩種狀態中，α 腦波都出現）。一聲巨響，能把一個處於深度睡眠之中的人驚醒；如果聲響稍微降低些，卻並不能驚醒這個深度睡眠中的人，只是，α 腦波居然出現了，這表明，深度睡眠轉變為了淺層睡眠。

處於深度睡眠中的人，不能接受暗示。但是處於淺層睡眠中的人，若給予其暗示，他們會接受 —— 巴伯先生發現，在催眠狀態之下，其接受暗示的方式是一模一樣的。

許多早期研究催眠術的人都做了類似的實驗。米爾恩‧布拉姆威爾 [067] 在其 1903 年出版的經典著作《催眠術的歷史、實踐與理論》（*Hypnosis: Its History, Practice and Theory*）中記錄道：「許多權威宣稱能夠將自然睡眠轉變為催眠狀態。據維特斯特蘭 [068] 說，將一個人尤其是小孩置於睡眠狀

---

[066]　西奧多‧X. 巴伯（Theodore X. Barber, 1927-2005），研究後催眠行為的心理學家。

[067]　米爾恩‧布拉姆威爾（Milne Bramwell, 1852-1925），英國醫生和催眠專家。

[068]　奧托‧格奧爾格‧維特斯特蘭（Otto Georg Wetterstrand, 1845-1907），瑞典內科醫生和精神治療醫師。

態，實在是小菜一碟……維特斯特朗以為，這種誘使催眠的方法應用價值很大，他自稱成功地完成了多次。」布拉姆威爾還說其他一些熟練的催眠師（其中包括了一些傑出的權威，如伯恩海姆（Hippolyte Bernheim）、莫爾、佛瑞爾）也曾達到同樣效果。

今天，任何一個實驗人員都不會說「將自然睡眠轉變為催眠狀態」，他會說，淺層睡眠（與不出現 α 腦波的深層睡眠相反）是這樣一種狀態，處於這種狀態的人會樂意接受暗示，這與被催眠的人一模一樣。舉個例子，當一個人處於淺層睡眠時，告訴他等等會起床，會感覺非常口渴，然後他真的就起床了，而且喉嚨真的非常乾，急切要喝水。淺層睡眠時，人的大腦皮質固然不很活躍，不能做積極思考，但是它還是足夠清醒，能夠接受暗示，並將暗示傳遞到自主神經系統的。

我們已經知道，著名的瑞典醫師和實驗家維特斯特蘭，對睡眠兒童的催眠處理上可謂得心應手。今日他的手法仍然被一些兒科醫生們沿襲，他們告訴年輕的母親們睡眠學習的藝術，教育她們在嬰兒處於淺層睡眠時，可以給孩子一些有用的暗示。透過這種睡眠學習法，可以糾正孩子們尿床、啃指甲的惡習，可以引導孩子們做手術時減少恐懼，而當孩子們的生命狀況堪憂時，則能給予孩子們信心和安慰。我自己就曾親眼看到，透過臨床上的睡眠學習法，孩子們取得了一些顯著的成績。而成人們，若採用此法，也應能取得相應的成績。

對於未來的獨裁者來說，睡眠學習發展至此，此中價值，不言而喻。在合適的條件之下，睡眠學習法確有效果，看起來和催眠的效果一樣。在催眠狀態中，能讓一個人做的大部分事情、能對一個人做的大部分事情，也同樣可以在淺層睡眠狀態中實現。語言暗示可以從處於催眠狀態中的大腦皮質傳遞到中腦、腦幹，以及自主神經系統。如果這些暗示精心設計、不斷重複，那麼睡眠者的身體機能就能夠改善或能接受外界干預，新的情

感模式將建立起來，舊的情感模式被修正，催眠後的人可以接受命令，而口號、公式、關鍵詞則深深刻入記憶深處。

　　孩子比成人更能接受睡眠學習法，未來的獨裁者自然會充分利用這一情況。幼稚園的孩子們午覺之時，將會接受睡眠暗示。大小孩 ── 尤其是幹部的孩子們，他們要成長為領袖、管理者、教師 ── 則進入寄宿學校，在此，除了白天接受良好的教育，晚上還以睡眠學習作為補充。至於成人，則會特別關注病人。

　　正如巴夫洛夫多年之前驗證的那樣，意志堅定、冥頑不靈的狗，動了手術之後或者忍受著病痛之苦的時候，它們就能徹底接受暗示了。我們的獨裁者因此將確保每個醫院病房布置好聲音裝置。一次闌尾手術、一次分娩、肺炎或肝炎的一次發作，都將成為病人們接受忠誠、唯一真理的精讀課程的良機，也將成為複習意識形態原理的理由。其他被奴役的聽眾則聚集在監獄、勞改營、軍營、海船、夜間的火車飛機上，或者在巴士總站、火車站陰鬱的候車室裡。即使睡眠暗示對這些人所起的效果還不到10%，但仍然是一個傲人的成績，而對一個獨裁者來說，這等好事是千載難逢的。

　　且暫不討論淺層睡眠、催眠的神奇效果了，我們來看看清醒狀態的人 ── 或至少自認為處於清醒狀態（實際上，佛教徒們堅稱，絕大部分人始終處於半睡半醒之間，好似夢遊者一般度過一生，唯有聽從別人的暗示。只有悟道，才是真正的清醒。「佛陀」這個詞本身的含義，就是「覺醒」）── 他們對暗示的敏感度又是怎樣的。

　　從遺傳學的角度來看，每個人都是獨一無二的，在許多方面，人人皆相互不同。在統計數據中，個體差異的幅度之大，已然令人驚嘆，而我們千萬不要忘了，所謂的統計數據，只在保險統計中有些用處，大抵是不能使用於真實人生的。真實人生中，沒有一個人是所謂的「標準人」，只有

一個個單獨的男男女女、老老少少，每人皆自有其與生俱來的精神、身體的特質，卻無一不刻意（或被迫）扭曲自己的生物差異性，以融入某個文化模型的同一性中去。

對暗示的敏感度，是這些特質之一，同樣人人大不相同。自然，環境因素會影響一個人接受暗示的敏感性，不過，恐怕這一特質的區別也有個體體質差異的原因。對暗示極度反抗，這種案例甚是罕見，幸虧如此，否則如果每個人都像別人一樣不接受暗示，社會生活就不存在了。社會之所以能以一種理性的方式高效運轉，就是因為雖然程度不同，但大部分人都對暗示敏感。但是，對暗示極度敏感的現象，一樣十分罕見。這也是社會之幸，否則如果大部分人對外界暗示極度敏感，那麼任何選區裡的大部分選民將不可能做出自由、理性的選擇，民主制度亦將不復存在。

幾年之前，在麻省總醫院裡，一群研究者就安慰劑（安慰劑從藥理學上說，是毫無療效的，但是病人們卻相信它們有效）的止痛效果進行了一場極其成功的實驗。在這項實驗中，參加實驗的患者為 162 人，他們都剛從手術室出來，身體非常疼痛。一旦有病人要止痛藥，研究者們就給他們注射嗎啡或蒸餾水。所有的病人都接受了嗎啡、蒸餾水的注射，其中，約三成的患者根本不能從安慰劑中獲得緩解疼痛的效果，另外 14% 的患者每次注射蒸餾水之後都覺得病痛緩解了，剩下的 55% 的患者，有時能從安慰劑中獲得緩解疼痛的效果，有時則不能。

到底是什麼把暗示感應者與暗示不感應者區別開來呢？嚴肅的研究和測試證明，年齡、性別不是重要的因素。男人、女人，老者和少者一樣頻繁地對安慰劑產生反應。標準的智商測試顯示，智力水準似乎也不是重要因素，因為這兩組人（暗示感應者與暗示不感應者）的平均智商差不多。

總而言之，區別只在氣質上，在於他們對自己、他人的感受，在這一點上，這兩組人顯著不同。暗示感應者與不感應者相比較的話，前者更願

意合作、較少批判性、不太懷疑，他們不會給護理人員製造麻煩，對於自己在醫院接受的治療，他們簡單概括為「棒極了」。雖然感應者對他人比不感應者要友善得多，但感應者對自己卻通常過於焦慮，在壓力之下，焦慮感會以各種身心失調的症狀表現出來，比如消化不良、腹瀉、頭痛。無論是不是因為焦慮，大部分感應者在表達情緒時都比不感應者更加無拘無束，也更加健談，他們也更易信仰宗教，對教會的事務更有熱心，在潛意識層面上，他們也更加關注性事。

如果將這些患者對安慰劑的反應數據與催眠專家們在其專業著作中的預測做一比較，會是很有趣的事情。催眠專家們說，大約五分之一的人口可以很容易就被催眠；另外的五分之一根本就不能被催眠，或者，只有當藥物作用或疲憊降低了其心理牴觸水準的情況下，他們才可能被催眠；剩下的五分之三人口比第一類人催眠起來略微困難些，但又比第二類人催眠起來容易得多。一位製造睡眠錄音帶的商人告訴我，他的客戶中大約有20%的人是熱情的，他們會在較短的時間裡就能得出極佳的效果，並回饋給他。但另一方面，卻也有8%的少數人，總是要求他退錢。在這兩個極端之間的顧客，他們不能很快取得成效，但其暗示感受性也是足夠的，只要他們堅持去聽合適的睡眠暗示素材，最終他們會收到想要的效果，比如自信、兩性和諧、減肥或賺錢更多。

民主、自由的理想遭遇了人性易受暗示的殘酷現實。五分之一的選民幾乎只需一眨眼之間就能被催眠，七分之一的選民只要注射蒸餾水就能緩解他們的病痛，四分之一 [069] 的選民對睡眠學習法能迅速產生熱情的反應。這些人算是非常願意合作的少數人，此外還要加上那些反應啟動較慢的多數人，其暗示感受度雖然較低，但是任何熟知這個操作且願意花費時間和辛勞的人，都能將其暗示感受性有效提升。

---

[069]　原文為四分之一，但根據上下文理解，應為五分之一。

　　個人自由能與個人高度的暗示感受度相容嗎？當內部專業的思想操縱員經過科學培訓能熟練開發個體或群眾的暗示感受性時，民主制度能續存嗎？暗示感受度的存在有利於個人及民主社會，但在何種程度上，過高的感受度天賦能透過教育被中和嗎？商人、牧師、政客（無論在朝在野）對暗示感受度的過度開發，究竟達到何等程度，需要法律來控制？前兩個問題，在前面的章節裡已經或明確或含蓄地討論過了，在下面的章節中，我將討論預防、糾偏的問題。

第十一章　教育為自由

　　在剛開始的幾章中，我討論了社會倫理，據此論證了組織膨脹、人口過剩必將引來邪惡，此邪惡得到社會倫理的理論支持，且會改頭換面，讓人以為它看上去還是不錯的呢。這種邪惡的價值體系，與人的體質和氣質能協調嗎？社會倫理假定，後天的教養在決定人的行為方面具有舉足輕重的作用，而人類生來即有的生理、心理的種種特質卻是微不足道的。這話有道理嗎？是否人類真的只不過是社會環境的產物？如果這話沒有道理，我們又如何自圓其說，證明個人與其所在的群體相比較，具有同樣的重要性呢？

　　其實證據自足。所有現存證據可以歸結到一點：在個人與社會的生活中，遺傳的重要性與文化相比毫不遜色。每個個體在生物學上都是獨一無二的，與別人並不相同。因此，人人自由是極好的事情，人人寬容是極大的美德，控制個體則締造不幸。因了種種實用的、假設的理由，獨裁者們、組織官員、某些科學家卻急於簡化人類遺傳天然的多樣性（這種多樣性會令他們發瘋），控制社會處於一種同一性狀態之中。在行為主義發展的初始階段，J.B. 華生[070]一股熱誠，悍然宣稱他能夠證明「行為模式並無遺傳性，天賦（音樂、藝術等）亦然，人們以為天賦會在家族裡遺傳，這純屬無憑無據的猜測」。直到今天，我們還發現有一位傑出的心理學家──哈佛大學的 B.F. 史金納教授[071]──堅信，「隨著科學發展，科

---

[070]　約翰・布羅德斯・華生（John B. Watson, 1878-1958），二十世紀美國著名心理學家、廣告設計者。

[071]　伯爾赫斯・弗雷德里克・史金納（B.F. Skinner, 1904-1990），美國心理學家、行為主義學派代表人、作家、發明家、社會哲學家。

學能解釋的現象其範圍越來越廣。比如人們宣稱個人所做的貢獻，如今看來幾乎等於零；人們誇誇其談的所謂創造力，在藝術、科學、道德上的成就，所自誇的自主選擇的能力，以及為自己的選擇負責的態度，如今在新科學的自畫像裡，早已不再耀眼。」

一言以蔽之，莎士比亞的戲劇作者不是莎士比亞（William Shakespeare），不是培根（Francis Bacon），也不是牛津伯爵（Edward de Vere），它們的真正作者乃是伊麗莎白時代的英格蘭。

六十多年前，威廉·詹姆士[072]寫過一篇文章〈論偉人及其環境〉，駁斥赫伯特·史賓賽[073]對傑出個人的攻擊。後者曾宣稱，科學（該詞將一定時期內所有的 X 教授、Y 教授、Z 教授們的觀點以動人、便捷的方式人格化了）已然徹底廢除了所謂的偉人。他寫道，「偉人與其他社會現象一樣，必須歸類為社會的產物，他其實僅僅是其祖先的一個延續罷了。」偉人也許是（或者看起來是）「變革的最先發起人……如果真的可以解釋清楚這些變革的發生，也需要在導致變革發生的總的社會條件中去尋找原因，連偉人本身也是從這些社會條件中誕生的。」

這種假裝深奧的虛無言論，幾乎不可能有實際意義。我們這位哲學家的真實意思是：只有在認識清楚每一個事物之後，我們才能透澈理解單個事物。說得好極了。不過，實際上我們永遠都不可能清楚認識每一個事物，因此，我們必須滿足於自己片面的世界觀，並用直接原因去解釋事物——其中也包括偉人的影響力。

對此，威廉·詹姆士寫道，「假如人性可以確定的話，那麼正確的說法應該是這樣的：偉人的社會並不曾造就偉人，相反，是偉人誕生之後，

---

[072] 威廉·詹姆士（William James, 1842-1910），美國哲學家與心理學家。著名作家亨利·詹姆士是他的弟弟。

[073] 赫伯特·史賓賽（Herbert Spencer, 1820-1903），英國著名的哲學家、社會學家、教育家，社會達爾文主義之父。

這個社會才稱之為偉人的社會。社會、政治、地理，某種程度上還包括人類學，這些條件對生理力量的影響，好比維蘇威火山[074]對瓦斯火花的影響一樣，你說這影響是大是小呢？其實是生理力量塑造了偉人。史賓賽先生莫非以為，社會諸種壓力恰好匯聚一起，時間恰好在西元 1564 年 4 月26 日左右，恰好作用於埃文河畔的斯特拉特福，然後便必須在此地誕生某個莎士比亞，此位莎士比亞，必定還得智力超常？……他是不是說假如上述這位莎士比亞幼時患了嬰兒吐瀉病不幸夭折，那麼埃文河畔的斯特拉特福還得有另一個母親務必得再生一個孩子，與上述這位莎士比亞一般無二，以重建社會的平衡？」

　　史金納教授是一位實驗心理學家，他的論文《科學與人類行為》堅持以事實為基礎。但不幸的是，這些事實局限在小範圍之內，於是，當他冒險進行概括時，其結論的不切實際，就像維多利亞時代的理論家們一樣徹底。這是不可避免的，因為就像赫伯特・史賓賽一樣，史金納教授對詹姆士所稱的「生理的力量」滿不在乎，他只用了不到一頁的篇幅，就把決定人類行為的基因問題一帶而過。在他的著作中，他對體質醫學的新發現不屑一顧，對體質心理學根本連提都不提，其實，依據這些（根據我的判斷，只需要依據這些即可），都可以寫一本全面的、實事求是的個人傳記了，這本傳記要與傳主記憶體在的相關事實緊密連繫，包括：他的身體、氣質、智力天賦，他生活的直接環境（隨時間變化而不同），他的時代、所處地理以及生活於其中的文化。

　　人類行為的科學就像抽象的運動科學一樣 —— 在研究上是必要的，但是就研究本身來說，卻完全與實際事物不相關。來比較一下蜻蜓、火箭和碎波，這三者可以說明相同的運動規律，但是其表現形式卻並不一樣，可是它們之間的區別至少與它們之間的共性一樣重要。其實，就其運動研

[074]　維蘇威火山（Vesuvio），歐洲大陸唯一的活火山，位於義大利。

究本身來說，這種比較幾乎什麼都不能告訴我們。

　　與此類似，行為研究就其本身來說，同樣什麼都不能告訴我們，比如個人的身心是如何呈現其「行為」的。但是作為身心俱全的我們來說，了解身心卻非常重要。此外，我們透過觀察和實際經歷可以知道，個體與個體之間，其身心之差別可說是天差地別，而其中一些個體，其身心之強大，可以而且確實極大地影響了社會環境。在這最後一點上，羅素與威廉‧詹姆士英雄所見略同，而且，我要說，幾乎每個人（史賓賽行為主義的信奉者們除外）都會同意威廉‧詹姆士的意見。

　　按照羅素的觀點，歷史變革原因有三：經濟情勢、政治理論、重要個體。他說：「我相信，這三者缺一不可；同時，三者中單獨的一個是不能全面解釋清楚歷史變革發生的原因的。」

　　如此說來，假如俾斯麥（Otto von Bismarck）和列寧幼年夭折，我們的世界將截然不同；正因為有了他們，世界才成為如今這般模樣。「歷史尚不是一門科學，只有透過歪曲和有意省略才能讓它看起來像科學。」在真實的人生中，生活究竟是如何一日復一日地過下來，人們是無法解釋清楚的。所以，只有在理論上才能說「人們宣稱個人所做的貢獻，如今看來幾乎等於零」，而在實際中，任何個人都是重要的。當這個世界上有一件事做成了，請問究竟是誰做的？是誰的眼睛和耳朵在感知事物，是誰的大腦皮質在思考，又是誰擁有積極的情感和堅強的意志去克服困難？顯然不是什麼社會環境，也不是什麼群體——因為群體並不是一個有機體，僅僅是一個盲目的、無意識的組織。

　　任何一個社會裡，每一件事情都是由個人來做的。這些個人當然會受到當地文化的深刻影響，古人的圖騰和道德觀加上正確的資訊和錯誤的資訊一起代代相傳，並透過口述或書面文字的方式儲存在個體身上。但是不管個人從社會中獲得任何東西（更準確地說應該是：不管個人從屬於某個

團體的個人那裡獲得什麼東西，或從他人——無論是生者死者——編輯的符號文獻中獲取什麼東西），他使用此物的方式都是獨一無二的，包括他獨特的感受、他的生物化學的構造情況、他的體格和氣質——這是別人無法代替的。

科學解釋再豐富，解釋範圍再廣，也不能解釋清楚這些不證自明的事實。我們務必記住，史金納教授視人為社會環境的產物，但這個世上不是只有他一人才能對人類做科學的描述。這裡便有一人，乃是羅羅傑·威廉斯 [075] 教授，他對人類行為的描述，不是將其抽象化，而是視其為身心的共同作用，每個人身心的發展，部分源於與他人共存的環境，部分則源於個人獨一無二的遺傳性。在《人性之邊界》（*The Human Frontier*）和《自由但不平等》（*Free and Unequal*）兩書中，威廉斯教授以詳細的證據，論述了人與人之間內在的差異，這種差異，華生博士認為「純屬無憑無據」；而其重要性則被史金納教授一筆抹殺——「幾乎等於零」。

在動物中間，尤其在特定物種之中，進化程度越高，生物差異度就會變得越來越醒目。尤其是人，其生物差異度在整個自然中是最高的，人在生物化學、結構、氣質等方面的多樣性，高過其他任何一個物種。這是簡單事實，一眼就能看出來，但是因為我所命名的「整合的意志」的存在，世上總有人意圖把一種簡單易懂的同一性強加到萬事萬物身上（因事物的多樣性令其抓耳撓腮），如此一來，許多人便被誘導，遂忽略了這一簡單的事實。他們於是降低生物的獨特性，全神貫注於較為簡單的、更易被人理解（就目前知識水準而言）的環境因素，因為環境總會介入人類行為中。「思考與研究皆關注於環境因素，」威廉斯教授寫道：「由此導致人們普遍認為嬰兒有必要按照統一的模式養育。一大群社會心理學家、社會學家、社會人類學家，以及其他一些專家，比如歷史學家、經濟學家、教育

---

[075]　羅傑·威廉斯（Roger John Williams, 1893-1988），美國生物化學家，命名了維生素 B，發現了維生素 B5，美國科學院院士，美國化學學會主席。

家、法律學者，還有社會大眾，居然一致信奉這一教條；那些將去制定教育政策和政府大政方針的人，他們的主導思維模式中也復刻了這一教條；而那些毫無獨立批判精神的人，對這一教條則無條件地接受。」

如果一種倫理系統以非常實際的態度評估各種實踐經驗的數據，那麼它便能造福人群；但事實恰恰相反，很多倫理系統在評估實踐經驗、觀察事物性質時，卻不切實際到無可救藥的程度，導致這種倫理系統自然弊大於利，後患無窮了。

因此，直到最近，人們仍然普遍認為壞天氣、狂牛症、陽痿可能是因為邪惡的魔法師在作祟，而且有很多案例表明確實如此。於是，抓捕、殺死魔法師變成了一種責任；此外，這種責任已然白紙黑字寫在神聖的《出埃及記》裡了：「行邪術的女人，不可容她存活。」[076] 以此種錯誤的觀念為基礎（在許多個世紀裡，權勢人物極端相信這些觀念），建立起來的種種倫理系統和律法系統，製造了最駭人聽聞的邪惡勾當。

在這些關於魔法的錯誤觀念流行的年代，遍地監視、死刑盛行、冤死無數，種種惡果皆自成邏輯並強制執行。能與這樣邪惡的時代匹配的，是不久前的納粹德國。納粹的倫理系統，其基礎是關於種族的錯誤觀念，且得到強制推行；披上合法外衣的暴行，其規模之龐大，則遠勝過去的時代。

其結果便是，幾乎沒受多少阻力，人們便大抵信奉這樣的社會倫理體系了。其實，它的基本觀點是錯誤的，因為它認定人類是一種完全社會化的物種，所有嬰兒自出生起本質就是一樣的，而個人乃是經由集體環境制約出來的產品。如果這類觀點無誤，如果人類實際上真是一種完全社會化的物種，如果個人的差異性微不足道 —— 而且透過適當的制約可以徹底抹殺，那麼，很明顯，自由將不復存在，而國家也將公開正義地迫害那些

---

[076] 《聖經‧舊約‧出埃及記》22 章 18 節。

追求自由的異端。

於是，個人好比白蟻，對白蟻窩的奉獻便是純粹的自由。問題是，人類並非純然社會化的物種，人類只是適度群居；人類社會也不是一個有機體，並不像蜂房或蟻窩一樣；人類其實是被組織起來的，所謂的組織，換一種說法就是為集體生活而臨時安排的一架架機器罷了。此外，人與人之間的差別是如此巨大，即使有強力文化的薰陶與「熨燙」，最底層的「內容礦物」（借用 W.H. 謝爾登的概念）仍然保留著其內在的敏感特質 —— 即使已經社會化；而病人與瘦弱之人的體內，也仍然保留著巨大的精力與體力；而最強的「外部礦物」將始終存留於大腦敏感部分。如此一來，人必定是內省的、過度敏感的。

在我的寓言小說《美麗新世界》中，透過基因控制和後天制約，人的行為被塑造為適應社會需求；胎兒放在瓶子中培育；為了確保產出的胎兒具有高度同一性，社會便精選少量母親，取其卵子，採用高科技手段，使這卵子一次又一次地分裂，於是造出了一百個甚至更多的成批成批的孿生子 —— 他們一模一樣。這樣便能製造標準化的「機器人」，在標準化的機器上勞動。為保證這些「機器人」的標準化更加完善，嬰兒生產出來之後，社會便以嬰兒制約、睡眠學習、嗑藥等方式產生的快感，替代過去人類對自由、創造力的滿足感。

在前面的章節中，我已經指出，在當今世界，巨大的客觀勢力正在導向極權政治和管制社會。雖然個體透過基因控制成為標準化的人目前仍然不大可能，但是大政府和大財團已經或即將掌握我在《美麗新世界》裡描述過的那種「思想操縱法」，還有其他一些邪惡手段，我那貧乏的想像力是無法預見的。

只因尚無法對胚胎進行同一性的基因控制，於是，在人口過剩、組織膨脹的未來的世界裡，獨裁者們只能把社會和文化的同一性強加在成人與

兒童身上。為達此目的，他們將全面使用（除非被阻止）「思想操縱法」，並將毫不猶豫地透過經濟脅迫和身體暴力，來強化這種非理性的勸導手段。要想避免這樣的獨裁社會，我們必須毫不猶豫，立刻開始教育我們自己和我們的下一代，以確保自由和法治。正如我前面所言，關於自由的教育，首先要注重事實和價值。這些事實，包括了個人的差異性、基因的獨一無二性；由這些事實則推衍而出相關的價值，包括自由、寬容、互愛。

可是很不幸，單單擁有正確的知識和合理的原則還不夠。樸素的真理或許會被駭人的謬誤所遮掩，而嫻熟地訴求激情則往往敗壞理性的決定。荒謬而險惡的宣傳，其後續的效用很難消除，除非訓練人們學會分析宣傳的技巧並看透其中的詭辯術。在人從動物境界跨入文明社會的過程中，語言是為關鍵的作用；但是語言也能喚起人心中持久的、系統化的愚昧，激起那種仿若魔鬼的邪惡——這可不像是人類的行為。其實，語言本來是能激起人心中種種美德的，比如做事有條理、深謀遠慮、仁慈如天使。

語言有助於使用者關注人、事、物，即使人、物已不存在，而事情則已過去。語言定義了我們的記憶，它透過將經驗轉化為象徵符號，能使即時的渴望、厭惡、仇恨、愛意轉化為穩定的情緒和行為準則。透過某種我們完全意識不到的途徑，大腦的網狀系統能從大量的刺激因素中，選取少量的經驗，這些經驗，對於我們來說實際意義重大。從這些無意識中選擇的經驗，我們則或多或少有意識地選擇、提煉其中一部分，從我們的詞彙庫中選擇詞語替他們貼上標籤，並將之分類，立刻放入一個形而上學的、科學的、倫理的系統中，這個系統則由更高層次的抽象詞語來為其中的概念一一命名。

這一過程有兩種結果。其一，如果選擇、提煉經驗的過程能就事情的本質，以正確的觀念系統做支持，並聰明地選擇合適的標籤，使其符號性質簡單易懂，那麼，我們的行為會傾向於務實、相對正派。其二，如果選

擇、提煉經驗的過程以錯誤的觀念系統做支持，並錯誤地選擇、使用標籤，其符號性質近乎無人能懂，那麼，我們的行為將傾向於一種組織化的愚蠢，而且邪惡無比，這種愚蠢、邪惡的本性，感謝上帝，連啞巴一般無知無識的動物們（的確，它們都是啞巴，不能開口說話）都未曾有過。

在反理性的宣傳中，自由的敵人們系統性地顛覆語言的本源，以甜言蜜語、恐嚇威脅迫使民眾如思想操縱員們所希望的一樣思考、表達情緒、行動。故此，關於自由的教育（當然還包括愛和理解力，它們是自由的必要條件，也是自由的結果）必須首先解決正確使用語言的問題。在過去的兩三代人裡，哲學家們花費大量精力，致力於分析象徵符號、意義。詞語、句子我們每日在用，它們是如何關聯到我們每日生活中都要處理的人、事、物的？討論這個問題，恐怕要花費大量筆墨，且容易離題萬里。

不過，我們只需要明確如下事實就夠了，那就是：以正確的用語方式進行合理的教育所需的知識儲備已然完成，它可以告知學生辨別正確、錯誤使用符號的方法，它可以覆蓋從幼稚園到研究生的所有教育階段，而現在，我們立刻就可以啟動這種教育。其實，在過去的三四十年間的任何時候，它隨時都有可能實施，但是，卻沒有地方可以用系統的方式，教育孩子學會辨別真與假、意義與荒謬。這是為什麼？因為他們的長輩，即使生活在民主國家中，也不希望孩子們接受這樣的教育！

關於這點，我們要提到宣傳分析學院[077]那短暫、失敗的歷史 —— 其實它在人類發展中有重大的意義。1937 年，當時納粹的宣傳最喧囂，也最有成效，於是，菲林先生這位新英格蘭地區的慈善家起而建立該學院。在該學院的支持下，專家們不僅對非理性宣傳進行了分析，而且還為高中生、大學生編寫了幾本教材。但是，大戰爆發了，這次大戰的破壞力是全

---

[077]　宣傳分析學院（Institute for Propaganda Analysis，簡稱 IPA），1937 年由部分社會科學家、意見領袖、歷史學家、教育家、記者等在美國成立。該機構認為，擴散的宣傳降低了公眾的獨立判斷能力，於是致力於鼓勵民眾理性思考，以建設性的方式討論時事。

方位的，其對人心理的破壞，毫不亞於對人身體的破壞。當同盟國政府都已經全力部署「心理戰」的時候，還堅持對宣傳進行分析，已然顯得有些不合時宜。1941 年，該學院關閉。

但是，即使在戰爭開始之前，也已經有一些人似乎對該學院的事業深為反感。比如，某些教育家就反對說，向學生傳授如何分析宣傳內容，將使年輕人變得過分憤世嫉俗。軍方高層也表示反對，他們擔心新兵會對軍訓教官的指令予以分析並質疑。此外還有牧師和廣告商們。牧師們反對的理由是，人們的信仰會被削弱，也會減少去教堂的次數；而廣告商們的理由是，對品牌的忠誠度將會降低，銷售量因此會萎縮。

這些擔憂和厭惡不是沒有道理。如此之多的普通民眾也能詳細剖析牧師們、長官們的話，似乎確實具有相當大的顛覆性。即使在當下的生活中，社會秩序也依賴於民眾不假思索即接受由各種權威或本地傳統提供的宣傳。所以，問題的關鍵又一次歸結到尋找中庸之道，也就是說，個人必須足夠敏感，願意而且能夠履行自己的社會工作，但並沒有敏感到完全拜倒於專業思想操縱員的符咒的程度。

與之相似，民眾需經足夠的教育，能分析宣傳內容，以避免對純粹的胡說八道都毫無批判地信賴；但又不可太過，以至於對傳統的宣揚者善意的宣傳（雖然不總是全然理性）也完全拒之門外。或許在盲目輕信與盲目懷疑之間永遠都無法找到一個平衡點，而且單靠分析，也無法始終保持這種平衡。看來，要解決上面那個疑問，剛才討論的方法有些消極，我們還需要用一些更積極的方法來加以補充，即：在事實的堅實基礎之上，建立一套大家普遍都能接受的價值觀。

當然，說到價值，首先就是個人自由，它源於人的差異性和基因的獨一無二性；其次還有互愛與同情，它們源於古老的事實，而且為現代心理學所再次發現，即：不管人的精神、體質的差異性有多麼大，愛就如同事

物和居所一樣，對人來說是不可或缺的；最後還包括知識的價值，沒有知識，愛將徒然無功，自由將無處可覓。這一套價值觀將給我們提供一個標準，我們可以此來評判宣傳。任何宣傳，如果純粹胡言亂語，且淫邪苟且，則我們立刻拋棄；如果僅僅是不講理性，但與愛、自由等價值觀是相容的，且不違背知識的原則，我們則可斟酌其價值，考慮暫時接受。

第十二章　尚有可爲？

從制定《大憲章》[078] 的時代起，甚至還要更早些，英國的立法者們就已經關注於如何保障公民的人身自由，如果一個人被不清不楚的法律關進監獄，那麼他有權根據西元 1679 年頒布的《人身保護法》(*Habeas Corpus Act*)，申請由上級法院發出「人身保護令」。這一保護令由高等法院的法官發到司法行政官 (sheriff) 或獄卒手上，責成他在限定時間之內，將其關押的人帶至上級法院，以審明案情。這裡需強調，不是把申訴信或法定代理人帶至上級法院，而是申訴者本人，是他那活生生的肉體，他的每一塊肉每一根骨頭都曾被迫睡於木板之上，他的鼻子曾被迫去聞牢中惡臭的氣味，他的嘴巴曾被迫去吃牢中那噁心的飯食。

對自由的基本條件（免於身體遭受迫害的自由）的關注，毫無疑問是必要的，但還不是需要我們關注的全部。讓一個人離開監獄，是完全可以做到的，但此人卻不一定自由 —— 即使他身體免遭了迫害，卻仍可能成為心理上的受奴役者。他可能被強迫按照一個國家或國家內部的私人利益集團的代言人所要求的一樣去思考、感受、行動。世上可永遠不會有什麼「心靈保護令」，因為司法行政官或獄卒不可能將一個被非法拘禁的心靈送到上級法院，而世上也沒有一個心靈被奴役（具體奴役方式見前文）的人會站到某個法庭上控訴自己遭受心靈的奴役。

心理管制的本質就在於，那些曾被迫採取某些行動的人，最終視此壓

---

[078]　《大憲章》（拉丁文 Magna Carta，英文 TheGreat Charter），西元 1215 年 6 月 15 日（也有一說 1213 年）英王約翰被迫簽署的憲法性的檔案，其宗旨為保障封建貴族的政治獨立與經濟權益，不利於加強王權，這張書寫在羊皮紙捲上的檔案在歷史上第一次限制了封建君主的權力，日後成為了英國君主立憲制的法律基石。

迫為自然，從此自覺做行動。「思想操縱法」的受害者不知道他是一個受害者，他其實身處一個無形的監獄，卻自以為身處自由之中。只有別人才能看出來他是不自由的。他的奴役狀態是完全客觀存在的，誰也無法抹殺——包括他自己。

我要再次強調，世上永遠不會有什麼「心靈保護令」，但至少可以有預防性的法律，宣布心理奴役的買賣為非法，這個法律將保護心靈免於遭受奴隸販子們肆無忌憚的、惡毒的宣傳，它所要模仿的就是那部保護人身的法律——它使監獄肆無忌憚的販子們無法販賣豬食、毒藥給囚犯。

例如，我以為我們可以，而且也理應立法，限制無論是文職還是軍職官員的權力，禁止他們在受其控制或被其拘禁的人身上使用睡眠教育手段。我還以為我們可以，而且也理應立法，禁止在公共場合或電視螢幕之中使用「潛意識投射」手段。我同時以為我們可以，而且也理應立法，不僅禁止政黨候選人花費超過一定限度的競選資金，而且禁止他們使用任何非理性的宣傳手段，這樣的宣傳手段把整個民主程序貶得一文不值。

這些預防性的法律或者能產生一些作用，但是，倘若目前正威脅著自由的那些巨大的客觀勢力仍在增強其勢力，那麼這些法律也不能長久發揮作用。不斷增長的人口、不斷發達的科技，使人口過剩、組織膨脹的壓力不斷加大，面對這兩股壓力，最好的憲法和預防性法律都顯得無能為力。憲法自然不會被廢除，這些良好的法律也依然會印在法律全書中，但是這些自由主義的文字不過是一塊遮羞布，掩蓋著已然深受奴役的本質。

如果人口過剩、組織膨脹的壓力不除，我們就會看見歷史的倒轉——曾經英格蘭轉變為一個民主政體，仍保留著君主制的外衣，但未來它將成為一個君主制國家，卻披著民主制度的外衣。隨著人口過剩、組織膨脹的壓力無情地加速擠壓這個世界；隨著「思想操縱法」花樣更新且越來越有效，民主制度將會變色，但其老舊古怪的政治形式（選舉、議

會、最高法院以及其他)卻會得到保留,而檯面之下,其政體本質則是一種新型的非暴力的極權主義。那些傳統的漂亮名號、那些神聖的標語,依然保留,就像在美好的往日一樣。是的,民主、自由仍將是廣播、社論的極佳主題,不過,這裡的民主、自由卻完全是匹克威克式 [079] 的口吻。與此同時,寡頭統治者及其手下那些經過高階訓練的菁英士兵、政客、思想製造者、思想操縱員們,將以他們認為合適的方式,靜悄悄地主宰世界。

我們來之不易的自由如今面臨這些巨大的客觀勢力的威脅,我們怎麼去抵抗?如果單純從語言的角度泛泛而談,要回答這個問題簡直輕而易舉。就說人口過剩吧,高速增長的人口對自然資源施加了越來越沉重的壓力,我們能做什麼?很顯然,我們必須盡快控制人口增長率,使其與人口死亡率持平;同時,我們必須盡快提高糧食產量;盡快建立並執行一項全球政策,以保護土地和森林;盡快發明有較高安全性、較低消耗速度的實用燃料,來替代核能;我們還要在節約使用簡單易得的礦產資源的同時,盡快開發新的、省錢的技術,對這些越來越稀缺的礦產資源進行開採 —— 在這些資源中,最貧瘠的礦產在大海裡。

可是,毋庸諱言,所有這些幾乎都是說來容易做來難。人口年增長率要降低,可是怎麼降低?我們只有兩個選擇,一個是饑荒、瘟疫和戰爭,一個是人口控制。大多數人會選擇人口控制,可是這隨即帶來一個問題,這個問題既是生理學的、藥物學的、社會學的、心理學的,甚至還是神學的。口服避孕藥尚未問世 [080],如果一旦發明,那麼又如何分發到數以億計的未來的母親(或者假如這顆藥丸是作用於男性 —— 那些未來的父親)手上,並確保她們(他們)為了降低人口出生率而服用呢?

---

[079] 匹克威克 (Pickwick) 是狄更斯的作品《匹克威克外傳》(*The Pickwick Papers*) 中的主角,為人寬厚憨直;但在英語中,匹克威克式 (In a Pickwickian Sense) 多指一種表面上侮辱而實際上是無傷大雅的玩笑表達方式。

[080] 口服避孕藥在 1960 年發明,作者寫作此書時並不存在。

　　而且，考慮到現行的社會風俗、文化與心理的強大慣性，又如何說服那些本該服用避孕藥卻不想服用的人呢？還有，羅馬天主教對任何其他形式的節育都極力反對又該如何？該教會只允許一種所謂的「自然避孕法」，這一避孕方法在最需控制人口出生率的工業落後地區得到試用，但卻證明幾乎毫無效果。

　　所有這些有關未來、避孕藥的問題，即使考慮到目前已經可用的化學的、機械的節育辦法，也幾乎無望獲得圓滿答案。

　　當我們從節育問題轉到增加糧食供給和保護自然資源的問題上時，我們仍然會遇到一些困難，雖然沒有節育問題那麼嚴重，但依然是不可輕視的。首先是教育問題。那些負責種植作物以供給全世界絕大部分糧食需求的農民們，他們人數龐大難以計算，要想教育他們使其改進種植技術提升產量，又得花上多少時間？假設他們果然接受了教育，又到哪裡尋找資本為他們提供機器、燃料、潤滑劑、電力、肥料、改良的種子、家畜——沒有這些東西，最好的農業教育也白費。相似的問題是，又是由誰來負責教育人類保護資源的原則和方法？

　　而且，倘若一個國家人口猛增，對食物的需求暴漲，又如何去阻止這個國家裡飢餓的農民們不去開墾土地？如果可以阻止他們，那麼當肥力耗盡、傷痕累累的土地緩慢恢復生機的過程中，又是誰來負責這些農民的生計？或者，再考慮一下落後的社會吧，它們迫切要實現工業化，如果它們成功了，為了拚命趕上「先進國家」，勢必又要像早期的「先進國家」一樣（它們到現在還是如此），愚蠢、鋪張地浪費掉這個星球上的不可再生資源，那麼又由誰來阻止這些落後的社會追逐先進的腳步？

　　清算的日子終會來到。當礦藏挖掘殆盡，在現有的條件下，如果技術上可行、經濟上划算，還能夠從殘餘的礦藏中再挖掘剩餘不多的珍貴的礦物，但在那貧窮的國度，又到哪裡去找科學人才和大量的資金來完成這一工作？

　　或許，最後還是會發現一個現實可行的答案，可以回答上面所有的問題，可是到底還要等多久才能發現這個答案？無論人口總量與自然資源做何等的較量，時間永遠不會站在我們這一邊。到本世紀結束，如果我們人類足夠努力，或許到那時世界市場上的糧食總量會比現在的多一倍，可是到時人口的總量也差不多翻了一倍，其中幾十億的人口都將生活在半工業化的國家裡，他們將消耗現在十倍左右的電力、淡水、木材和不可再生礦物質。一言以蔽之，到了那時，糧食供給狀況一如今日般捉襟見肘，而原材料的供給狀況則會比今日更糟糕。

　　而要解決組織膨脹問題，也並不比解決人口增長與自然資源之間的問題來得容易。如果單純從語言的角度泛泛而談，要回答這個問題同樣輕而易舉。此處有一句政治格言：權力尾隨財產而至。但如今生產數據正迅速集中至大財團和大政府之手，這已經是鐵一般的事實了，所以，如果你信仰民主制度，請將你的財產分散出去吧，範圍越廣越好。

　　再來看看投票權的問題。原則上，這是極大的權利。但在現實中，正如近期的歷史反覆呈現給我們看的那樣，投票權本身絕不能保證公民的自由。因此，如果你想透過投票權來避免獨裁制度，請解散現代社會中僅具功能性的各類組織，學會自我管理，學會以自願為基礎組建小型的交流社會，使其能躲開大財團、大政府的官僚系統而獨立運作。

　　人口過剩和組織膨脹催生了現代化的大都市，在大都市中，想再過上由豐富多彩的人際關係構成的完滿的人性之生活，幾乎已經是不可能的事了。所以，如果你想逃避個人的、社會的精神貧瘠狀態，離開大都市，讓小小的鄉村社區復活吧；或者破壞大都市機械化的組織體系，在其內部組建一個個與鄉村社區一樣的小型社區，在這些社區中，人們相聚，作為完全的個體相互交流，而不是僅僅作為專業化功能的人形化身出現。

　　這些問題，時至今日已然人人都能明瞭；其實，五十年之前，這些問

題即已眉目清晰地為人所知。從希萊爾‧貝洛克 [081] 到莫蒂默‧阿德勒先生 [082],從早期的信用合作社的信徒們,到今日義大利和日本的土地改革者,善良的人們一代又一代地提倡去中心化(防止經濟巨鱷集中權力),以及廣泛地分散財產。有不少分散生產力的天才的計畫提出來,致力於重建小型的「鄉村工業」。還有杜布雷伊 [083] 那周詳的計畫,試圖在一個個的大型工業組織中的不同部門裡分配一定量的自治權和主動權。

還有工團主義者(syndicalism) [084],他們有一份藍圖,希望在產業聯合會的幫助之下,以生產集團的聯盟為組織架構,建立一個無政府的社會。在美國,亞瑟‧摩根 [085] 和貝克‧布朗內爾 [086] 提出了一個理論,構想了一種新的團體生活方式,其規模維持在鄉村和小型市鎮的水準。

哈佛大學的史金納教授在他的烏托邦小說《桃園二村》(*Walden Two*)中,就人類的問題,提出了一個心理學家的看法,小說描寫了一個自給自足、自立自治的社會,其組織方式如此之科學,以至於沒有人會受到引誘去反對社會,不需藉助高壓政治,也不需宣傳,而每個人都能為其所當為,樂其所當樂,人的創造力於是被普遍激發了。在法國,「二戰」進行之時以及結束之後,馬塞爾‧巴布 [087] 和他的追隨者們建立了許多自治的、無等級的生產社區,社區之內人們互助互愛,過著純然人性化的生活。同時在倫敦,佩克漢姆實驗 [088] 證明了透過互助的醫療幫助體系,使人人關注

[081] 希萊爾‧貝洛克(Hilaire Belloc, 1870-1953),英法雙國籍作家、詩人,作品輕鬆詼諧。
[082] 莫蒂默‧阿德勒(Mortimer Adler,1902-2001),美國哲學家、教育家、暢銷書作家。
[083] 雅客‧勒邁特‧杜博瑞爾(Jacques Lemaigre Dubreuil,1894-1955),法國商人、社會活動家。
[084] 工團主義,又稱工會主義,興盛於 20 世紀初,是一種工人的組織。其基調是要求會員發揚主動性,提倡戰鬥精神(包括罷工和進行破壞活動),透過純粹的工業組織和鬥爭來推翻資本主義國家。
[085] 亞瑟‧歐內斯特‧摩根(Arthur Ernest Morgan, 1878-1975),美國土木工程師、官員、教育家。
[086] 貝克‧布朗內爾(Baker Brownell, 1887-1965),美國哲學家。
[087] 馬塞爾‧巴布(Marcel Barbu, 1907-1984),法國政治家。
[088] 佩克漢姆實驗(The Peckham Experiment),由英國的喬治‧斯科特‧威廉姆森(George Scott Williamson, 1884-1953)與其妻子英尼斯‧霍普‧皮爾斯(Innes Hope Pearse, 1889-1978)在倫敦附近的佩克漢姆所做的一系列實驗,時間為 1926 年至 1950 年,實驗內容是關注工人階級

集體的更廣泛的利益，即使在一座大都市裡，也可以建立一個真正的人性化的社區。

如此我們便可看到，組織膨脹的病毒已然清晰可辨，人們也開出了包羅永珍的藥方，在不同的地方，都有人在針對組織膨脹的病症做一些實驗性的治療，而其結果十分良好。然而，不管如何倡導，也不管實驗性的措施如何開展，這一病毒卻穩定發展，越來越厲害。我們固然知道權力不可集中在少數的寡頭統治者手中，然而真實情況卻是，權力確乎集中在越來越少數的人手上。我們固然知道，對於大多數人來說，生活於大都市意味著成為一個匿名的、原子一樣的人，不能過純然人性化的生活，然而大城市卻在穩定地擴張，同時「城市 ── 工業」的生活模式卻毫無改變。我們固然也知道，在一個龐大、複雜的社會之中，民主如果不是與規模適當的小型自治組織相掛鉤，將近乎毫無意義。然而，每個國家的事務，卻越來越多地被大政府或大財團的官僚們所操控。

事情擺明在眼前：在實際過程中，組織膨脹的問題解決起來與人口過剩的問題一樣困難。面對這兩個問題，我們都知道應該做什麼；但直至現在，我們卻都不能依據自身知識，有效採取應對措施。

在這一點上，我們發現自己面對一個非常讓人困惑的問題：我們真的願意利用自身知識去解決問題嗎？

此外，設法中止，如果可能則逆轉目前朝向極權統治的趨勢，大部分民眾是否真的認為這般不辭勞苦是值得的？在美國 ── 它是目前以至將來很長時間內世界上「城市 ── 工業」型社會的先行者 ── 目前的民意調查顯示，實際上十多歲的年輕人中的絕大多數，作為未來的選民，對民主制度卻毫無信心，對不合時宜的思想審查制度毫不反感，也並不相信什麼民有、民治的政府，如果可以繼續早已習慣的富裕的生活方式，他們對

的健康問題等。

由少量菁英統治的寡頭政府照樣很是滿意。

在全世界最強大的民主政治之下，如此之多生活富足的年輕的電視觀眾，他們居然對民治的觀念完全無動於衷，對自由思想、公民不服從權力完全視若無睹，這一事實難免令人沮喪，只是倒也不必如此驚訝。我們常說「像鳥一樣自由」，並羨慕那帶翅的生物，它們有能力在三維空間裡不受限制地飛翔。但是，天啊，我們卻忘了渡渡鳥 [089]。要知道，任何鳥類，如果學會了在地上挖挖啄啄，且能過上小康生活，牠自然不再有動力展開它的翅膀在天空翱翔，很快，牠將厭棄飛翔的特權，從此永遠生活在大地上。透過這個故事，可以看到人類的本性與鳥類有些相似。如果一日三餐有豐富的麵包定時供應，那麼，許多人將完全滿足於只靠麵包生活，或頂多再靠看馬戲調劑一下生活。

在杜斯妥也夫斯基（Fyodor Dostoyevsky）的寓言小說《卡拉馬助夫兄弟》（*The Brothers Karamazov*）中，宗教大法官這樣說：「到最後，他們將拋棄自由，扔在我們的腳下，並且說：『讓我們做你們的奴隸，只是要餵飽我們。』」而當阿列克塞・卡拉馬助夫問他的兄弟伊凡——這部小說的敘事人——宗教大法官說這話是否只是一種諷刺時，伊凡回答：「一絲一毫的諷刺都沒有！審判官只是出於他個人以及他所在的教會的善德，才摒棄眾人的自由，以此讓眾人幸福。」說得不錯，「讓眾人幸福」。

「而且，在此世界上，」大法官強調說，「對於個人或一個社會，從來是沒有比自由更遭人反對的了。」——不過，「不自由」除外。因為，當情況變糟，食物分配額削減，那在地上定居的渡渡鳥將再一次吵吵嚷嚷，要求重新開啟翅膀。不過，當情況好轉，餵養渡渡鳥的農夫們變得更仁慈慷慨些，則這些渡渡鳥會再一次放棄它們的翅膀。如今的年輕人也是一樣，他們現在對民主政治極少思考，長大成人卻有可能成為自由的鬥士，

---

[089]　渡渡鳥（Dodo），一種古代的巨鳥，僅現於模裡西斯，因為不能飛翔，最後滅絕。

過去呼喊「給我電視、漢堡包，只是不要拿自由的責任來煩我」的人，在條件改變之下，或者會改而呼喊「不自由毋寧死」。如果這樣的革命爆發，其原因一部分在於甚至最強而有力的領導者對權力的運轉也逐漸失去控制，一部分則在於統治者的無能，他們不能充分利用思想操控術——科技發展已經使其完全可用，而且未來的獨裁者一定會使用。

考慮到在過去的時代，像大法官這樣的人物對思想操控術不了解，而且缺少現代化的統治手段，他們卻能做得很棒。而他們的繼承者——那些知識儲備充分、思維徹底科學化的未來的獨裁者們，勢必將比前輩們做得更好。大法官責備耶穌，譴責他呼籲民眾追求自由，他告訴耶穌：「我們更正了你的工作，並且將其建基於奇蹟、神祕、權威的三位一體。」但是，奇蹟、神祕、權威還不足以保證一個獨裁政權的永續。在我的寓言小說《美麗新世界》中，獨裁者們又在這份清單上新增了科學，如此便能透過控制嬰兒的胚胎、制約，以及控制成人、兒童的思想來推廣其權威。

而且，他們已不再僅僅談論奇蹟或用符咒暗示神祕，因他們已然可以透過藥物手段，令其臣民直接感受到奇蹟與神祕，如此便能將單純的信仰轉變為狂喜的經驗。過去的獨裁者之所以失敗，是因為他們不能給臣民提供足夠的麵包、馬戲、奇蹟、神祕，也沒有真正有效的思想操控術。過去的自由思想者和革命者往往都是極端虔誠的正統教育的產物，也就不足為奇了，因為正統的教育者過去使用現在仍在使用的手段根本就沒有用。

而在一個有著科學化思維的獨裁者統治下，教育將會真正發揮功效，結果是，絕大部分男男女女長大為人之後，將熱愛他們的奴役狀態，永遠都不會念想革命。似乎沒有任何理由可以質疑，為什麼一個完全科學化統治的獨裁政權將永遠不會被推翻。

與此同時，在這世界上，仍將殘留一些自由的火種。或許，許多的年輕人看上去真的不重視自由，但是我們中的一些人仍然信仰自由，因為沒

有自由，人將無法成為完滿的人，自由因此而珍貴無比。或許，目前威脅自由的勢力確實太過強大，我們不能抵抗多長的時間，但是，只要一息尚存，我們仍需盡一身之責，竭盡所能，抵抗到死。

美麗新世界
Brave New World

第一章

　　底層大廳龐大，門朝北開。相對來說雖是夏天，窗外卻已有些涼意，但室內卻設定為熱帶溫度，忽而看見一道光線穿過窗戶，很纖細，卻十分刺眼，令人心生寒意。那光是在尋覓一些披著袍子的傀儡般的人體模型，或是某些蒼白的學者的身影 —— 他們一身雞皮疙瘩，最終卻只發現些玻璃杯、鎳製器皿，還有實驗室所用的瓷器，瓷器陰鬱地閃著光芒。

　　環境冷清，一切也就冷清。工人們的工作服是白色的，手上戴著蒼白的橡膠手套，跟死人的顏色似的。室內的光線冷冰冰的，毫無生氣，彷彿幽靈的世界。只有通過工作臺上那一個個顯微鏡的黃色鏡筒，才能窺見一抹生命，這生命彷彿一條條誘人的奶油，裝在那些晶亮的導管裡。

　　「這裡，」孵育暨制約中心主任打開了門：「是受精室。」

　　室內，三百名受精師正在儀器上忙碌，有的全神貫注，幾乎只聽見呼吸的聲音，有的思想出神，不免喃喃自語，偶爾還吹個口哨。一群剛到達的實習生們，皆是年輕粉嫩之輩，緊張地跟著主管的腳步。他們每人都手拿一個筆記本，面前這位大人物一開口，他們便龍飛鳳舞地記錄。一定要依樣畫葫蘆。要知道，像主管先生這等大人物，能鄭重其事地帶新人們轉一轉中心的各個部門，難道還不是新人們的運氣？

　　他每每解釋說：「這樣看一看，只是讓你們對這裡有一個概念。」這還用說嗎？新人們若沒有一些基本概念，他們又怎能機智地勝任這等工作？但這等機智還是少些為妙，因為要做社會的良善樂民，知道得越少才越好呢。

但正如世人皆知的：細節造就美德與幸福感，概念則匯出必要的理性之惡，所以，哲學家本應遭社會鄙棄，木匠和集郵者才是社會的脊梁。因此，他補充說，一面笑著，看來親切，其實倒有些許恐嚇的意思，「明天，你們將定下心來，從事偉大的事業，這些概念就再也沒有用了。與此同時……」

當然，來此工作同時也是一項特權。男孩子們飛速抄錄，這樣的金玉良言，的的確確是從這個大人物的嘴裡流出來的。

主管先生一邊說，一邊進到屋內。這個人又瘦又高，脊背挺拔，下巴很長，牙齒外露，若不說話，他那豐滿且線條曲折生動的雙唇倒是能把牙齒勉強包住。他到底是年輕還是老朽？到底三十歲還是五十歲？也許都五十五了？這卻看不出來。其實，根本就沒有人關心他的年紀。因為當這太平盛世—— 時為福特紀元 632 年 [090]，世上已無人關心這種無聊的問題了。

「我從頭再說一遍。」主管先生說。那些更加積極的新人們於是立刻在筆記上記錄主管先生的名言：從頭再說一遍。

主管先生伸手一指，「這些就是培養器。」並推開一道隔熱門，好解釋得更清楚些。「務必保持正常體溫，以使雄性配子存活；」（他又開啟一道門）「它們需儲存在攝氏 35 度環境下，並不是正常的 37 度，保持正常體溫將毀掉它們的生殖力。」自然，包裹在保溫箱裡的公羊自己是不會生出小羊來的。

斜靠著培養器，主管先生又簡要描述了現代化的受精過程（新人們的鉛筆依然在筆記本上龍飛鳳舞般工作），無疑，他首先從外科手術開始，手術過程自然以社會福祉為目標，更不必說自願手術還能帶來豐厚的獎

---

[090] 作者赫胥黎以美國汽車大王亨利·福特推出福特 T 型車並第一次在汽車工業中引入生產線作業的 1908 年，作為「新世界」的開元之年。故此，福特紀元 632 年等於西元 2540 年。

金，總額等於六個月的薪水；接著談到如何儲存割下的卵巢，並保持其活性；又提及最佳溫度、鹽分、黏性，以及分離出來的成熟的卵子浸透其中的溶液；（他帶著他們走到工作臺，立刻指給新人們看，這種溶液是如何從試管中提取出來，並一滴滴地滴在顯微鏡的玻片上，這玻片還是特製的，有適當的溫度）又敘述如何嚴格篩選出畸形的卵子，計量健康的卵子，將之轉移入一個有氣孔的容器中；又帶他們看操作過程，告訴新人們這個容器是如何浸泡在一片溫暖的營養液中，在這營養液中，精子們正歡快地暢遊，密度達到每立方公分最低十萬個精子（主管先生特別強調了這一點）；十分鐘之後，取出容器，再次檢查容器中的物質，若有任何卵子未能成功受精，便被再一次浸泡，如有必要，這一過程可以反覆進行；最後，受精卵被送回培養器中，經過分類，α 族、β 族受精卵終被小心翼翼地裝瓶，而 γ 族、δ 族、ε 族 [091] 三種受精卵則再次取出來，需要歷時三十六個小時的「波坎諾夫斯基程序」[092]。

「波坎諾夫斯基程序。」主管重複一遍這名詞，新人們便在筆記上的這個詞下面劃線。

一個卵子，一個胚胎，最終是一個健全的成人。不過，經過波坎諾夫斯基程序，一個卵子會「發芽」，會繁殖，會分裂。一個卵子，最少能長出八個、最多能長出九十六個分裂體，每個分裂體則會長成完美無缺的成型胚胎，每個胚胎也都將順利發育為完全的成人。若在過去，一個卵子只能成就一個人，但今日，卻能成就多達九十六個人。這就是進化的偉大！

「本質上，」主管總結陳詞，「波坎諾夫斯基程序本是設計為讓一系列的發育停滯，以確保健全部分正常發育，不料，卵子卻以發芽來應對，這

---

[091]　α、β、γ、δ、ε 都是希臘字母，系第一到第五個字母，在本書中指「新世界」裡的複製人等級。

[092]　波氏程序，原文為 Bokanovsky's Process，是作者虛構的一種複製人程序。歷史上並無研究複製技術的所謂 Bokanovsky 其人。有觀點稱赫胥黎在書中用此名字，是影射一個名為 Maurice Bokanovsky 的法國官僚，此人極力鼓吹對社會進行高效率的管理。

真是出人意料。」

「發芽應對。」鉛筆馳騁紙上。

主管先生又指著一條緩慢移動的輸送帶，正將一個塞滿了試管的架子運送到一個很大的金屬容器之中。此時，輸送帶另一頭，又一個同樣的試管架子出現了。這套傳送的機器發出咕嚕咕嚕的聲音，聲音很微弱。他告訴新人們，所有試管輸送完畢，約花去八分鐘時間，在這八分鐘之內，卵子將接受 X 光的強烈照射 —— 其強度是卵子可以接受的極限。少量卵子在這過程中死去。剩餘的卵子中，敏感度最差的，只能分裂出兩個分裂體；大部分則分裂出四個分裂體；有一些可以分裂出八個分裂體來。所有這些分裂體都將被送進培養器，並在其中成長，兩天之後，培養器內溫度驟降，工作人員再度檢查這些分裂體。那時，「發芽」的過程再度開始，一分為二、二分為四、四分為八，如此這般重複，這些新的分裂體將被浸泡於酒精 —— 幾乎要令它們喪失活性；但它們會存活下來，且又一次「發芽」，從此誕生的更新的分裂體，而後就任其發育了 —— 因為再進行一次「發芽」對這些分裂體來說通常是致命的。這樣算起來，那原始的卵子自然很有希望培育出八個到九十六個分裂體胚胎，這實在是自然界無與倫比的進化，誰敢否認？這些分裂體胚胎可以說是孿生子，但又與舊時代裡胎生的那些雙胞胎、三胞胎截然不同，因為後者的誕生，都是因為一個卵子偶然的分裂，但如今分裂的次數是好幾十次。「幾十次，」主管重複了這個詞，他張開雙臂，似乎在慷慨布施，「幾十次啊。」

不料一個愚蠢至極的男孩卻冒出句話，問人工分裂卵子的優勢到底在哪。

「好孩子！」主管轉身對著這男孩，「這你都看不出來？這你都看不出來？」他豎起一隻手，顯出莊嚴的神情。「記住：波坎諾夫斯基程序是保證社會穩定最主要的工具之一啊！」

如此記下：社會穩定最主要的工具。

想想吧：標準化的男人和女人，統一著裝，一組一組的；一個小型工廠所有的工人，甚至單單源自一個 —— 是一個啊 —— 經過波坎諾夫斯基程序處理的卵子！

「九十六個完全一樣的多胞胎，在九十六個完全一樣的機器上工作！」主管先生充滿了熱情，以至於說這句話時聲音都在顫抖。「你們現在知道身在何處了！這可是人類歷史新的一頁！」接著，他引用了可堪為宇宙真理的那段國訓：「社群統一，身分共一，穩定第一。」

這華美的詞彙！

「假如可以的話，我們早就無限制地採用波坎諾夫斯基程序，然後，世界上所有的難題將迎刃而解。」主管先生充滿自信地說。標準的 γ 族，恆久穩定的 δ 族，均衡如一的 ε 族，這三種受精卵將解決所有的困難。於是要有成千上萬個完全一樣的多胞胎！生物終於可以量產了！

「只是，哎，」說到這裡，主管先生居然嘆了口氣，還搖搖頭，「我們卻不能無限制地採用波坎諾夫斯基程序。」九十六個攣生子似乎就是批量生產的極限，平均起來最多也就七十二個。而且，他們目前想到的最好的辦法（其實是次好的辦法），也只是讓同一個卵巢和同一個男性配子結合，產生盡可能多的攣生子，甚至連這個辦法也不是那麼容易就能完成。

「因為，如果順其自然，女性體內的二百個卵子，需要三十年的時間才能達到真正的成熟，但我們的生意要求我們必須在此時此地就保證人口數量的穩定。要等待四分之一個世紀，才能把卵子一個個擠出母體，這樣的等待有何意義？」

很明顯，沒有意義！幸虧波茨納普技術 [093] 極大地加速了成熟的過

---

[093]　波茨納普技術，波茨納普是英國作家查爾斯・狄更斯的長篇小說《我們共同的朋友》中的反面角色。作者以他的名字命名加速卵子成熟的技術，有諷刺的性質。

程。他們可以確保在兩年時間之內，讓一個女性體內的至少一百五十個卵子成熟，令其受精，經過波坎諾夫斯基程序，換句話說，就是把一個卵子乘以七十二，然後，在兩年時間內，可以同時產出平均數量高達一萬一千個的兄弟姐妹，他們來自同一個母親，卻分屬於一百五十組孿生子。

「運氣好，我們甚至可能讓一個卵巢產出一萬五千個成體呢！」

此時，一個金髮、臉色紅潤的年輕人恰恰走過，主管向他打招呼，「福斯特先生！」這位臉色紅潤的年輕人於是便走過來。「福斯特先生，告訴我們，單一的卵巢最多產出過多少成體？」

福斯特一口報出了結果：「在本中心裡，紀錄是一萬六千一十二個。」

福斯特說話非常快，他有一雙活力四射的藍眼睛，當引用數據的時候，明顯看出他很享受這個過程。「一百八十九組孿生子，一萬六千一十二個成體，可是有人做得更棒，」他喋喋不休地說，「那是在一些熱帶地區的孵育中心。比如，新加坡孵育中心經常產出超過一萬六千五百個成體；蒙巴薩的孵育中心居然創造了一萬七千個成體的最高紀錄——可是他們贏得並不光彩，想想看，這些黑種的卵巢對她們那腦下垂體分泌物的反應是多麼厲害！假如你習慣於研究歐洲人種，你難免會對兩個人種之間的區別大感驚訝。即使如此，」他話鋒一轉，微微一笑（可是他眼中那股爭強好勝的神氣未散，而他的下巴上揚，一副挑釁的意思），「我們仍有可能擊敗黑種人的紀錄。現在，我正在研究一個副 δ 族卵巢，才十八個月，已經產出一萬兩千七百個幼體，或者已經脫瓶，或者已成胚胎，他們日日都在變得更強壯。我們終將擊敗這些黑種人。」

主管大喜，「我欣賞的就是這種不服輸的精神！」他拍了拍福斯特的肩膀，「你就跟我們一起走，把你擅長的專長告訴這些男孩，讓他們不虛此行。」

福斯特謙恭地笑了：「樂意之至。」

他們繼續前行。

於是到了裝瓶室，那裡一片喧囂，卻井井有條。新鮮的母豬腹膜被切割為一條一條，尺寸合適，從半地下室的器官商店，用小型載貨電梯迅疾地輸送進來。只聽到嗖嗖的聲音，然後咔噠一聲，電梯艙口洞開，裝瓶工只需伸出一隻手，取出腹膜條，塞進瓶中放平，即告完工。工人們速度奇快，循環不息的輸送帶上的每一個瓶子，都不會空空而去。這個瓶子剛裝好，又聽見嗖嗖的聲音，然後咔噠一聲，又一條腹膜從電梯彈出，等待著被塞進下一個瓶子。於是，在這條輸送帶上，裝瓶工們完成著這雖然緩慢，卻永無止境的程序。

裝瓶工旁邊站著審核員。程序到了這一步，只見一個個卵子從試管轉移到更大的容器內，於是審核員們靈巧地將卵子的腹膜撕下，於是桑葚胚 [094] 應聲落下，審核員們接著將鹽水注入卵子⋯⋯最終卵子被置放進瓶中，這時輪到標籤人員忙碌了，他們記錄下卵子的遺傳情況、受精日期、波坎諾夫斯基胚胎組編號，這些資訊原先貼在試管上，現在轉移到瓶子上。這些卵子不再是匿名狀態，它們被命名、被標示。

程序緩慢地繼續下去，裝有卵子的瓶子通過牆上的一個洞，緩慢地送進命運規劃局。

「這裡的卡片索引裝滿了八十八立方公尺的櫃子！」當他們走進命運規劃局時，福斯特得意地說。

「索引中包含了所有的相關資訊。」主管補充說。

「而且每天早晨就更新。」

「而且每天下午就調整完畢。」

「以這些索引為基礎，規劃員們對胚胎們的命運予以設計。」

---

[094]　桑葚胚，指一個受精卵經過多次分裂，形成數十至數百個細胞組成的早期胚胎。

「天啊，這麼多個體被製造出來，品質是如此出色！」福斯特說。

「又如此大規模地被分配到社會上去！」

「無論何時，這裡的脫瓶率都是最佳。」

「任何偶然的損耗都迅速得以補正。」

「絕對迅速，」福斯特強調說，「比如上次日本大地震，人員損失慘重，你們可不知道，當時我們加班加了多長時間來彌補這個損失啊。」他居然和氣地笑起來，一邊搖著頭。

「先是規劃員將社會需求的數據傳遞給受精師們。」

「受精師則將相應數量的胚胎交給命運規劃員。」

「因此相應數量的卵子被裝瓶，並詳細規劃其未來用途。」

「此後，瓶裝卵子就被送到胚胎倉庫了。」

「我們現在正向胚胎倉庫走去。」

福斯特開啟一道門，他領著眾人走下一段樓梯，到了地下室。此處的溫度仍然宛如熱帶。他們又往下走，光線轉淡，暗色加重。只見兩道大門、一條長廊，長廊有兩個轉彎，以保證這地下室可以擋住日光的滲透。

「胚胎就像是底片，」福斯特俏皮地說，一邊推開第二道門，「它們只能承受紅色光。」

其實，跟隨福斯特進入倉庫的新人們，卻感到在這曖昧的暗色環境中，事物仍是可見的，而且皆鍍上深紅色。這種黑暗感，極似人們夏日午後閉目時所感到的那種。在倉庫裡，一排排延伸下去的貨架和一層層堆著的瓶子，滿滿地排列在過道兩邊，一切皆閃耀，如無數紅寶石般絢爛；男男女女暗紅的身影穿行在這些紅寶石的陣列中，如幽靈一般，他們皆有一雙紫色的眼眸，渾身皆顯出紅斑狼瘡的症狀。在這環境中，唯有機器的轟鳴，或許能略微攪動這沉悶的空氣。

「福斯特先生，告訴他們一些數據。」主管說，他已經累了。福斯特則再高興不過了，他喜歡列出數據。他說，這裡長 220 公尺，寬 200 公尺，又指著天花板說，高則達到 10 公尺。就像小雞喝水一樣，新人們順著福斯特手指的方向去看那遠處的天花板。這裡一共有三層貨架：地面長廊、一樓長廊、二樓長廊。

蜘蛛網一般的鋼鐵架構，連線著錯綜交叉的走廊，卻都在遠處的黑暗中隱沒。就在他們旁邊，有三個紅色的人影正忙碌著，沿著一架自動扶梯，卸下一個又一個罈子。

這架自動扶梯，向上通向的，正是命運規劃局。

裝瓶的卵子可以放在十五個帶軌道的貨架上，每個這樣的貨架，均以每小時三十三又三分之一公分的速度緩慢傳動（慢到常人都感覺不到），也就是一天移動八公尺，每年移動二百六十七天，這樣全部加起來，所有貨架每年要移動的距離是兩千一百三十六公尺。這樣的貨架軌道，一條在地下一樓，一條在一樓長廊，還有半條在二樓長廊。就這樣歷經二百六十六天，直到那第二百六十七天清晨的到來，脫瓶室裡終於灑滿了陽光，人們稱這一天為卵子的獨立日。

「其實在此過程中，」福斯特總結說，「我們已經可說是傾盡全力了。」他笑起來，這是見證者的笑容，也是成就者的笑容。

「我欣賞的就是這種精神！」主管再一次表示了讚賞，「讓我們繼續到處看看，福斯特先生，你可以告訴他們所有的事情。」

遵循指示，福斯特確實講了許多。既告訴他們胚胎如何在腹膜製成的胎床上成長，又讓他們舔了舔胚胎們的營養品——數量極其龐大的血液替代品，還解釋了為什麼胚胎需要胎盤素和甲狀腺素的刺激；接著又談及如何提取黃體 [095]；又給新人們看噴嘴，在貨架移動過程中，從開始移動

[095]　黃體，排卵後由卵泡迅速轉變成的富有血管的腺體樣結構。

算起，移動到兩千零四十公尺，其中每移動十二公尺的距離，都要透過噴嘴自動往瓶子中注射相關物質；在第一百一十二公尺行程抵達時，在每個瓶子中人工設定母體環境；在最後的九十六公尺行程，往瓶子裡注入的腦垂體溶劑逐日增量。然後指給新人們看紅色的「蓄水池」——裡面是血液替代品；以及離心幫浦——它保證了血液替代品在胎盤中的運轉，並進行人工肺部的血液循環；以及人體廢物過濾器。此外還提及胚胎有貧血的危險傾向，指責胚胎那豬一樣貪婪的營養攝取量，為此，他們不得不為胚胎提供小馬的肝臟。

接著又描述道，在貨架移動的過程中，每經過一個八公尺的距離，其中最後兩公尺的距離，都要同時抖動所有胚胎，以使其習慣運動性；又暗示胚胎會感受到「脫瓶創傷」（其實是重力作用的結果），為此需提前採取措施，透過對瓶中胚胎的適度訓練，使這種受驚感降到最低；在移動到二百公尺左右，會對胚胎進行性別檢測。還解釋了標籤含義，「T」表示胚胎為男性，一個圓圈表示女性，一個黑色的問號（寫在白底紙上）則表明該胚胎為不育女 [096]。

福斯特說：「當然，在絕大部分情況下，繁殖力太旺盛也令人煩惱，其實一千二百個卵巢中只保留一個就足夠我們使用的了，但我們也希望所做的決定更聰明、更有餘地，所以，肯定總是要維持更高的安全係數，於是，在性別檢測階段，我們保留百分之三十的女性胚胎，允許它們正常發育；剩餘的女性胚胎，在餘下的行程中，每過二十四公尺距離，則要被注射男性荷爾蒙，結果，它們脫瓶之後，成為特殊的胚胎——結構正常卻沒有生育功能，這是務必要保證的。當然，這些胚胎未來難免偶爾會長出幾根小鬍子。」他繼續說，「如此一來，人類終於不再像奴隸一般遵循自然，而是自行創造生命，想想看，這樣的世界將會多麼有趣！」

---

[096] 原文雄相雌性體（freemartin），本是獸醫學用語，原指異性雙胎雌性牛犢。90％以上的異性雙胎雌性牛犢不育。此處指不育的女性複製人。

　　說到這裡，他高興地搓起手來。可見，福斯特先生和他的同仁們可不是因為能孵化胚胎而大感得意的——這種成就，就是一頭母牛都做得到。

　　「我們決定胚胎的命運，我們也為他們的發展提供條件。我們塑造我們的胚胎成為各式各樣的人，比如 α 族、ε 族，比如未來成為汙水工人或⋯⋯」他本來是準備說「世界的統治者們」，卻立刻改口為「孵育中心的主管先生」。

　　主管微微一笑，很樂意接受這段奉承。

　　一行人經過了第十一貨架，它的行程目前是三百二十公尺，一個年輕的副 β 機械工正拿著螺絲刀和扳手，忙於透過血液輸送幫浦把血液替代品輸入一個胚胎瓶中。當他轉著螺帽旋轉時，發出時斷時續的聲音，與幫浦的馬達聲合在一起。往下轉！往下轉！⋯⋯還有最後那一轉，看看轉速計，終於大功告成。他沿著軌道又走了兩步，在下一個離心幫浦處開始相同的工作。

　　「這是為了降低轉速，」福斯特解釋說，「血液替代品因此可以旋轉得慢些，如此一來進入肺部循環時流速較慢，胚胎因此獲得的氧氣也更少。要知道，只有缺氧才能確保一個胚胎活性降低呢！」說到這裡，他又一次興奮地搓起了手。

　　此時一個新人很幼稚地問道：「可是為什麼你們要讓胚胎的活性低於正常水準？」

　　一時眾人愣住了。

　　「蠢材！」總管叫道，總算打破這過長的沉默，「難道你就想不到，ε族胚胎必須有 ε 族基因，並且必須生存於 ε 族的環境嗎？」

　　這個傻小子自然沒有想過這個問題，他依然是一頭霧水。

「種姓越低，攝氧越少。」福斯特解釋了，氧氣少了，第一個受影響的就是大腦，其次是骨骼，如果只能攝取百分之七十的標準氧氣量，人就會變成侏儒；如果低於百分之七十，就會變成一個瞎子，同時變成一個怪胎。「這樣的人當然毫無用處。」福斯特總結道。

他的聲音忽然變得自信而熱切，「然而，倘若有人能發明一項技術，可以縮短胚胎的成熟期，對於社會來講，那將是多麼巨大的成功，多麼偉大的貢獻啊！」

「想像一匹馬。」

新人們便去想像。

一匹馬在六歲的時候成熟，一頭大象的成熟是在十歲。而人呢，到了十三歲，還沒有性成熟，只有到了二十歲，才算徹底成熟。這不是生生耽誤了人類的發展與智力的進化嗎？

「但是，對於 ε 族人，」福斯特大義凜然地說，「我們可不需要他們的智力。」既不需要，也從不曾索取。可是，即使 ε 族人的大腦十歲即成熟，他們的身體卻只有到了十八歲才適合工作，這麼長的成熟期完全是多餘的，實在是浪費嚴重。假如能加快身體的發育速度，可以讓 ε 族人像頭牛一樣發育迅速，想一想，這將節約多少資源，對群體又是何等偉大的貢獻啊！

「確實太巨大了！」新人們喃喃自語，深表贊同。福斯特的熱情是富有傳染力的，但他也能快速轉換成一個專家的角色。他又提到，由於內分泌系統不正常，男性發育過於遲緩，他假設原因在於生殖的突變。那麼，有沒有可能扼殺這種突變呢？能否透過適當的技術處理，使任何 ε 族胚胎恢復到狗或者牛的正常狀態呢？這就是問題所在，而這個問題甚至差一點點就解決了。

　　蒙巴薩的專家皮爾金頓，曾經創造出一些個體，四歲性成熟，六歲半身體發育完成。這實在是科學的巨大成就，可是卻無法推廣。因為六歲的男人和女人，實在太蠢笨，甚至連 ε 族人的工作都完成不了。這種實驗其實是孤注一擲的，要不是徹底失敗，要就是一步成功，徹底改變人類的發育模式。專家們仍在耗費精力尋求完美的方案，使六歲的成年人與二十歲的成年人沒有本質的差距，迄今尚未成功。說到這裡，福斯特嘆口氣，搖了搖頭。

　　在深紅色的微光中，他們繼續前行，此時到了第九個貨架所在的一百七十公尺的節點附近，從此節點往前，第九貨架被封閉起來，其中的瓶子像是在隧道中走完剩餘的路程，只是常被一些兩三公尺寬的開口阻斷路途。「在這些開口，要對貨架加熱。」福斯特解釋說。

　　其實，溫度的調節是冷熱交錯進行的。在 X 光的強照射下，涼爽的溫度變化也只是給胚胎帶來痛苦，當胚胎一旦被取出，它們對低溫就會很恐懼，因此，它們就命定為在熱帶地區工作，做一個礦工，或者醋酸絲紡織者，或者鋼鐵工人。此後，還要對它們進行思想灌輸，使其完全認可身體的特性 —— 雖然這其實是別人下的結論。

　　「我們設定環境，使它們在熱帶氣候中成長，」福斯特說，「我那些樓上的同仁們也會教育它們，去熱愛熱帶的生活。」

　　主管簡練地插了一句話：「對你不得不做的一切，必須去熱愛 —— 這就是幸福與美德的奧祕所在。所有的環境訓練目的同樣如此：讓人們熱愛自身被限定的命運，無人可以逃脫。」

　　在兩條隧道的中間，有一個缺口，眾人見到一個護士正細緻認真地用一根長長的針筒戳進瓶子，瓶中乃是一團膠狀的黏稠物。新人們和他們的導遊沉默著，駐足觀看這個護士，花了些時間。

　　護士終於忙完注射的事情，挺起身子，此時福斯特突然向她打了聲招

呼：「妳好，列寧娜。」女孩吃一驚，轉過身來。儘管光打在身上像是得了紅斑狼瘡，還有紫色眼睛，但她依然極其動人。

「是亨利！」女孩笑起來，牙齒閃著紅光 —— 她的牙齒是珊瑚色的。

「多迷人啊，多迷人啊！」主管嘀咕著，輕輕拍了幾下這女孩，而這女孩則報之以恭恭敬敬的微笑。

「妳在往瓶子裡注射什麼？」福斯特問道，裝出一副專業性的樣子。

「啊，那是常用的傷寒和嗜睡病菌。」

福斯特於是向新人們解釋：「在一百五十公尺的節點，這些未來的熱帶工人們就被注射疫苗了，此時胚胎仍然有腮，我們就給這些魚狀的胚胎做好免疫，使其未來不怕人類的疾病。」說完又轉向列寧娜，說：「今天下午四點五十五分，我們照例樓頂上見，不見不散。」

「太迷人了。」主管再一次說，在大家都離開之後，他還不忘最後拍了下列寧娜。

第十貨架，裝的是下一代化學工人，這些胚胎正受訓練，以忍受鉛、氫氧化鈉、焦油、氯氣的侵害。第三貨架，第一批二百五十個火箭飛行器工兵的胚胎正經過一百一十公尺的節點，透過一套特別的機械程序，這批胚胎正在容器中經受持續的旋轉。「這是為了讓他們提升平衡感，要知道，在半空中為火箭進行維修可不是一件容易的事情。因此，當他們位置處於正上時，我們就讓其體內的血液循環放緩，使他們處於半餓的狀態；但當他們位置顛倒時，我們就把血液替代品的流量增大一倍。如此，他們將會把顛倒狀態視為幸福，老實說，只有倒立時，他們才會感到真正的快樂呢！」

「現在，我要讓你們看看增 α 族胚胎，它們未來是知識分子，它們的成長環境非常有趣。看，它們就在地面長廊的第五貨架上，有一大批

呢。」福斯特先生說，他叫住了兩個男孩，他們正準備從走廊下到第一層來。「這些知識分子如今約在九百公尺的節點，可是只有當它們的尾巴褪去，我們才能做些有用的事情，設計出知識分子的胚胎環境。跟著我。」

此時，主管看了看手錶，「已經兩點五十分了，」他說，「恐怕沒時間參觀知識分子胚胎了，我們現在要到嬰幼託管所去，趕在孩子們午睡結束之前。」

福斯特有點不開心，「至少要去看一眼脫瓶室吧。」他懇求道。

主管對他很是溺愛，他笑了笑，「好吧，好吧，那就看一眼。」

第二章

主管開門，眾人便進入一個很大的空房間，明亮至極，陽光充足，因為這房間整個南面的牆其實就是一面超大的窗戶。這裡有六名護士，穿著樣式統一的長褲和夾克，都是人造亞麻製作的，完全符合規範；她們的頭髮都藏在白色帽子裡，以確保環境的絕對清潔。此時她們正忙於往地板上擺放一長串玫瑰花瓶，花瓶極大，塞滿了怒放的玫瑰花。成千上萬的花瓣，成熟綻放，絲樣柔滑，像無數的天使那精緻的雙頰，但在這般豔陽的光芒中，這些天使，不僅包括了粉紅色的純種雅利安人，亦包括黃燦燦的中國人，還有墨西哥人種，以及因吹多了天上的號角而中了風[097]，如死人般蒼白的人 —— 他們那種蒼白，就像是毫無生命的大理石的白。

一位主管進來，護士們立刻緊張待命。

「把書攤開。」他言簡意賅地說。

護士們默然執行命令，便在每個玫瑰花瓶之間，整齊安放下書籍，都是些有關幼兒護理的四開本，隨意開啟到某頁，頁面上乃是些乳頭、小魚、小鳥的圖畫，色澤豔麗、畫面歡快、實在誘人。

「現在把孩子們帶進來。」

她們立刻跑出去，一兩分鐘之後又回來了，每個人都推著一種輕型運貨升降機，升降機的每格架子都包裹上四方的鐵絲網，網裡裝著八個月大的嬰兒，全部一模一樣（明顯是經波坎諾夫斯基程序處理的同一組胚胎發育而成，且其種姓都是 δ 族），穿著全是卡其色。

---

[097] 吹天上號角的人，是暗指《聖經‧新約‧啟示錄》中提到的七位在天上吹號的天使。

「把孩子們放到地上。」

孩子們於是被搬下來。

「把他們朝向花和圖書的方向。」

此時，孩子們立刻安靜下來，開始爬向白紙，白紙之上那些光潔的色彩和形象，明亮、令人愉悅。等爬到紙張旁，太陽剛好從一朵雲後面露出臉（一場短暫的日食剛剛結束），玫瑰花一時光芒閃爍，似乎從其生命深處突然綻放了熱情；於是，發光的書頁頓時被注入一股全新的、深刻的意義。從那爬著的孩子口中，便發出驚奇的尖叫、咯咯的笑聲、喜悅的呢喃之聲。

主管又搓起了自己的手。「完美極了！簡直像是故意設計出來的一樣。」

此時，爬行最快的寶寶們已經抓到了目標物，那些稚嫩的小手猶猶豫豫地伸出去，觸碰、抓住、撕下那些已經變形的玫瑰花，又揉皺那明亮的書頁。等到所有寶寶們都忙得歡天喜地的時候，主管發言了，「仔細看。」舉起手，他發出了指令。

此時，在房間另一邊，站在一個配電盤旁的護士長，拉下了一個控制桿。

突然就是一陣躁狂。聲音尖銳些、再尖銳些。只聽警報器尖叫著，警鈴發狂地響著。

寶寶們受驚了，尖叫了，因為恐懼，他們的臉全都扭曲了。

因為噪聲震耳欲聾，主管只得大叫起來，「聽著！現在要給予他們輕微的電擊！」

他再次揮手，護士長便拉下了第二根控制桿。寶寶們的尖叫聲突然改變了音調，顯出絕望、近乎瘋狂、痙攣性的嚎叫，它們是在宣洩。它們幼小的身體扭曲、僵硬，四肢痙攣，似乎被看不見的電線拖拽著。

「我們完全可以讓那片地板區域全部通電，」主管大叫著解釋，「但這已經足夠了。」他又朝護士長做了個手勢。

騷亂暫停了，警鈴不再響，警報器的尖叫聲也逐漸停歇了，終至無聲。僵化、抽搐的孩子們身體終於放鬆了些，方才那種孩子的發狂的啜泣和尖叫，轉為一種普通恐懼刺激下的常規性嚎叫。

「再次把鮮花和書籍給他們。」

護士們遵命。可是，看到玫瑰花過來，看到色彩豔麗的圖畫過來（這些圖畫可是些貓咪、公雞喔喔啼、黑綿羊咩咩叫之類的動人東西），孩子們卻恐懼地縮緊身體，想要離開，它們的嚎叫聲也突然間增大了。

「看到沒有？看到沒有？」主管得意地喊道。

在孩子們的意識中，現在書籍與噪音、鮮花與電擊已經構成連結。再經過兩百次相同或類似的訓練，這兩兩之間的連結將牢不可破。這是人工設定的關聯，自然已經無力去破壞。

「他們將長大，卻帶著對書籍、鮮花發自本能的厭惡 —— 正如心理學家們說的那樣。制約已經不可逆轉。從此他們一生將遠離書籍、植物的壞影響。」主管說，然後轉身對著護士們，「現在把這些小東西帶走。」

身著卡其色衣服的孩子們，雖然仍在哭泣，卻被重新放回升降機裡，又被推出房間，但在房間裡留下了一股酸臭的奶味。此時，房間裡立刻安靜下來，眾人甚是喜歡這難得的安靜。

一個新人舉起了手。他自然曉得，低等級的人是不可閱讀的，否則就是在浪費社會的時間；而且讀書總存在一絲風險，這些低種姓的人說不定會讀到什麼東西，破壞它們的制約，這當然是令人不快的。可是，他就是不明白，為什麼要自找麻煩，讓那些 δ 族的人在心理上絕不喜歡花？

主管極其耐心地解釋說，使孩子們一看到玫瑰花就尖叫，完全是基

於經濟政策的考慮。不久（大約一個世紀）以前，γ族、δ族，甚至ε族的人，曾接受過喜愛鮮花的制約，不管是家養的，還是野生的，都喜歡，目的在於讓這些人一有機會就跑到鄉下去看花，這樣迫使他們進行交通消費。

「難道他們沒有進行交通消費？」新人問。

「倒是消費了很多，」主管說，「但是除此之外，它們不願意消費別的東西。」

主管指出，春季賞花啦，自然風景啦，這些鬼東西，都有一個嚴重的缺陷，就是不需要花錢就能享用。熱愛自然，使得工廠都開不了工啦。所以，上面決定取消熱愛自然的制約，但保留消費交通的制約，因為毫無疑問，讓他們不斷地到鄉村去是很有必要的，雖然他們其實憎惡鄉村。問題在於需要找到一個從經濟上來說合情合理的理由，使他們樂於消費交通，但並不是出於對春季賞花或自然風景的喜愛。這個合適的理由找到了。

主管說，「我們設定，大眾憎惡鄉村；但我們又設定，大眾熱愛鄉村運動。同時，我們確保所有鄉村運動務必使用精密的運動裝備，這樣，大眾既消費了交通設施，也消費了製造品。如此，你就明白為什麼要對這些孩子進行電擊了。」

「我懂了。」這個新人說，沉默著，深陷敬仰之情。周圍的人也沉默著。直到主管清了下喉嚨，說道：「曾經，當偉大的主福特仍活在世上，有一個叫魯賓·拉賓洛維奇的男孩，他的父母都是說波蘭語的。」

主管停頓了下，「我想，你們應該都知道波蘭語是什麼東西？」

「是一門絕跡的語言。」

「就像法語和德語已經絕跡一樣。」另一個新人補充說，殷勤地炫耀著自己的博學。

「那你們知道父母是什麼意思嗎？」主管先生考大家了。

屋子裡立刻一陣沉默，大家都很不安。有幾個男孩甚至臉紅起來了，他們顯然還沒有學會嚴格區分色情與純科學。這個區分其實是至關重要的呢。終於，一個新人鼓起勇氣舉起了手。

「過去人類常常……」說到這裡他猶豫了下，兩頰羞紅，「常常，常常都是母體胎生的。」

「正確無誤。」主管先生讚許地點點頭。

「一旦嬰兒被倒出來……」

「是生出來。」主管先生糾正說。

「好的，一旦嬰兒生出來，就有了父母。不，我說的當然不是嬰兒，而是別的人。」說到這裡，這個可憐的男孩自己腦子也糊塗了。

「簡而言之，」主管總結說，「所謂的父母就是爸爸和媽媽。」

本以為父母乃是色情的東西，現在發現是科學的，這男孩鬆了口氣，他不再沉默，也不再迴避別人的目光。

「媽媽，」主管大聲重複這個詞，感覺這個詞中的科學味道，接著靠著椅子，嚴肅地說，「我知道，這些事情令人不安，可是，歷史上大部分事情都是令人不安的。」

他繼續講述小魯賓的故事。一個晚上，在小魯賓的房間裡，他的父母（不是色情詞！）因為疏忽，忘記關收音機了。（「你們一定知道，在過去大規模胎生的時代，通常孩子都是由父母照顧長大，而不是像現在這樣被送到國家健康中心統一養育。」── 主管加了一句。）當小魯賓熟睡時，倫敦一個廣播節目突然開始播音，第二天早上，魯賓的父母（不是色情詞！）── 再次提到父母這個詞時，幾個膽大的男孩已然互相咧嘴而笑了 ── 驚奇地發現，小魯賓已經醒來，嘴裡卻一字一字地重複著一

份演講稿，乃是一個古怪的老作家的文章，他名叫喬治・蕭伯納（George Bernard Shaw），是極少數作家中的一員，他的作品被允許流傳後世。這篇演講，講的是關於他本人的天才，文章自然是經過審核無誤的。小魯賓一邊嘰嘰呱呱地講這篇演講，一邊不時眨眼、吃吃竊笑，父母當然完全聽不明白，他們以為孩子發瘋了，立刻去找醫生。幸虧醫生懂英語，他立刻聽出來，這是昨天晚上蕭伯納的廣播演講，醫生意識到這是一個很嚴重的問題，立刻就向醫學媒體中心寄了一封信。

「睡眠學習法則，就這麼被發現了。」主管先生意味深長地停頓了一下。要知道，雖然發現了這個法則，可是，直到很多很多年過去，這個法則卻一直沒有實際應用。

「小魯賓事件的發生，僅僅是在我主福特的第一款 T 型車投放到市場上二十三年之後。」說到這裡，主管先生在胃部劃了一個 T 型符號，所有的新人立刻滿懷敬意地照樣畫葫蘆。「然而……」（新人們在筆記本上極速記錄。）「直到福特紀元 214 年，官方才第一次正式使用睡眠學習法，為什麼不在這之前？有兩個原因。首先，早期實驗方向就是錯誤的，他們曾以為利用睡眠學習法的理論，可以造出一個傳授知識的儀器。」

（畫面淡入：

一個小男孩靠右側斜臥，右手臂伸出來，右手軟綿綿地搭在床沿。床邊一個盒子，其中一面是一個圓形的光柵 [098]，有一個溫柔的聲音傳來：

「尼羅河是非洲最長、全球第二長的河流，只有密西西河比它長，然而考慮到它的流域跨越的緯度範圍達到三十五度……」

次日早晨早飯時，有人說：「湯米，你知道非洲最長的河流是哪條嗎？」湯米搖頭。「可是你難道不記得有段話是這麼開頭的 —— 尼羅河

---

[098]　光柵，是結合數位科技與傳統印刷的技術，能在特製的底片上顯現不同的特殊效果，在平面上展示栩栩如生的立體世界。

是……」

於是湯米變得滔滔不絕：「尼羅河是非洲最長、全球第二長的河流，只有密西西河比它長，然而考慮到它的流域跨越的緯度範圍達到三十五度……」

「那麼，告訴我，非洲到底哪條河流最長？」

湯米一臉迷茫。「我不知道。」

「湯米，是尼羅河呀。」

「尼羅河是非洲最長、全球第二……」

「那麼，湯米，到底哪條河最長？」

湯米的眼淚奪眶而出：「我不知道！」他嚎叫起來。畫面淡出）

主管澄清說，就是這聲嚎叫，令早期的研究者們沮喪之極，最終放棄了實驗。再沒有人嘗試於睡眠時教給孩子們尼羅河的長度。這是對的，只有知道所學為何，人才能真正學會一門科學知識。

「要是一開始試驗是在睡眠中教育小孩道德，那就好了。」主管先生一面說，一面引領眾人向一扇門走去，新人們緊跟著，一面走路、上電梯，一面還要近乎瘋狂地記錄。

「要知道，不管在任何情況下，道德教育都絕不需要透過理性思維。」

他們上到了第十四層樓，突然，一個擴音器低語道：「安靜，安靜……」而每個喇叭口都不屈不撓地間歇性地傳出「安靜，安靜」的聲音，這聲音在每一個走廊響著。新人們，甚至主管本人，聽到這聲音，都下意識地踮著腳站立，他們自然是 α 族人，但即使 α 族人，也是經過嚴格的制約的。「安靜，安靜。」於是在第十四層樓的空氣中，響徹這絕對精神 [099]。

---

[099]　絕對精神，德國哲學家康德用以表達普遍道德規律和最高行為原則的術語。

踮著腳，眾人走了五十碼，來到一扇門前，主管小心翼翼地開了門。他們踏過門檻，走進一間有百葉窗的宿舍，宿舍內光線不足，有如暮色。沿牆依次排列著八十張簡易小床。只聽見輕輕的、有規律的呼吸聲，持續不斷的喃喃自語聲，彷彿遠處有人在低語。

見到眾人進來，一個護士立刻站起來，等候主管吩咐。

「今天下午的課程是什麼？」

「前四十分鐘是性知識基礎，」護士回答，「但現在已經是初級階級論的課程了。」

主管先生沿著那一長排小床緩緩走下去，那八十個孩子滿臉紅光，深處睡眠之中，狀態輕鬆，呼吸溫柔。在每一個枕頭下面，都有一個輕柔的聲音在傳遞。主管在一個小床前止步，彎腰細聽。

「你剛才說是初級階級論？讓我們把音量放大來聽聽。」

房間另一頭牆上，掛著一個擴音器。主管走過去，調整了按鈕。

一個辨識度很高的聲音，溫柔極了，眾人聽到：「……萬物皆綠，」這是從一個句子的中段開始，「只有δ族的孩子們穿著卡其色服裝。哦，不，我可不想跟δ族的孩子們玩耍，更別提ε族的孩子，他們更差勁，而且蠢到不會讀、不會寫。此外，ε族的孩子們穿黑色衣服，只有畜生才喜歡這種顏色。至於我，身為β族孩子，我再開心不過。」

一個停頓，然後繼續。

「α族的孩子穿著灰色衣服，他們比我們工作更辛苦，因為他們太聰明了，要做太多的事。我真的極其開心，因為我是一個β族孩子，而我不想工作那麼辛苦。此外，我們比γ族和δ族的人棒多了。γ族人是蠢笨的，他們穿著綠色，δ族是卡其色。哦，不，我不想和δ族的人玩。更別提ε族的孩子，他們更差勁，而且蠢到不會……」

　　主管把音量又調低了，直至無聲，但在那八十個枕頭下面，那纖細的聲音仍像幽靈一樣喃喃自語。

　　「在孩子們醒來之前，這段課程還要重複四十到五十次；然後是在星期四重放；然後是星期六重放。在三十個月的時間裡，這段課程一週要放三次，每週總共要播放至少一百二十次。然後，更高階的課程就開始了。」

　　玫瑰花、電擊、δ族人的卡其色衣服，加上一點點阿魏劑 [100]，緊密結合在一起，在孩子們能說話之前，持續施加影響。但是非語言的制約既粗率，也失之於籠統，無法解釋清楚更細微的區別，也無法教孩子們較為複雜的行為，因此，課程中必須要有言語的存在，但這樣的言語又不能參雜任何理性。簡而言之，這就是睡眠學習法。

　　「這乃是人類有史以來最強大的道德、社交力量。」

　　新人們立刻在他們的小本子上記錄這些，一定要依樣畫葫蘆。

　　主管再一次觸碰了按鈕。

　　「……太聰明了，」那個溫柔的、奉承的、精力充沛的聲音再次響起，「我真的極其開心，因為……」

　　這重複的語言也許不像水滴 —— 雖然水滴石穿是千真萬確的事 —— 倒更像是封蠟，一滴滴流下來，黏附、鑲飾於這受體，並與之融合在一起，最終一整塊岩石都能變成猩紅色混沌的一團。

　　「最終，孩子們的腦子充滿這些告誡，所有告誡整合一起，也就變成孩子們的思想。還不僅僅是孩子們的思想呢，成年人的思想也是一般無二，甚至是終其一生。判斷、欲望、決定，這些所謂的思想，其實都是由這些告誡組成。而所有這些告誡，全全部部都來自我們！」主管因巨大的

---

[100]　阿魏，一種印度香料。從阿魏屬一些有傘狀花序的植物根部提取的苦樹脂，用於製作感冒藥、鎮靜劑及祛痰劑。

勝利感忍不住叫喊：「來自國家！」然後，他猛地捶擊最靠近身邊的一張桌子。

「因此它遵循……」

突然發出的這陣噪音使他轉過身。「哦，主福特啊！我太激動，把這些孩子們吵醒了。」

第三章

　　主管與新人們臨時站了一會，為的是觀賞一場離心球[101]比賽。只見二十個小朋友圍成一圈，繞著一座不鏽鋼塔，玩著一個球。此球先要扔到塔頂部的平臺上，然後滾進圓筒形的塔身，跌到一個急速旋轉的圓盤上，塔身外面，穿了無數個小孔，球被圓盤甩出小孔去，然後孩子們要捉住它。

　　「怪了，」當他們離開時，主管沉思著說，「想想就奇怪啊，即使在我們這個主福特的時代，大多數遊戲居然除了一兩個球、幾根棍子、幾段網線外都不需要更多的裝置。想想吧，讓人們去玩一些複雜的遊戲，卻根本沒有提升消費，這該是何等愚蠢的事情。這簡直就是發瘋。現在，元首們是絕不允許發明任何新遊戲的，除非這些遊戲像現有的最複雜的遊戲一樣，需要足夠多的裝置支持。」

　　他正說著，卻突然打斷了自己的話。「看，那是多麼迷人的一對。」他指著前方說。

　　前方是一個小小的海灣，綠茵蓋地，海灣兩邊是長勢茂盛的地中海石楠花，在那海灣上，兩個孩子，一個男孩大概七歲，一個女孩或者還要大一歲，他們很是嚴肅，像科學家那樣聚精會神，正努力發現某些奧祕——其實他們是在玩低階的性愛遊戲。

　　「迷人至極！迷人至極！」主管弃滿感情地說。

　　「確實迷人。」新人們謙卑地表示同意，可是他們的笑容看起來有些牽

---

[101]　離心球，作者虛構的一種遊戲。

強。他們也就是剛剛脫離類似的幼稚的娛樂，不能不帶著一絲蔑視看待這兩個孩子的遊戲。迷人？不就是兩個小鬼頭在幹些蠢事嗎？幼稚！

但是主管仍然用同樣傷感的聲調說著，「我常常以為，……」卻被尖銳的嗚嗚聲打斷。

從附近一個灌木叢中，鑽出一個護士，緊緊抓著一個小男孩的手，那小男孩一路走一路嚎叫。另一個小女孩，看上去很焦慮，跟在護士鞋跟後面一路小跑。

「出了什麼事？」主管問道。

護士聳聳肩，回答說：「沒什麼，就是這個小男孩非常不喜歡性愛遊戲，這可是大家都要參與的。我已經注意過他一兩次了，今天他又拒絕參與遊戲，剛才他還在大喊大叫的呢……」

此時那個一臉焦慮的女孩插話了，「真的，我沒想過傷害他，其他的想法也沒有。真的是這樣。」

「親愛的，妳當然沒有傷人。」護士安慰道，轉而繼續對主管說，「那麼，我這就帶他去見見心理中心副主任，看看他是不是有什麼問題。」

「妳做得很對，」主管說，「帶他進去。」護士離開了，仍然是那副怒氣沖沖的氣勢。

「小姑娘，你就待在這裡，」主管加了一句，「告訴我們，妳叫什麼名字？」

「波莉‧托洛斯基[102]。」

「這名字很棒，」主管說，「妳可以走了，去看看能否找到別的小男孩陪妳一起玩。」這小女孩便跑進了樹叢，轉眼不見了。

---

[102] 托洛斯基，這個姓氏是在影射 20 世紀初蘇聯共產黨和第四國際領袖列夫‧達維多維奇‧托洛斯基。

「多麼高雅的小東西啊！」主管說，目送她離開。接著，他對新人們說：「馬上我要告訴你們一些事，也許聽起來不可思議。不過，既然你們對歷史毫不熟悉，過去的事情自然聽起來就是不可思議的。」

他便講了些令人震驚的真相。在我主福特誕生之前，有很長一段時期，甚至在我主誕生之後，還有好幾個時代，孩子們之間的性愛遊戲還被認為是變態的（聽講者大笑起來），不僅是變態的，而且是反道德的（不！聽講者叫道），因此人們嚴厲禁止孩子們玩這樣的遊戲。

果然，聽講者臉上露出震驚、不可思議的表情。可憐的孩子們居然不被允許自娛自樂？他們簡直不敢相信。

「甚至青少年，」主管先生繼續說，「就像你們一般大小……」

「不可能！」

「甚至暗中稍微搞點自瀆、同性戀愛，也被禁止。其實所有性遊戲都被禁止了。」

「什麼都沒有？」

「在大部分情況下，真的是什麼都不被允許，直到那時的人年紀過了二十歲。」

「要到二十歲？」新人們異口同聲地大叫道，根本不相信。

「就是二十歲，」主管重複道，「我告訴過你們，你們一定會覺得不可思議的。」

「可是，這樣的話，不會發生什麼事情嗎？會有什麼結果？」他們問道。

「結果糟糕至極。」一個雄厚的聲音突然加入談話，令人吃了一驚。回頭一看，原來他們身邊站著一個陌生的男子，中等個頭、黑髮、鷹鉤鼻、飽滿的紅唇、目光尖銳而冷酷。「糟糕至極。」他再一次說道。

　　主管此時已經坐在一張椅子上（這椅子是用鋼鐵和橡膠製造的，在花園中隨意擺放），但是一看到這個陌生人，立刻跳起來，一個箭步上前，早早伸出手，咧開嘴，熱情洋溢地笑著。

　　「偉大的元首！如此開悉心，你們何曾想到！諸位，還在想什麼？此即是偉大的元首閣下，穆斯塔法‧蒙德[103] 是也！」

　　此時，在孵化場的四千個房間裡，四千座電子鐘同聲敲擊，報告四點鐘。喇叭傳來無形的聲音：「第一組日班工作人員下班，第二組日班工作人員代班。第一組日班工作人員下班……」

　　在前往換班交接點的電梯裡，亨利‧福斯特與命運規劃局的副主管刻意背對著心理中心的柏納德‧馬克斯，避免被這個聲名狼藉的人纏上。

　　胚胎商店裡，機器微弱的嗡嗡聲和咯咯聲仍在攪動那深紅色的空氣。大家都在來去換班，一個個臉上儘是紅斑狼瘡跡象的人被下一組人頂替。輸送帶永恆運轉，滿載著未來的男人和女人。這是何等偉大的景象。

　　列寧娜‧克朗輕快地走向大門。

　　穆斯塔法‧蒙德閣下！親眼見到閣下，這些新人們滿懷崇敬地仰望，眼珠子都快掉出來了。是穆斯塔法‧蒙德閣下！是整個西歐的永恆元首！世界十大元首之一！也是十大……看，他現在居然坐在了主管旁邊，莫非他要暫留此處？真的，他居然要向他們說話……如假包換啊！就像主福特本人在說話一樣！

　　突然，從附近的灌木叢中鑽出兩個晒成棕色的孩子，盯著看了他們一下，眼睛很大，好像很吃驚的樣子，然後又回到樹葉茂盛的地方，繼續他們的娛樂了。

　　元首說，用他那渾厚的嗓音：「我想，你們務必牢記，那是我主福特

---

[103]　作者在「新世界」中刻劃的元首穆斯塔法‧蒙德，是影射土耳其共和國第一任總統穆斯塔法‧凱末爾‧阿塔圖克（Mustafa Kemal Atatürk）。

君的名言，美麗至極，極富啟發，他說：歷史就是一堆廢話。[104]」元首又慢慢地重複了一遍：「歷史就是一堆廢話。」

他揮著手，就像用一把隱形的雞毛撣子，撣去了灰塵，這些灰塵，就是那些歷史，譬如哈拉帕[105]、迦勒底的烏爾[106]；又掃除了一些蜘蛛網，這些蜘蛛網，也如那舊的存在，譬如底比斯[107]、巴比倫、克諾索斯[108]、邁錫尼[109]。

撣去一切吧，撣去一切吧。誰還記得尤利西斯、約伯、朱比特、喬達摩、耶穌？掃除一切吧，掃除一切吧，那些歷史的暗塵，什麼雅典、羅馬、耶路撒冷、埃及中王國，皆已隨風逝去。繼續掃除，所謂的義大利已經變成荒土。清除教堂、清除李爾王、消滅帕斯卡的思想。遏絕熱情、彌撒、交響樂。抹去一切舊時代的痕跡……

命運規劃局的副主管問福斯特：「今晚去感官電影院嗎？聽說阿爾罕布拉新開了一家分店，第一流的裝置。今晚會有一場床戲表演，就在熊皮毯子上大戰，據說美妙至極，你甚至可以看到每一根熊毛都栩栩如生呢，這種效果令人完全感到感官世界的迷人。」

「正因如此，你們不必學習歷史，」元首說，「不過，現在時機已然成熟……」

主管緊張地望著元首。曾有謠言，說元首書房的一個保險櫃裡，居然

---

[104] 福特汽車公司的創始人亨利‧福特曾說過類似的話：歷史就是一堆廢話。它不過是傳統，我們不要傳統。我們只要活在當下。

[105] 哈拉帕，古代印度河流域的文明，時間在西元前 2500 年至西元前 1500 年左右。今屬巴基斯坦境內。

[106] 烏爾，是美索不達米亞的一座古城。最早的建築始於西元前 5500 年左右，屬於歐貝德文化，這是美索不達米亞南部可考證的最早的文化。今屬伊拉克境內。

[107] 底比斯，上埃及古城，位於尼羅河畔，從西元前 22 世紀中期到西元前 18 世紀曾繁榮一時。

[108] 克諾索斯，古希臘克里特島文明的中心，被認為是傳說中米諾斯王的王宮所在地。

[109] 邁錫尼，希臘南部阿爾戈斯地區古城，是荷馬史詩傳說中小亞細亞人的都城，由珀耳修斯所建，在特洛伊戰爭時期由阿伽門農（Agamemnon）所統治。這座一度被認為只是傳說中的虛構的城市，由德國考古學家海因裡希‧施裡曼在十九世紀時挖掘出來才得以重見天日。

藏著舊時代的禁書，如《聖經》、詩歌……但是只有我主福特才知道是不是真的。

穆斯塔法·蒙德切斷了主管焦慮的眼神，他那紅潤的唇角諷刺性地抽搐了一下。

「別緊張，主管先生，」元首說，聲調似帶著模糊的嘲弄之意，「我倒不會腐蝕子民們的靈魂。」

主管大感困惑。

只有那些自覺被鄙視的人，才善於裝出鄙視他人的模樣。而現在，柏納德·馬克斯的臉上可就露出了輕蔑之色。呸！還每一根熊毛都栩栩如生呢！

亨利·福斯特說：「我一定去。」

元首靠了過來，對眾人搖著一根手指頭。「我只是要讓，」他說，他的聲音很奇怪，像是傳遞出一陣寒顫，在他們的腦膜上跳動，「我是要讓大家都能真正體會，有一個胎生自己的母親會是個什麼樣子。」

胎生！又是這個淫蕩的詞。但這次，這個詞並未令他們陷入夢幻般的笑容中。

「想像一下，『與家人生活』這句話究竟是什麼意思？」

眾人努力去想像了，可是卻明顯想不出任何名堂。

「你們又有誰知道『家』這個詞？」

眾人便搖頭。

列寧娜·克朗從她那深紅色的、陰暗的地窖乘坐電梯，直上十七層，踏出電梯，轉身向右，走過一條長廊，開啟女更衣室的大門，便置身於震耳欲聾的喧囂之中：手臂飛揚、乳房亂晃、內衣跳躍。成百個浴缸裡，熱水流或灑下，或汩汩湧入。八十個真空震動按摩機忽而隆隆響，忽而嘶嘶

叫，同時捏壓、抽吸著八十個超級健壯的女體，她們的皮膚被太陽晒得黝黑。所有的女人都在竭盡全力高聲講話。一架電子音樂播放器裡傳出小號獨奏那嫋娜的顫音。

「范妮，妳好。」列寧娜向一個年輕的女人打招呼。這女子的更衣櫃就靠著她。

范妮在裝瓶間工作，她的姓也是克朗。不過，既然這個星球上二十億人中本來就只有一萬個姓，這種巧合也就不稀奇了。

列寧娜用力拉開夾克的拉鍊，雙手同時用力脫下褲子，又脫下內衣。不過，她仍然穿著襪子和鞋子，就直接向浴室走去。

家啊，家。想像幾個小小的房間，有一個男人住著，一個時不時生育的女人住著，一群男孩女孩住著——各種年齡都有。想像這些房間會多麼令人窒息：空氣稀薄、空間狹小；就像一個未能消毒的監獄，充斥黑暗、病菌、惡臭。

（元首如此引導他們的想像，是如此生動，以至一個比他人多了些敏感的男孩，一聽到這樣的描述就臉色發白，瀕臨嘔吐。）

列寧娜走出浴室，擦乾身體，從牆上摘下一根長長的軟管，將噴口壓住自己的胸部，看起來像是要請死的樣子。她按下了開關，一陣熱風，特別細膩的滑石粉噴遍她全身。洗臉池水龍頭上裝著八種味道的香水以及古龍香水。她開啟左手起第三種香水的龍頭，那是西普調的香氣。拎著鞋襪，她想找到一架真空震動按摩機。

「家」不僅在肉體上意味著骯髒，而且精神上也同樣卑劣，就像一個兔子洞、一個糞堆。在「家」裡，因擁擠的生活而產生種種摩擦，火藥味十足，卻又不時湧動著臭烘烘的情感。家人之間所謂的親密是何等令人窒息，所謂的家庭關係又是何等的危險、瘋狂、淫穢！「家」裡的母親就像

個瘋子，悶悶不樂地看著她的孩子們（就這麼待她的孩子），跟老貓看著小貓有什麼區別？她不就是會說幾句話嗎？她就叫著：「我的寶貝，我的寶貝。」一遍又一遍地叫，「我的寶貝，哦，哦，到媽媽乳房這裡來，用你那小手抓緊，寶貝餓了，寶貝來喝奶啊，咬得我好痛，我又好快樂！啊呀，我的寶貝終於睡覺了，看啊，他的嘴角還冒著乳汁的泡泡呢。我的寶貝睡啦，睡啦⋯⋯」

「看，」穆斯塔法・蒙德點點頭，說道，「你們恐懼了吧。」

真空震動按摩機就像一個內部散發粉色光芒的珍珠，列寧娜使用完，轉身去問范妮：「今晚妳跟誰約會？」

「我一個人。」

列寧娜驚訝地揚起了眉毛。

范妮解釋說：「最近我感覺很不舒服，威爾斯醫生建議我用一個妊娠替代品。」

「不會吧，親愛的，你才十九歲啊。只有到了二十一歲，大家才必須要用第一個妊娠替代品呢。」

「親愛的，我知道，但是有些人其實越早使用對她們越好。威爾斯醫生說，骨盆寬大的深膚色女人，比如我，必須在十七歲用上第一個妊娠替代品，所以，其實我是滯後了兩年，而不是提前了兩年。」范妮開啟自己的櫃子，指著一排小盒子，又指著架子上面貼著標籤的小藥瓶。

列寧娜大聲讀出來：「黃體糖漿。這是雌激素，確保新鮮使用，福特紀元 632 年 8 月 1 日過期，直接從乳腺提取，一日三次，飯前服用，用時需喝一小杯水。這是胎盤膏，五毫升，每隔兩天靜脈注射一次⋯⋯啊，呸！」列寧娜渾身顫抖，「我好討厭靜脈注射，妳呢？」

「我也不喜歡，但是如果它對人有好處⋯⋯」范妮可是一個非常通情

達理的人。

我主福特 ── 或我主佛洛伊德（因為某些不可思議的原因，我主福特一旦提及心理問題，就喜歡這麼稱呼自己）是世上第一個揭露家庭生活恐怖本質的人。這世上曾經到處都是父親之輩，因此也就充滿痛苦；這世上曾經到處都是母親之輩，因此就隨處可見墮落：虐待狂、假貞操；這世上曾經到處都是兄弟、姐妹、叔伯嬸姨，因此也就遍地瘋狂、自殺。

「然而，在新幾內亞海岸那邊，有名為薩摩亞[110]的群島，那裡的野人……」

那是熱帶的陽光照耀之地，彷彿溫暖的蜂蜜塗抹在赤裸的兒童身上。兒童們在盛開的芙蓉花叢裡雜亂翻滾。那裡有二十棟棕櫚葉覆蓋的草屋，所謂的「家」，就是這樣的屋子。其實，在特羅布里恩群島[111]，懷孕不過是祖先的鬼魂作祟，在那裡，媒人聽說過世上還有什麼叫「父親」的東西。

元首說：「兩個極端彼此注定要碰面。」

「威爾斯醫生說，使用妊娠替代品，將在未來三到四年的時間裡，對我的健康產生有益影響。」

「我希望他說的是真的，」列寧娜說，「可是，范妮，莫非未來三個月妳真的不能做那種事？」

「哦，親愛的，當然可以。只是一兩週不能做罷了，這一兩週，我晚上都待在俱樂部練習音樂橋牌。妳應該是要出去約會的吧？」

列寧娜點點頭。

「跟誰出去呢？」

---

[110]　薩摩亞，位於太平洋南部，波利尼西亞群島的中心。

[111]　特羅布里恩群島，巴布亞紐幾內亞的群島，位於該國東面所羅門海，由5個主要島嶼組成，總面積450平方公里。

「亨利‧福斯特。」

「又是他？」范妮那張飽滿如月的臉突然變了，原本和善，現在卻摻雜了一絲痛苦、反對、驚訝。「妳是說妳仍然和他在鬼混？」

父親、母親、兄弟、姐妹。除了這些東西，還有過丈夫、妻子、情人，以及一夫一妻制，還有風流韻事。

「雖然，也許你們並不清楚存在過這些詞。」穆斯塔法‧蒙德說。

眾人大搖其頭。

家庭、一夫一妻制、風流韻事，都意味著排他性，都是神經脈衝與體內能量的一種狹窄的釋放通道。

「可是，每個人都屬於別人。」元首總結道。他引用的是睡眠教學材料中的一句格言。

新人們大力點頭，極其鄭重地欽佩此格言，因為，深夜裡超過六萬兩千次的反覆教育，不僅使他們認可這句格言，更使他們相信這句格言乃是真理、不證自明、永無爭辯的。

「可是說到底，」列寧娜反駁說，「和亨利在一起，也不過才四個月罷了。」

「才四個月！妳說得好輕鬆。我倒很喜歡妳的語氣。但我要說，」范妮一面說，一面伸出一根手指表示指責，「在這四個月中，除了他，妳是不是沒有跟別人做過？」

列寧娜臉漲得通紅，可是看她的眼神，聽她說話的口氣，你知道，她一點都不屈服。「是的，就是沒有過別人，」她幾乎是在挑釁了，「我倒很想知道，難道這樣不可以嗎？」

「看，她倒很想知道，難道這樣不可以嗎？」范妮重複列寧娜的話，似乎列寧娜的左肩膀後面還有一個隱形人，在偷聽她們說話似的。「可

是，我是很認真的，我真的希望你慎重考慮，只跟唯一一個男人搞在一起，是非常可怕的。如果是在四十歲、三十五歲，也許這樣還不算糟糕，可是，列寧娜，在你現在這樣的年紀！不，絕對不能這樣。妳自己也知道，主管是堅決反對任何人過分熱情或長久持續參與什麼事的。想想看，整整四個月，只和亨利·福斯特一個人，可是，如果他知道了，難道他就不會怒火中燒……」

「想像一下，水管中水承受怎樣的壓力？」

眾人便去想像。

「我曾戳穿一個水管，」元首說，「多麼強烈的噴射！」

他戳穿水管一共有二十次之多，因此也就有了二十個小小的室外噴泉，撒尿一樣地噴射。

「我的寶貝。我的寶貝……」

「媽媽！」

瘋狂是有傳染性的。

「我的愛，我唯一的愛，你是何等珍貴啊，珍貴啊……」

母親、一夫一妻制、風流韻事。噴泉高高射出水流，那水流凶猛、泡沫橫溢。這是解決內在壓力的唯一途徑。我的愛人，我的寶貝。呸！怪道這些舊時代的可憐人瘋瘋癲癲、可憐可恥，他們生活的世界讓他們什麼都不能輕鬆對待，也就不能表現出理智、正直、快樂。他們終日痛苦地體驗人生，比如：怎麼去處理和母親、情人的關係；如何去忍受那些他們根本不習慣的禁令；怎麼去抵抗誘惑、孤獨、悔恨；怎麼去對付疾病與那無窮無盡的隔離之痛苦；怎麼去承擔人生的不確定性和窮困。這樣的體驗是何等強烈啊，而且是深處孤獨的境地，在一個個毫無希望的個體的孤島之上！難道能指望他們可以體悟安穩的人生？

「我當然沒有讓妳徹底放棄他，我只是希望妳能多換換男人，他也會有別的女孩，難道不是嗎？」

列寧娜承認了。

「他當然會有別的女孩。要相信，亨利‧福斯特乃是完美的紳士，他不會錯的。此外，妳還要考慮一下主管會怎麼看你，妳知道他是一個如此注重細節的人……」

列寧娜點頭，「今天下午他還拍了拍我的肩膀。」

「看到了吧，」范妮得意地說，「妳可以看到他是一個什麼樣的人，他是所有規則最嚴格的執行者。」

「穩定，」元首強調說，「要的就是穩定。沒有社會穩定，哪來文明世界？沒有社會穩定，哪來個體安穩？」他的聲音就像喇叭一樣鏗鏘有力，認真聽講的人們感到這聲音還在變得更加洪亮、溫暖。

機器必須運轉、運轉、永遠運轉，一旦停止，文明衰亡。曾經有十億人口都在務農，但當機器輪子開始運轉，僅過了一百五十年，人類就繁衍到二十億人；當所有輪子停止運轉，只需一百五十個星期，人類就會衰減到十億人，另外十億人早就餓死了。所以，機器輪子必須持久地運轉，也必須要有人來確保它們的運轉，這些人，要像圍繞機軸旋轉的機器齒輪一樣強硬，他們是人類之光：理智健全、服從命令、萬事滿足。

想像他們哭鬧：我的寶貝、我的媽媽、我唯一唯一的愛人；想像他們呻吟：我的罪孽、我那暴烈的上帝；他們在尖叫，因痛苦而尖叫；他們因寒熱而抱怨；因年老和貧窮而自憐自艾。你期待這樣的人去管理機器齒輪？假如他們管理不了呢？……想想看，十億人的屍體堆積起來，怎麼去埋葬？怎麼去焚毀？

「畢竟，」范妮的聲調緩和了些，半哄半騙的樣子，「在亨利之外，再

找一兩個男人，得到的只有開心，別人也不會反對。注意：妳一定要多點亂交。」

「穩定，」元首強調，「我們需要穩定。它是我們最初的也是最後的追求。有了它，一切就搞定。」他揮揮手，指向花園、行為矯正中心那些龐大的建築，指向在灌木叢裡鬼鬼祟祟或在草地上奔跑的赤裸的孩子。

可是列寧娜卻搖頭拒絕。「我也不知道為什麼，」她沉思著說，「最近我對亂交很不感興趣。據說有些時候人們就會不喜歡亂交，范妮，妳沒有碰到過這種情況？」

范妮點頭，表示同情與理解。「可是一個人還是要努力去適應，」她扼要地說，「人要適應遊戲規則，記住：每個人都屬於別人。」

「正確。每個人都屬於別人。」列寧娜慢慢地重複了這句話，嘆口氣，沉默了一小會，然後，牽住范妮的手，輕輕捏了下。

「妳說的完全正確，范妮，一如以往。我應該努力去適應。」

被抑制的衝動只會溢流出來，就像洪水氾濫，情感、熱情，甚至瘋狂將四處蔓延。其氾濫的程度，取決於衝動的強度以及阻力。只有自由流淌的細流，才能溫柔抵達指定的管道，如此塑造一個個安穩、幸福的個體。

胚胎餓了，血液輸送幫浦就日日夜夜地輸入血液替代品，運轉速度高達每分鐘八百轉；脫瓶出來的嬰兒嚎叫了，一個護士立刻出現，帶著一瓶外分泌物。這樣才會塑造真正安穩、幸福的個體。

再去感受一下欲望和欲望被滿足之間的時間差，縮短這個時間差，打破所有舊的阻礙，因為它們是毫無意義的，只會破壞生命的完滿發展。

「男孩子們，你們何等幸運！」元首說，「為了讓你們生活於輕鬆的情緒中，我們付出了這麼多的努力，這一切沒有白費！我們已經盡一切可能，使你們沒有任何情緒。」

「福特在他的小汽車裡，世界便萬事如意了。[112]」主管先生忍不住喃喃自語。

「你說列寧娜・克朗？」亨利・福斯特說，重複了命運規劃局副主管的問題，一邊拉上褲子拉鍊，「她啊，很不錯的一個女孩，非常豐滿，你居然沒上過她？」

「我也不明白怎麼就沒上過她，」副主管說，「一旦機會到，我一定上她。」

柏納德・馬克斯此時正好在更衣室走廊對面，恰好聽見對面二人說話，他的臉色瞬間轉白。

「老實說，」列寧娜說，「我也開始有一點厭倦每天都跟亨利做那件事了。」她套上左邊的長筒襪，「妳認識柏納德・馬克斯嗎？」她問道，語氣顯得非常隨意。

范妮嚇了一跳，「妳不會想跟……」

「怎麼不行了？柏納德可是增α族，他倒是邀請過我到野人保留區去呢，我也一直想去看看野人保留區是什麼樣子。」

「可是妳知道他這個人名聲不好。」

「他的名聲好不好關我什麼事呢？」

「別人說他甚至都不喜歡障礙高爾夫。」

「總是別人說，別人說。」列寧娜嘲諷的口氣。

「而且，他大部分時間都是索然寡居的樣子。」范妮聲音中露出了一絲害怕。

「跟我在一起，他就不會孤單了呀。不管怎麼說，大家對他怎麼可以

---

[112] 改自英語詩人羅伯特・白朗寧（Robert Browning）的詩句：上帝在他的天堂裡，世界就萬事如意了。

這麼壞？我倒是認為他人很溫柔的。」這麼一說，列寧娜暗自一笑，感覺到自己以前是多麼荒唐，害怕接觸柏納德，似乎她是這個世界的元首，而柏納德卻反而是一個副γ族機器的看管員。

「回顧你們的生命，」穆斯塔法·蒙德說，「你們可曾碰到過任何無法克服的困難？」

眾人皆沉默，表示否定。

「當你們有了慾望，是否曾被逼等待較長的時間，才能讓慾望得到滿足？」

「不過，」一個男孩欲言又止。

「大聲說出來，」主管說，「不要浪費我們元首的時間。」

「我曾經等了差不多四個星期，才和一個心儀的女孩上床。」

「因為此事，你是否感到情緒激烈？」

「非常糟糕的感覺！」

「顯然，確實非常糟糕，」元首說，「我們的祖先愚蠢而又目光短淺，當時第一批革命者來了，要幫助他們徹底擺脫糟糕的情緒，他們卻愛理不理。」

「談論她，就像談論一片肉。」柏納德咬碎鋼牙，恨恨地想。「你來享用，他來享用。」似乎她是羊肉，把她貶低到這樣的程度！不過，她說會認真考慮，這周就給我答覆的。啊，我主福特，我主福特君。當時，他真想走上前，痛擊這兩個混蛋的臉，一遍又一遍，狠狠地打。

「不錯，我特別推薦你去上她。」亨利·福斯特說。

「比如說體外生殖。費茲納和川口曾研究出整套技術，可是政府曾經正眼看過一下嗎？不，當時有一個叫做基督教的東西，迫使婦女們繼續胎生。」

「可是他那麼醜？」范妮說。

「我卻覺得他長得很不錯。」

「而且他個子那麼小。」范妮扮了個怪相，體型微小，乃是低種姓人群的典型特徵，實在太可怕了。

「我認為他很溫柔，」列寧娜說，「看到他就想寵愛他，妳知道的，就像寵愛一隻貓。」

范妮大感詫異。「妳沒聽說過，當他還是個胚胎，在瓶子中的時候，有人犯了個錯誤，以為他是γ族，結果在他的血液替代品中摻雜了酒精，導致他現在長得小模小樣。」

「妳胡說！」列寧娜憤憤不平地說。

「在英格蘭，睡眠學習法其實是被禁止的，那鬼地方流行什麼自由主義，他們的議會 —— 我猜想你們沒有聽說過這個詞 —— 通過一個法律禁止睡眠教學，檔案館裡有當時的材料，我聽過一些演講，盡是什麼憲政民權那一套。所謂的民主、自由，套用到個體身上，只會讓人效率低下，生活慘兮兮的，完全就是圓鑿方枘，根本不合適。」

「不過，我親愛的夥伴，我保證你一定受她的歡迎，一定的。」亨利・福斯特拍著命運規劃局副主管的肩膀說，「畢竟，每個人都屬於別人。」

柏納德・馬克斯，這個睡眠教學法的專家，此時心中暗想：四年時間，每週三個夜晚，每個夜晚要重複一百遍，於是，六萬兩千四百多次的重複就能製造一個真理。真是些白痴！

柏納德痛恨他們，極其痛恨。可是他們是兩個人，而且強壯、寬大。

「還有種姓制度，一直有人提議立法通過，卻一直被否決，據說是因為有『民主』，莫非除了身體內自然元素的平等，人還有其他平等可言嗎？

「福特紀元 141 年，九年戰爭爆發了。」

「戰爭用上了碳醯氯、三氯硝基甲烷、碘乙酸乙酯、二苯基氰化胂、三氯甲基、氯甲酸酯、二氯二乙硫醚，更不要忘記氫氰酸。」[113]

「一萬四千架飛機一時疏散開來，巨大的噪音啊。可是在選帝侯大街和第八郡，炭疽炸彈爆炸的聲音，幾乎都不比一個紙袋破裂的聲音更大呢。」

「不多說了，總之，我決定接受他的約會邀請。」

「即使柏納德的血液替代品中真的摻雜過酒精妳也不在乎嗎？」

「我才不信呢！」列寧娜說。

「為什麼？」

「就因為我真的真的想去看看野人保留區。」

「算了，妳已經沒救了，列寧娜。」范妮說。

真是美好的公式啊！ $CH_3C_6H_2(NO_2)_3 + Hg(CNO)_2 = ?$ [114] 等於完美。當時那個夏天，是多麼的輝煌燦爛！那時地上被炸開一個巨大的洞穴，無數石塊，血肉橫飛。還有一隻腿呢，靴子掛在上面，這單個的腿便在空中飛啊飛，然後噗通一聲，掉到紅色天竺葵叢中。令人嚮往啊！

「當時，俄螺絲人關於汙染供水系統的技術尤其令人拍案叫絕！」

「九年戰爭，然後是經濟大崩潰。當時要不統一管理世界，要不等待人類滅亡。其實就是，要不選擇穩定，要不……」

背對背，范妮和列寧娜繼續沉默地穿衣服。

「好吧，我已經準備好了。」列寧娜說。可是，范妮卻一言不發，想迴避列寧娜。「我們和好如初吧，親愛的范妮。」

---

[113]　上述幾種化學品均為有毒氣體，如光氣、芥子氣等。

[114]　此反應式是三硝基甲苯（俗稱 TNT 炸藥）加劇毒品氰化汞。

「范妮・克朗這小妞其實也不錯。」命運規劃局的副主管說。

「絕不可能像列寧娜一樣豐滿，絕對不可能。」

在托兒所，初級階級論課程已經結束，授課內容已經調整為未來的供需關係。「我超愛飛翔，」孩子們竊竊私語，「真的超愛飛翔，我真的超愛新衣服，我真的……」

「可是粗俗的人才穿舊衣服，」枕頭下那不知疲倦的聲音繼續道，「我們務必扔掉舊衣服。扔掉舊衣好過縫縫補補，扔掉舊衣好過縫縫補補，扔掉舊衣好過縫縫補補……」

「因為炭疽炸彈，自由主義自然就銷聲匿跡了，可是，我們仍然不能指望暴力可以解決一切問題。

「政府要做的事，是坐下來談判，而不是到外面攻擊。我們要的是頭腦和屁股協調一致，我們不需要揮舞拳頭。比如，鼓勵消費。

「為了工業的發展，每個男人、女人、小孩，都必須不停地消費、消費，唯一的結果是……」

「扔掉舊衣好過縫縫補補。越是縫縫補補，家中越貧窮；越是縫縫補補，家中越貧窮……」

「總有一天，」范妮悶悶不樂地強調，「妳會惹上麻煩的。」

「我現在看起來如何？」列寧娜問道。她的外套是深綠色的，醋酸纖維材質，袖口、領子上塗了層纖維膠。

腿上是綠色的燈芯絨短褲，膝蓋下面是纖維膠、羊毛混紡的長筒襪。

一頂綠白相間的馬術帽為列寧娜的眼睛染上一抹陰影，她的鞋子是綠色的，光亮如新。

「有人提出了良心說，反對大規模的消費，提倡什麼拒絕消費、重回自然，……」

「重回古典。真的，他們真的說要重回古典。如果整天坐著看書，當然不可能大量消費。」

「我超愛飛翔，我超愛飛翔。」

「扔掉舊衣好過縫縫補補。扔掉舊衣好過縫縫補補。」

「在高特格林，我們用機關槍消滅了八百個愚人。」

「然後我們又在大英博物館大幹一場，二氯二乙硫醚噴過去，兩千個古典文化的粉絲就全部翹辮子。」

穆斯塔法·蒙德說，「最終，元首們決定，單純的暴力不能完美解決問題，於是，他們想到了體外繁殖、新式巴夫洛夫制約、睡眠學習法，這種統治形式，成效很慢，但是絕對可靠……」

在她腰間，是一條鍍銀的摩洛哥風格的綠色皮帶，定量的避孕藥塞在腰帶裡面（列寧娜可不是不育者），塞得鼓鼓的。

「漂亮極了！」范妮熱情叫好，她不能抵抗列寧娜散發的魅力，「尤其這條馬爾薩斯腰帶 [115]，真是酷斃了！」

「最後，我們發現費茲納和川口能造成作用，於是我們發動了一場聲勢浩大的反對胎生繁殖的宣傳……

「同時配以反傳統的運動，包括關閉博物館，炸毀歷史古蹟 —— 幸運的是大部分古蹟在九年戰爭中已經被摧毀 —— 以及取締福特紀元 150 年以前出版的所有圖書。」

「我也必須得到一條這樣的腰帶，我那條舊的黑色腰帶，真的有夠丟臉。」范妮說，「已經用了三個月啦。」

「比如說，曾經有過叫金字塔的東西，還有過名叫莎士比亞的人 ——

---

[115] 馬爾薩斯腰帶，暗指的是托馬斯·羅伯特·馬爾薩斯 (Thomas Robert Malthus, 1766-1834)，英國人口學家和政治經濟學家，以人口理論聞名於世。

當然，你們都從不曾聽說過這些。這就是純粹的科學教育的好處。」

「我們選擇將我主福特的第一個 T 字架樹立起來，作為新時代開始的象徵。」

「越縫縫補補，家中越貧窮；越縫縫補補，家中越貧窮……」

「扔掉舊衣好過縫縫補補。扔掉舊衣好過縫縫補補……」

「但我前面提到過，曾經有過一種名為基督教的東西，其哲學觀和倫理觀竟然是抑制消費。

「有低效率生產，抑制消費就有必要；但在機械生產的時代，在一個固氮[116] 工程普遍的時代，再提抑制消費就是明顯的社會的犯罪行為。」

「扔掉舊衣好過縫縫補補。扔掉舊衣好過縫縫補補……」

「我愛新衣服。我愛新衣服。我愛新衣服……」

「這條腰帶，是亨利·福斯特送給我的。」

「這是真正摩洛哥風格的。」

「我們把所有十字架的頭部砍去，於是 T 字架就樹立起來。曾經還有過名為上帝的東西。」

「現在我們建立了世界國，我們擁有『主福特紀念日』、『社會合唱比賽』、『團結儀式日』。」

「主福特啊，我如此痛恨他們。」柏納德·馬克斯想到，「他們談論女人，就像談論一塊肉，許多許多的肉。但最痛苦的是，她居然也把自己當成一塊肉。」

「曾經還有一物，號稱天堂，可是當時的人們不屑一顧，仍舊沉浸於大量的烈酒。舊物還包括：靈魂、不朽，可是當時的人們更喜歡嗎啡和古

---

[116] 固氮（Nitrogen fixation），指將空氣中游離態的氮（氮氣）轉化為含氮化合物（如硝酸鹽、氨、二氧化氮）的過程。

柯鹼。」

「幫我問問亨利，他是從哪裡弄到這個腰帶的。」

「福特紀元 178 年，我們資助兩千名藥理學家和生物化學家突破瓶頸，六年之後，索麻 [117] 誕生，並立刻商業量產，這是一款完美的藥物，它令人精神愉悅，令人鎮靜，還能讓人進入美妙的幻覺世界。這藥物融合了基督教和烈酒的優點，卻沒有遺留二者任何一個缺陷。它可以讓人隨時遠離現實生活，彷彿遁入悠閒假期，醒過神來，不僅一點都不頭痛，而且還不會胡言亂語。從技術上來說，社會穩定終於得到保證。」

「他看起來確乎很陰沉，」命運規劃局副主管指著柏納德．馬克斯說，「讓我們逗逗他。」

「陰沉，馬克斯，太陰沉了，」突然，有人拍了他肩膀一下，嚇了他一跳，抬頭一看，原來是那流氓 —— 亨利．福斯特，「你需要來一克索麻。」

「主福特啊，我真想殺了他！」但是他嘴上卻說：「謝謝，不需要。」然後擋開了福斯特遞過來的藥瓶。

但是亨利．福斯特堅持著，「吃一顆，吃一顆。」

命運規劃局副主管在一旁幫腔：「一立方公分的藥量可以治好十次情緒低沉呢。」其實引用的乃是睡眠教材中常見的一句名言。

「滾開，滾開！」柏納德．馬克斯大叫道。

「哎喲，倒挺會裝腔作勢嘛。」

「不過，一克藥總比滾開好。」二人大笑著離開了。

「最後，只剩下征服老年問題了。透過使用性荷爾蒙、鎂鹽和輸入年輕人的血液，老年人身上的紅斑就不見了，稀奇古怪的脾氣也看不到了，

[117]　索麻，原文 soma，作者在小說中虛構的精神類藥物。

終於，所有人一輩子都將保持精神的穩定，一成不變。」

「天黑之前要完成兩輪的障礙高爾夫比賽。我得快點。」

「想想看，人到了六十歲，仍然在工作、娛樂，與他們十七歲時的力量、趣味一模一樣。在過去的糟糕時代裡，那時的老人只會放棄、退休、迷戀宗教、浪費時間閱讀或思考。」

「真是些白痴、爛貨！」柏納德·馬克斯自言自語。他沿著走廊走，進了電梯。

「現在你們看，這才叫進步呢！這些老人工作、交媾、忙得一塌糊塗，根本沒時間享樂，也沒時間坐下思考。假如有過一些倒楣時刻，在他們持續忙碌的過程中，突然空出來一段茫然的時間，我們還有索麻。美味的索麻呀，半克就能讓人享受半天的假期，一克可以讓人享受一個週末的假期，兩克能令人恍若進入華麗燦爛的東方世界，三克足以讓人沉入甜美黑暗的月球世界。等到這段茫然的時間結束，他們將完全回歸日常工作和忙碌，踏踏實實地過他們的生活，到處看感官電影消遣，享受一個少女不夠還要享受一個豐滿的少女，玩電磁高爾夫球或……」

「小女孩，滾開！」主管先生怒斥道，「小男孩們，也給我滾開！你們沒看到我們的元首在忙嗎？到別的地方去玩你們的性愛遊戲去吧。」

「我們總得忍受這些小孩子。」元首說。

伴隨著機器的嗡嗡聲，慢慢地，莊重地，輸送帶向前送物，一個小時移動三十三公分。在那紅色的黑暗中，無數的紅寶石閃爍著。

第四章

一

列寧娜回禮，心想，他們是很高貴的男孩，很迷人呢。其中，她看到了喬治‧埃德賽[118]，真希望他的耳朵沒有那麼大（或許在軌道三百二十八公尺處的節點上，有人為他多注入了甲狀腺？）；看著貝尼托‧胡佛[119]，她不由自主想起，他光屁股時，那一身毛茸茸的模樣，以及那黑黑的陰毛，這使她突然略覺傷感。目光一轉，她發現躲在角落裡一個瘦弱單薄的身體，於是看見柏納德‧馬克斯那張憂鬱的面容。

「柏納德呀，」她主動上前打招呼，「我一直都在找你。」縱使電梯上升時一片嗡嗡之聲，她清脆的聲音仍然清晰可聞。其他人都很好奇地看著他們。「我想跟你再談談我們的新墨西哥計畫。」從眼尾餘光，她看到貝尼托‧胡佛驚訝地張開了嘴，這使她很不高興。「走著瞧，你總有一天還要來求我出去風流快活！」她心中想到，然後，她大聲喊著，聲音中充滿了前所未見的溫柔，「七月份希望能有一週時間，我能跟你在一起共度時光。」（至少，這麼一來，她就當眾證實自己不需要忠於亨利，范妮應該會高興，即使她現在邀約的人是柏納德。）「我是說，」她對著柏納德深深一笑，極其甜美，意味深長，「如果你還願意跟我在一起的話。」

柏納德那蒼白的臉瞬間紅了起來。「這究竟是怎麼一回事？」她感到

---

[118] 喬治‧埃德賽，原文 George Edzel，此處暗指亨利‧福特的兒子埃德塞爾，福特（Edsel Ford）。

[119] 貝尼托‧胡佛，原文 Benito Hoover，此處暗指兩人。一個是法西斯主義的創始人、原義大利領導人貝尼托‧墨索里尼（Benito Mussolini）；一個是美國第 31 任總統赫伯特‧胡佛（Herbert Hoover）。

驚訝，同時卻對自己居然有這等魔力很是動容。真是奇怪啊。

「我們找個別的地方再討論這件事，是不是更好？」柏納德結結巴巴地說，看上去渾身不舒服。

「我像是說了什麼很糟糕的事情？」列寧娜暗自沉思，即使我說了一個下流的笑話——比如問他母親是誰，或類似的事情——恐怕他也不會顯得更尷尬。

「我是說，這裡有這麼多人……」柏納德自己也大感困惑，幾乎說不出話來了。

列寧娜大笑起來，爽朗而充滿善意。「你真是個幽默的人！」她說。她內心裡也真的以為他是很幽默的呢。「是不是至少一個星期，你要一直這麼提醒我呀！」接著，話鋒一轉，她說：「我想，要不我們乘坐『藍色太平洋號』火箭出發？它是在炭化 T 塔發射，還是在漢普斯特德[120]發射？」

柏納德還沒有來得及回答，電梯突然停了。

一個遲緩粗糙的聲音叫道：「樓頂到！」

電梯服務員像個瘦小的類人猿，作為一個副 ε 族人，等同於半個白痴。此人穿著一件束腰的黑色長版衣。

「樓頂到！」

他猛地開啟大門。午後陽光溫暖耀眼，使他一驚，不覺眨起眼來。「啊，樓頂！」他再次重複了這個詞，顯出狂喜的語氣，彷彿以前一直恍恍惚惚，身處黑暗中昏昏沉沉，現在突然清醒，既覺震驚，也感到喜悅。「樓頂！」

望著電梯乘客們的臉，他露出諂媚的笑，就像一隻狗崇拜和期待它的主人。笑著、談論著，乘客們步入樓頂，走進光明。電梯服務員的目光一

[120]　漢普斯特德，倫敦北部地名。

路尾隨。

「樓頂？」他又一次重複，卻變成了疑問。

突然，一陣鈴聲響起，電梯天花板上一個擴音器叫起來，聲音聽來很柔和，卻顯得很急迫，是為了發出指令。

「下來，」那聲音說道，「下來，到第十八層，下來，下來。到第十四層。下來……」

電梯司機砰的一聲關上電梯門，按下按鈕，於是，電梯極速跌進低沉作響、光線黯淡的電梯井中，那黯淡的光亮他習以為常，引導他進入恍惚之境。

樓頂上既溫暖又明亮。來來往往的直升機嗡嗡作聲，使這個夏日午後催人昏睡。噴氣式飛機加速時發出低沉的轟鳴，它們在眾人頭頂五六英里之上明亮的天空中飛翔，卻不見身影，只有低沉的轟鳴聲穿越潮溼的空氣，飄渺得彷彿一個吻。柏納德深吸一口氣，仰頭看天，極目可見藍色的地平線，然後低頭，凝望列寧娜的臉龐。

「真的是漂亮極了！」他說，聲音近乎顫抖。

她朝他微笑，深深顯出對他的理解之同情。

「對障礙高爾夫球來說，這簡直是最完美的一天。」她欣喜地接話，「可是，現在我必須走了，柏納德，如果我遲到了，亨利會發火的。我們的約會時間確定之後一定要盡快告訴我。」說完，她揮揮手，跑過平坦寬闊的樓頂，跑向機棚。柏納德呆呆看著她那雙白色長襪在奔跑時閃亮；她那被陽光照亮的膝蓋充滿活力地彎曲、伸直，一遍又一遍；她那燈芯絨的短褲裁減得很合身，此時柔和地擺動著；啊，還有她那深綠色的夾克！

他的臉痛苦至極。

此時在他身後，一個快樂而響亮的聲音傳來：「不得不說她很漂亮。」

柏納德嚇了一跳，四處去看，原來是貝尼托·胡佛，他那圓圓的紅臉正熱情洋溢地看著他，帶著極大的真誠。貝尼托的老好人性格是很出名的，大家傳說即使一點都不碰索麻，他也能過一輩子。別人因埋怨、發脾氣需要放假，在他卻從來感覺不到一絲這樣的苦惱。貝尼托所見的世界永遠是陽光燦爛的。

「而且很豐滿，絕對的！」然後他變了聲調，說道：「可是，我得說，你看起來卻很憂鬱，看來你需要吃一克索麻。」他手插進褲子右口袋，變戲法似的拿出一個藥瓶，「一立方公分的藥量可以治好十次情緒低沉……可是，喂，聽我說！」

但柏納德突然轉身，飛快跑開。

貝尼托目視他離開，搖著頭，心想，這傢伙究竟是怎麼一回事？然後斷定，傳說是真的，這個可憐的傢伙在胚胎瓶中時，他的血液替代品中一定摻入過酒精，從此，這傢伙的腦子就壞了。

他收好索麻藥瓶，又掏出一包性賀爾蒙口香糖，塞進口中。腮幫子鼓鼓的，他緩緩走向機棚，一邊咀嚼著。

亨利·福斯特的飛機輪胎已經解鎖，當列寧娜進來時，他已經坐在駕駛艙裡等著她了。

「遲到四分鐘。」他就說了這麼一句話。列寧娜爬進來，坐到他旁邊。引擎點火，他的直升機開始啟動，筆直地升入半空。亨利加快了速度，螺旋槳轟鳴起來，開始彷彿大黃蜂尖銳的飛翔，然後降低聲音，變成黃蜂的飛鳴，最後變成蚊子哼哼那樣的低音。速度錶上顯示，他們正以每分鐘兩公里的速度迅速上升。倫敦城在他們腳下消失不見。幾秒鐘之後，「倫敦孵育暨制約中心」那幢巨大的建築，與其桌子一樣平整的樓頂，已然變小，不比變得像蘑菇一樣大，像從公園、花園的深綠中生長出來的一般，呈現不同的幾何形狀。

其中有一朵彷彿木耳，莖瘦而長，苗條至極，那是碳化 T 塔，直刺天空，頂著一張閃閃發亮的水泥圓盤。

在他們頭頂上方，大片大片飽滿的雲朵懶洋洋地躺在藍天之上，譬如運動員那強大的體魄，只是有些飄渺罷了。突然，從其中一朵雲裡掉下一個小小的緋紅的昆蟲，越墜落越嗡嗡叫。

「那是瑞德火箭，」亨利說，「從紐約發射，剛到倫敦。」他看了一下自己的手錶，「不過遲到了七分鐘，」他搖搖頭說，「大西洋航線的服務，實在太不像話，總是遲到。」

腳鬆開油門，直升機螺旋槳葉子的鳴叫聲立刻降了一個半八度，彷彿從黃蜂、大黃蜂的嗚嗚聲變化為小蜜蜂、金龜子、鍬形蟲的哼哼聲。飛機爬升的衝勁和緩下來，幾分鐘之後，飛機懸停在空中，一動不動。亨利推了一個控制桿，只聽到咔噠一聲，然後有霧氣出現，起初旋轉很慢，然後越來越快，直到他們眼前一片霧氣，做圓形的旋轉，而他們前面的推進器也開始旋轉。水平速度的風在飛機懸停的時候呼呼地叫，更加尖利。亨利盯著轉速錶看，當指標指到達一千二百的刻度時，他鬆開了直升機的離合器，此時飛機仍然有足夠的動能繼續飛行。

列寧娜透過窗戶，看著她腳下的土地。他們現在在方圓六公里的公園上方盤旋，此公園將倫敦中心區與外圍第一圈衛星城鎮隔開。從上往下看，這片綠色中皆是縮微的生命，有如蟲子一般。在樹木之間，一個個離心球比賽塔此起彼落，微微閃光。靠著謝菲爾德公園區，兩千名副 β 族人正進行黎曼曲面 [121] 網球混合雙打比賽。從諾丁山到威爾斯登的大路兩邊，各排列著一長列扶梯壁手球 [122] 運動場。在伊寧露天體育場，正舉行 δ 族人的體操比賽，同時還有一場集體大合唱。

---

[121]　在數學領域中，黎曼曲面是德國數學家黎曼（Georg Friedrich Bernhard Riemann）為了給多值解析函數設想一個單值的定義域而提出的一種曲面。

[122]　壁手球，以手對牆擊球的一種球類運動，起源於 16 世紀的愛爾蘭。

「卡其色太醜陋了。」列寧娜評論說，這是她這個種姓睡眠學習教材中的教條之一。

洪斯洛感官電影製片廠占地七點五公頃，旁邊的偉西路正在施工，一片黑色、卡其色的勞動大軍正忙於對路面進行玻璃化處理。飛機低飛時，他們見到一架巨型的可移動坩堝正在運作，融化的石頭發出耀眼的熾熱之光，流淌到路面上，石棉滾筒碾來碾去，在一輛絕緣灑水車的尾部，蒸汽升騰，有如一朵朵白雲。

在賓福特，電視公司的廠房看上去就是一個小型的市鎮。

「看，他們一定是正在換班。」列寧娜說。

比如蚜蟲和螞蟻，身著葉綠色的 γ 族姑娘們，和黑衣的 ε 族人（等於半個白痴）正圍著大門，或者正在排隊上單軌電車。身著桑葚色的副 β 族人員在人群中來往巡查。電視公司主建築的天臺上，直升機起起落落，一片繁忙景象。

「哎呀，幸虧我不是 γ 族人。」列寧娜說。

十分鐘之後，他們到達斯托克波吉斯 [123]，開始打障礙高爾夫球，這是他們的第一輪比賽。

二

柏納德目光下垂，假如碰到同類，也立刻悄悄轉移視線。他正在樓頂上飛奔。似乎有人在追逐他 —— 乃是他不願見到的敵人，他生怕敵人對待他可能比他想像得要更凶殘，而他本人，則感到罪孽更深，也更加孤立無援。

「貝尼托・胡佛，可惡的東西！」雖然其實此人原本是好意，卻難免

---

[123] 斯托克波吉斯，英格蘭白金漢郡南部村莊，是十八世紀英國詩人托馬斯・格雷所作《墓畔輓歌》（*Elegy Written in a Country Churchyard*）的背景地。

使柏納德感覺更加糟糕。那些用心良好的人與用心邪惡的人，行為效果倒是有異曲同工之妙。即便親愛的列寧娜，也讓他深感難受。他想起當初是如何輾轉反側、害羞猶豫，在那幾週時間裡，他凝望過她，渴慕過她，也因恐懼而不敢邀請她，為此深感絕望。難道他能冒險，承擔被她輕蔑拒絕的奇恥大辱嗎？只是，只是，只要她說，我願意，那將是何等的快樂啊！但是，現在，她答應了，他卻依然感到難受，因為她會認為這個下午是打障礙高爾夫球賽絕佳的時候，因為她輕快地跑進了亨利·福斯特的懷抱，也因為她取笑他，不肯在公眾場合討論他們二人最私密的話題。一言以蔽之，他難受，是因為她表現出來的，完全是一個陽光、正直的英格蘭女孩所應該做的，絕無那等變態、怪異的言行。

　　他開啟直升機庫的門，對兩個懶洋洋的副 δ 族的侍者大喊，命令他們把他的飛機推到樓頂上去。這個機棚的管理員全部產自同一個波坎諾夫斯基程序組，一樣的矮小、黝黑、醜陋。柏納德的聲音尖銳、傲慢，帶著威脅，是一個身處特權位置，卻毫無安全感的人說話的聲音，因為他與低等種姓打交道時，照例感到極其痛苦。就體型來說，柏納德著實並不比一般的 γ 族人更強壯，雖然很難解釋原因（也許說他在胚胎期曾在血液替代品中誤摻酒精的流言恐怕是很接近真相的 —— 畢竟事故也是常發的）。他比普通的 α 族人矮八公分，同時也更加瘦弱，因此與低種姓人在一處，他便不禁想到自己體型的問題，感到痛苦。

　　「我便是我，可我但願不曾存在。」這種自省尖銳而沉重。每次當他發現自己不得不直視，而不是俯視一個 δ 族人的臉時，他便感到無地自容。這些低種姓人是否僅僅只因他種姓更高而尊重待他？這個問題困擾著他，因為 γ 族、δ 族、ε 族人早被制約，他們習慣把體格與社會等級連繫在一起。其實，在睡眠教育中，對各種姓人體格尺寸的偏見十分普遍。也正因此，每當向婦人們邀請約會，他會被嘲笑；而在同類男性之中，他也無例

外地成了惡作劇的對象。於是，他便成了一個局外人，自外於同類，既有此感，行為上便越加疏離同類，更增加了眾人對他的歧視，最後，他那身體的缺陷引發更多的蔑視和敵意，導致他本人更加孤獨、疏離人群。

長期恐懼於他人的輕視，使他越來越逃避同類，亦使他在面對低種姓之人時，就越自覺個體的尊嚴。他是何等痛苦地嫉妒著亨利·福斯特、貝尼托·胡佛那些人！他們無需朝著 ε 族人吼叫，對方就自動服從；他們視自身的高貴為理所當然；他們身處種姓體系中卻如魚得水，如此自如，以至於根本意識不到個體的存在，也意識不到因其種姓被賦予的種種好處和享樂。

如今，在他看來，這兩個孿生子侍從一身慵懶，滿心不情願地把他的直升機推出了樓頂。

「給我快點！」柏納德惱火地喊道。其中一個侍從瞄了他一眼。從此人灰色的空洞無光的眼睛中，他是否感覺到一絲粗魯的嘲弄之意？「給我快點！」他更其大聲地吼道，粗聲粗氣的，很是醜陋。

他爬進直升機，一分鐘之後，已經朝南方飛去，向著大河的方向。

在艦隊街 [124] 上，有一幢六十層高的大樓，乃是宣傳部和情緒管理學院所在地。此樓地下室和下面幾層，是三家英國主流媒體的辦公處、印刷處，這三家媒體是：《每時廣播》（服務於上等種姓）、《淺綠伽馬公報》（服務於 γ 族人）、《臺達之鏡》（此報紙印在卡其色紙上，而且所有詞語無一例外全是單音節）[125]。

往上便分別是宣傳部的電視中心、情愫映像、合成之聲，共占據了二十二層樓。再往上，是錄音膠捲、合成音樂工作者為完成他們精細微妙

[124] 艦隊街，現實中位於倫敦，英國媒體的代名詞。
[125] 《每時廣播》、《淺綠伽馬公報》、《臺達之鏡》三份作者虛構的報紙，分別對應現實中英國的《每日郵報》、《媒體報》、《鏡報》。

的工作而配置的搜尋中心和軟墊隔音間。最上面的十八層，便是情緒管理學院了。

柏納德在宣傳部大樓天臺降下，走出機艙。

「打電話給赫爾默斯・華生[126]，」他命令正γ族的門房，「告訴他，柏納德・馬克斯先生正在天臺恭候。」

他坐下來，點燃一根香菸。

赫爾默斯・華生接到消息時，正在寫東西。「告訴他，我立刻就到。」說完掛了話筒。轉身對祕書說：「趁我不在，好好收拾家裡。」聲音一如方才冷淡，公事公辦的口吻。祕書燦爛的笑容，他也完全無視，迅速走出門外。

這人體格強壯，胸腔厚實，肩膀寬闊，體形碩大，可是行動敏捷機靈。圓而結實的脖子上是一個漂亮的頭顱。他頭髮烏黑、捲曲，臉部稜線分明。若就陽剛的標準，他算是個美男子，按照其祕書從來不嫌囉嗦的重複說法，他是每根筋肉都是完美的正α族人種。在職業上，他是情緒管理學院寫作系的講師，在講課之餘，還是一位專業的情緒指導員。他在《每時廣播》上有自己的專欄，會編感官電影劇本，善於發想口號、為睡眠教材押韻而且樂在其中。

「多才多藝，」他的上司們一致認定，「不過，」（這時他們會搖搖頭，明顯降低聲調），「他也太全能了吧。」

他們說得很對，沒錯，他是太過全能了。他的精神過於發達，就像柏納德・馬克斯身材矮小，產生了類似的後果。筋骨柔弱迫使柏納德遠離同類，這種孤獨之感（以現有的標準來看，也是一種精神發達的表現）反過

---

[126] 赫爾默斯・華生，原文 Helmholtz Watson，此處暗指兩人。一個是十九世紀德國著名物理學家赫爾曼・馮・赫爾默斯（Hermann von Helmholtz）；一個是二十世紀美國著名心理學家、廣告設計者約翰・布羅德斯・華生（John B. Watson）。

來造成他更廣泛的疏遠感。至於赫爾默斯・華生，卻是因為感到自己多才多藝，而一樣痛苦地意識到自己的獨特和孤獨。這兩人混在一起，只是為了彼此分享對自我獨特性的感知。然而，柏納德因為自覺到體型缺陷，一輩子都深陷孤獨之中，赫爾默斯・華生卻是在最近才感覺到自己精神過於發達，因而領悟到自己與周邊眾人有所區別。

這位電梯壁球的冠軍，不知疲倦的造愛者（傳說他在不到四年時間裡與六百四十名不同的女孩發生關係），備受尊敬的委員會成員，最棒的調音師，也只是突然意識到，就他本人而言，運動、女人、社會活動其實不過是第二最愛，在生命的深處，他對另外的事物感到迷戀。可是那東西究竟是什麼？究竟是什麼？正是這個問題，吸引了柏納德過來與他討論，或者這樣說吧，赫爾默斯從來都是主要發言者，柏納德不過是來聽他的朋友傾訴的。這已經不是第一次了。

赫爾默斯一踏出電梯門，便被宣傳部合成之聲的三個美女圍住。

「嗯，赫爾默斯親愛的，我們在埃克斯穆爾[127]準備了一場野餐晚宴，你一定要來。」

她們幾乎貼到他身上，充滿請求地望著他。

他卻搖搖頭，推開她們。「不，我不能去。」

「可是到時只有你一個男人呢。」

面對如此動人的承諾，赫爾默斯依然毫不動搖。「不，」他再一次說，「我真的很忙。」毅然離開了。女孩們試圖尾隨他，直到他爬進柏納德的飛機，關上門，她們才放棄，不免有些恨意。

「看看這些女人！」他在飛機升空的當頭感嘆說，「這些女人啊！」

說完他搖搖頭，皺緊眉頭。

---

[127]　埃克斯穆爾，英國歷史悠久的村莊，位於德文郡。

「確實糟糕透頂！」柏納德違心地表示贊同，私心卻希望，他要是能像赫爾默斯一樣輕鬆就有那麼多女孩可以廝混就好了，忽然，他忍不住炫耀起來，卻強迫自己用一種隨便的口吻說：「我將帶著列寧娜‧克朗到新墨西哥去。」

「真的嗎？」赫爾默斯說道，顯然毫無興趣。沉默了一小會兒，他又說道：「過去一兩週，所有委員會我都沒有去，也沒有跟任何女孩約會。你恐怕想像不到，在學院裡，其他人對此是怎麼議論紛紛的。但是，我覺得這是值得的。只是有一些後果……」說到這裡，他有些猶豫，「很古怪的後果，確實很古怪。」

生理的缺陷能造成某種精神的過剩。看起來，反向作用一樣是成立的。精神的過剩，竟使人刻意選擇孤獨，自願對外部世界封閉自己的感官，並因禁慾而導致人為的陽痿──精神的作用力莫非自有其目的？

此後一段行程很短，大家都沉默起來。直到飛機降落，他們終於進入柏納德的住處，舒服地四肢攤開在充氣沙發上。這時，赫爾默斯又開口說話了。他說得很慢。

「柏納德，你有沒有這樣一種感覺，似乎你身體內有什麼東西，一直等待你把它釋放出來？是某種你從未使用過的能量，就像所有的水更想從瀑布之上一瀉千里，而不想通過渦輪的旋轉流出來？」他看著柏納德，期待答案。

「你是說，假如萬事萬物與現在的形態完全不同，人們會湧現怎樣的豐富情感？」

赫爾默斯搖頭，「不全是這個意思。我思考的是一種奇怪的感情，我有時感到它的存在，那時，我似有什麼重要的事情要說出來，也有足夠的力量宣布，可我就是不知道這是什麼事情，於是，我的力量也就沒有發揮的餘地。要是有某種不同的敘述方式就好了……或者可以寫一些陌生的事

物……」他沉默了一會，繼續說道，「你是知道的，我非常善於發明短句，某些單片語合在一起，會讓你如同坐在針上一樣突然跳起來，這些短句看起來很新鮮，令人激動，雖然，它們明顯不過是在重複睡眠學習中的那些說辭。可是，單單組成這些很棒的短句，看起來似乎還不夠，或者只有描述的東西本身是好的，才是真正棒的。」

「可是，萬事萬物都是很棒的呀，赫爾默斯。」

「好吧，就目前的情況來看，萬事萬物是很棒。」赫爾默斯聳聳肩，「不過，它們只是在狹小的範圍內稱得上很棒。或許，它們重要性不足。我是覺得自己可以做一些更重要的事情，真的，某些更緊張、更狂熱的事情。可是究竟我能做什麼？而什麼事又可以被說成更重要？一個人假如想描述某個事物，他又怎麼可能對這個事物表現出狂熱的態度？詞語可以像X光，倘若正確使用，它們可以穿透萬物。你正閱讀著，然後你被詞語穿透。怎樣讓寫作更具穿透力，是我試圖教給學生的東西。可是話說回來，如果寫成的文章——或者關於社會大合唱的，或者關於芳香樂器最新的改進的，這樣的文章即使有穿透力，對讀者來說又有什麼真正的好處？此外，寫作這樣的文章時，你又怎麼保證你的詞語組合真的具有穿透力，就像真正強大的X光一樣？你真的能描述虛空卻像是在描述萬物一樣？我想來想去，想到這裡，就繼續不下去了。我好努力，好努力地去想……」

「噓！」柏納德突然說，豎起一根手指示意安靜。他們靜聽著。柏納德輕聲地說：「我懷疑門外有人。」

赫爾默斯站起身，踮著腳尖穿過房間，快速地把門開啟。其實，根本無人在門外。

「我很抱歉。」柏納德說，深感自己的愚笨，一臉窘樣。「我猜現在我的神經過分緊張了。當人們開始懷疑你，你也就開始懷疑別人。」他揉揉眼睛，嘆息一聲，聲音轉而傷感起來。這是在為自己辯解嗎？他說：「真

希望你知道我最近究竟承受了什麼樣的壓力。」聲音幾乎帶著哭腔，自憐自艾的情緒像清泉噴湧一般氾濫開來，「真的希望你知道！」

　　赫爾默斯聽著，卻有一種難受的感覺。「可憐的柏納德！」他自言自語。與此同時，他又為他的朋友感到羞恥。他寧願柏納德展現更多的驕傲。

第五章

一

　　暮色之下，空氣中充滿了直升機不斷的嗡鳴聲。每隔兩分半鐘，一座鐘敲響一下，伴之以尖銳的哨聲，即宣布一列運載低等種姓高爾夫球手的輕型單軌列車出發，他們已結束自己的比賽（只有低等種姓的選手能參加），要返回大城市。

　　列寧娜和亨利爬進飛機，飛機起飛了。在八百英呎的高度，亨利降低了螺旋槳的轉速，於是，飛機在半空中懸停了一兩分鐘，底下景物已然模糊。伯恩哈姆比奇斯[128]的森林鋪展，有如黑色的池塘，蔓延向西，直至與明亮的海岸線相接。海天交界處，一片深紅，夕陽最後的光芒正在衰退 —— 橘色褪為黃色然後顯現為淡淡的水綠色。越過樹林，望向北方，內外分泌腺工廠那二十層高的大樓裡，每個窗戶都散發出刺眼的燈光，使得整個工廠耀人奪目。在飛機的下方，即是高爾夫俱樂部的大樓以及低等種姓人巨大的營地，與之隔著一堵牆，另一邊乃是 α 和 β 族人居住的別緻小屋。通往單軌鐵路月臺的小路上，黑壓壓的，都是低等種姓的人群，像螞蟻一樣在移動。只見一列閃亮的列車穿過玻璃拱頂的隧道，出現在地面。兩人的目光跟著這列火車，見到它朝東南方向而去，穿越黑色的平原，於是看到了羽化火葬場那宏偉的建築。為了保障夜間飛行的安全，火葬場四個高高的煙囪都被探照燈照得雪亮，並鑲嵌了深紅色的危險標誌。火葬場是一處地標。

---

[128]　伯恩哈姆比奇斯，地名，位於英國白金漢郡內。

「為何圍著煙囪會建一圈類似陽臺的東西？」列寧娜問道。

「磷回收，」亨利簡潔說道，「氣體沿著煙囪上升時，將經過四道處理程序。每次焚屍，五氧化二磷都會分解出來，透過氣體處理程序，現在可回收百分之九十八的五氧化二磷氣體，以一個成年屍體計算，總量超過一點五公斤。現今單單一個英格蘭，每年需用四百噸磷，羽化火葬場供應了其中絕大部分。」他顯得高興而驕傲，全身心地為這巨大的成就而欣喜，彷彿這成就是他造成的一般。

「想到我們即使死了，還能給社會做貢獻，這是多棒的事情。我們的屍體將使植物茁壯成長呢！」與此同時，列寧娜卻轉過頭望著飛機正下方的單軌鐵路。「是很棒，」她表示贊同，「但是很奇怪，為什麼 α、β 種姓人的焚化肥料，並不比下面那些骯髒下流的 γ、δ、ε 種姓人的焚化肥料養育更多的植物呢？」

「其實從物理、化學的角度而言，人無區別，」亨利簡單地說，「此外，即使賤如 ε 族人，也為社會承擔了不可缺少的服務。」

「即使賤如 ε 族人，……」列寧娜突然回想起從前一個場景，那時她還是一個上學的小女孩，那次，她夜半醒來，第一次意識到，有聲音像幽魂一樣，一直穿行於她的睡眠世界。彷彿她再一次看見那一束一束的月光照進來，照亮那一排小小的白色的床；彷彿再一次聽到那溫柔得不能再溫柔的聲音（經過那麼多黑夜的重複播放，那些語詞已經停留在頭腦中，忘也忘不了）：「每個人皆為他人工作。沒有別人，我們無可作為。即使賤如 ε 族人亦有用處。沒有 ε 族人，我們無可作為。每個人皆為他人工作。沒有別人，我們無可作為……」當時的恐懼、驚訝（恐懼、驚訝的感覺當時在她是第一次感受）令她震顫，這感覺記憶如新；她仍記得自己在半個小時的失眠中無端生出許多猜測，但是被那些無窮無盡的語詞的重複所影響，加以精神上不斷被語詞撫慰、撫慰、撫慰，最後瞌睡蟲鬼祟著牽引她進入睡眠……

「我想 ε 族人並不介意自己是 ε 族。」她大聲說。

「他們當然不介意。他們怎能介意？他們根本就不知道除了做一個 ε 族人，還能是別的什麼人。當然，我們倒是介意變成 ε 族。可是，我們畢竟制約途徑不同，此外，我們與 ε 族人遺傳基因也是不一樣的。」

「我很高興自己不是 ε 族人。」列寧娜極其肯定地說。

「倘若妳是一個 ε 族人，」亨利說，「妳也將經過制約，因此對自己不是 β、α 族人感到同樣慶幸。」

他將推進器啟動，駕駛飛機向倫敦飛去。在他們身後，靠西邊那裡，深紅色、橘色的光芒幾乎不見，一片烏雲爬上了天頂。飛機飛越火葬場，在經過煙囪噴出的熱氣柱時，亨利把飛機垂直拉昇，直到下面空氣溫度降低，然後突然降落。

「看，那熱氣柱蜿蜒曲折上升，壯觀極了！」列寧娜高興地大笑道。

但是亨利的聲音卻突然憂鬱起來，「那熱氣柱，妳知道它究竟是什麼嗎？那是一些人在最後告別世界，他們永不再回來。他們已經成為一團熱氣，噴射到空中。妳會好奇他們是誰，是男的還是女的，α 人還是 ε 人……」他一聲嘆息。但很快，他的聲音重新變得堅毅樂觀，「不過，誰在乎？我們只確定一件事，那就是：不管是誰，只要活著，便是幸福。如今人人皆快樂。」

「是的，如今人人皆快樂。」列寧娜學舌說。在十二年的時光裡，他們每天晚上都要聽到這句話被重複一百五十遍。

飛機停在威斯敏斯特 [129] 一座四十層高的公寓天臺，那是亨利的住處，他們搭乘電梯直接到了餐廳，在喧囂而歡樂的氛圍中，他們吃了一頓很棒的晚餐。還有索麻配著咖啡。列寧娜吞嚥了兩顆半克的索麻，亨利則

---

[129]　威斯敏斯特，又稱西敏，是英國大倫敦下屬的一個擁有城市地位的倫敦自治市。

吃了三顆。晚九點二十分，他們步行穿過大街，到新開業的西敏寺[130]卡巴萊（Cabaret）[131]。夜空明朗無雲，並無月亮，星光閃閃，不過，列寧娜和亨利很走運，根本未曾注意到這冷清的夜色，他們被高空廣告牌上「加爾文·斯特普[132]薩克斯風樂隊」的字樣吸引 —— 明亮的廣告遮住了夜色。從新的大教堂的正面看過去，可以見到巨大的字母閃耀，顯得楚楚動人 ——「倫敦最佳色香之地，奉獻最新合成音樂」。

他們走進卡巴萊秀場。空氣灼熱，龍涎香瀰漫，幾乎令人難以呼吸。在大廳穹頂，幻彩樂器間歇性噴出熱帶日落的盛景。十六名薩克斯風樂手組成的樂隊正吹奏一首經典老歌《除了我親愛的小瓶子，世上瓶子皆糞土》。四百對男女正在打了蠟的地板上跳著五步舞。他們加入，成為第四百零一對。薩克斯管音色悲嘯，好像女中音和男高音在配合，又宛如月光下叫春的貓兒般動聽迷人，一副欲仙欲死的模樣。豐富的和聲、戰慄的合唱共同導向音樂的高潮，聲音越飆越高，終於，指揮一揮手，乙醚音樂那破碎般的音符被釋放出來，十六位薩克斯風樂手也就徹底垂下樂器。降A大調雷鳴曲開始，然後，在單純的死寂中，在單純的黑暗中，音樂漸漸微弱，一個減弱音慢慢滑落，降至四分音，低，低，低到主和弦懸停不息像微弱的低語（同時四五拍子在更低處持續跳躍），在音樂黯淡的時分，這低語般的樂音，仍然迫使節奏保持一種緊張與期待，這期待終於得到滿足 —— 音樂像噴發的朝陽突然爆發，同時，十六位薩克斯風樂手便引吭高歌：

---

[130] 西敏寺，一座位於威斯敏斯特市區的大型哥德式建築風格的教堂，這裡一直是英國君主（從英格蘭、不列顛到英聯邦時期）安葬或加冕登基的地點。曾在 1546 至 1556 年短暫成為主教座堂，現為王室勝蹟。1987 年被列為世界文化遺產。

[131] 卡巴萊，是一種具有喜劇、歌曲、舞蹈及話劇等元素的娛樂表演，盛行於歐洲。表演場地主要為設有舞臺的餐廳或夜總會，觀眾圍繞著餐檯進食並觀看表演。此類表演場地本身也可稱為卡巴萊。

[132] 加爾文·斯特普，原文 Calvin Stopes，加爾文這個名字在此處暗指兩人。一個是十六世紀法國著名的宗教改革家、神學家、加爾文派的創始人約翰·加爾文（John Calvin）；一個是美國第 30 任總統小約翰·卡爾文·柯立芝（John Calvin Coolidge, Jr.）。

我的小瓶子，

我一直渴望你！

我的小瓶子，

為什麼我會被倒出？

在你的世界裡，

天空碧藍，

氣候永恆美麗。

要知道，

在這世界裡，

沒有任何一個別的瓶子，

可以與你媲美，

我那親愛的小瓶子。

　　跳著五步舞，一遍又一遍，旋轉過西敏寺。列寧娜和亨利彷彿是在另一個世界裡翩翩起舞，那世界溫暖、色彩豐富、善意無窮，那是屬於索麻的假日世界！看啊，每一個人都是那麼和善、美麗、開心！「我的小瓶子，我一直渴望你！……」其實列寧娜和亨利已經找到他們的渴望之物……他們此時此地，其實就在那裡面：很安全，享受著和美的天氣，以及永恆的藍天。

　　十六位薩克斯風樂手累了，放下薩克斯管，合成樂器於是單獨奏起了最新的馬爾薩斯藍調音樂，緩慢行進。

　　而他們，就像兩個孿生子，正沐浴在小瓶子裡那血液替代品的海浪中，輕柔搖擺。

　　「晚安，親愛的朋友們。晚安，親愛的朋友們。」擴音器發出親切、悅耳的聲音，其實是在遮掩，這是在命令眾人該是離開的時候了。「晚安，親愛的朋友們……」眾人皆遵從了。列寧娜和亨利離開了秀場。那時，冷

清壓抑的星星已經在夜空中行走了很長一段路。可是，即使高空廣告牌錯落的螢幕一個個都淡入了夜色之中，這兩個年輕人仍然沉浸於歡樂，無視黑夜的存在。

在宵禁之前還有半個小時時間，他們吞下了第二份索麻，這使他們在自我意識與真實世界之間立刻樹立了一道堅不可摧的壁壘，他們再次像進入了小瓶子那迷樂的至境之中，便那樣子穿過街道，乘坐電梯，抵達亨利的住處 —— 在公寓的第二十八層。雖然列寧娜又吞服了一克的索麻，雖然一如亨利般沉浸於迷樂之境，列寧娜可沒有忘記任何一條避孕規定。這不奇怪，這麼多年高強度的睡眠教育，以及從十二歲到十七歲接受的每週三次的馬爾薩斯避孕操，如今採取避孕措施對於她來說完全是自動的、必然的，就像人必定要眨眼睛一樣。

「哦，對了，我想起來了，」當列寧娜從浴室裡出來的時候說，「范妮‧克朗想知道，你是從什麼地方弄到這條可愛的綠色摩洛哥風皮帶的。」

二

每隔一個星期四，柏納德都要參加「團結儀式日」的活動。於是，在愛神宮 [133]（根據《第二規章》，赫爾默斯最近剛被選為此宮的委員會成員）早早吃完晚飯，柏納德與朋友告別，在天臺上租了一架飛機，讓駕駛把他帶到福特森 [134] 社會合唱館。飛機爬升了二百公尺之後，轉頭向東飛，很快，柏納德看見了合唱館那巨大、漂亮的房子，探照燈照得它透亮，三百二十公尺長的白色卡拉拉大理石 [135] 閃閃發亮，照耀得路德門

[133] 愛神宮，原文 Aphroditzeum，赫胥黎在「新世界」中以阿芙蘿黛蒂（Aphrodite）名字命名的宮殿。阿芙蘿黛蒂在希臘神話中是代表愛情、美麗與性慾的女神，在羅馬神話中與其相對應的是維納斯。
[134] 福特森，現實世界中是一款拖拉機的名字，福特公司出品。
[135] 卡拉拉大理石，卡拉拉是位於義大利的一座小城，以盛產大理石聞名。文藝復興時期的多數

山[136]雪白而熾熱。合唱館的直升機坪的四角，各立著一個巨大的T字架，深紅明亮，蓋住夜色。二十四個金色的大喇叭隆隆作響，一首莊重的電子音樂正在播放。

「見鬼，我遲到了。」柏納德一見到大亨利鐘[137] —— 這是合唱館大鐘的名字 —— 不免自言自語。他肯定遲到了，因為當他付錢給駕駛員時，「大亨利鐘」時針剛走到九點的位置。只聽所有的金色喇叭裡傳來洪亮、低沉的聲音：「福特，福特，福特……」確乎是九聲。柏納德奔向電梯。

大禮堂專用於福特誕生紀念日活動以及其他大型合唱活動，位於整棟建築的最底層。禮堂上方，共有七十層，每層一百個房間，這七千個房間都歸「團結協會」所使用，以備舉行每隔十四天一次的「團結儀式日」。柏納德在第三十三層出了電梯，他讓自己鼓起勇氣，開門進去。

感謝主福特！他還不是最後一個。圍繞著圓形工作臺那三排椅子（每排十二把椅子）並未坐滿。他滑向最近的一把椅子，希望神不知鬼不覺。他還期待能對後來的遲到者皺皺眉頭呢 —— 不過誰知道他們什麼時候到。

「今天下午你玩了什麼？」左邊的女孩轉過身問他，「是障礙高爾夫，還是電磁高爾夫？」

柏納德看了她一眼。主福特啊，她居然是摩甘娜‧羅斯柴爾德[138]！他只能紅著臉承認，他其實什麼都沒有玩。摩甘娜驚奇地望著他。他們尷尬著沉默了。

終於，她轉過身，朝向她左邊的人說話了，那傢伙看起來更像是擅長

著名雕塑都使用卡拉拉大理石為原料。

[136]　路德門山，位於倫敦，山上有聖保羅大教堂，是英國聖公會倫敦教區的主教座堂。

[137]　大亨利鐘，隱喻大本鐘。此處的亨利指亨利‧福特。

[138]　摩甘娜‧羅斯柴爾德，原文 Morgana Rothschild，此處暗指兩層意思。一個是指亞瑟王傳說中的女巫摩根勒菲（Morgan le Fay，別名 Fata Morgana）；一個是指羅斯柴爾德家族（Rothschild Family）。英國的歷史研究者認為，在十九世紀，羅斯柴爾德家族是全世界最富有的家族。

運動的人。

「團結儀式日的一個好兆頭。」柏納德苦澀地想，他預見到自己將再次一無所得。他怎麼就沒有好好觀察呢，居然隨隨便便就找了最近的一把椅子！他本可以坐到菲菲・布拉德勞[139]和喬安娜・狄塞爾[140]中間的呀。結果倒好，他一把坐下來，像個瞎子一樣，坐在了摩甘娜旁邊。主福特啊！那可是摩甘娜！

想想她那豐盛的黑眉毛——準確說是一字眉，在鼻子上方相連。主福特啊！

而他的右邊，坐著的是克拉拉・德特丁[141]，還好，她的眉毛還算分開了，可是她實在太過豐滿了。而菲菲、喬安娜倒算得完美無缺：豐滿、金髮白膚、身材勻稱等等，還有個蠢貨，那個湯姆・河口[142]，居然一屁股坐在她們中間。

最後一個到的是沙拉金尼・恩格斯[143]。

「妳遲到了，」小組的組長嚴肅地說，「下次不可以。」

沙拉金尼表示歉意，溜到自己的位置上，她坐在吉姆・波卡諾夫斯

---

[139] 菲菲・布拉德勞，原文 Fifi Bradlaugh，此處暗指十九世紀英國國會議員查爾斯・布拉德勞（Charles Bradlaugh）。查爾斯・布拉德勞是一名無神論者，曾拒絕以基督教的方式宣誓就職，並向議會提出用另外的方式宣誓，結果被拒絕並剝奪當選權利。此後，他又重新當選了兩次，但都被拒絕就任。西元 1886 年，布拉德勞第四次當選，眾議院終於允許他宣誓就任。上任後他提出《宣誓法案》並獲得通過，使任職宣誓不再限於宗教方式。

[140] 喬安娜・狄塞爾，原文 Joanna Diesel，此處暗指德國工程師、柴油發動機的發明者魯道夫・狄塞爾（Rudolf Diesel）。

[141] 克拉拉・德特丁，原文 Clara Deterding，此處暗指兩人。一個是指亨利・福特的妻子克拉拉・簡・布賴恩特（Clara Jane Bryant）；一個是指亨利・德特丁（Henri Deterding），荷蘭皇家殼牌集團成立初期的領軍人物。

[142] 湯姆・河口，原文 Tom Kawaguchi，此處暗指的是河口慧海（Kawaguchi Ekai），日本僧侶、佛教學者、探險家，四次到過尼泊爾，兩次到過西藏，是第一個到這兩個地方旅行的日本人。

[143] 沙拉金尼・恩格斯，原文 Sarojini Engels，此處暗指兩人。一個是指人稱奈都夫人的沙拉金尼・奈都（Sarojini Naidu），印度政治家、女權運動者及詩人，是第一位任邦行政長官的女性；一個是指馬克斯主義創始人之一的弗里德里希・恩格斯（Friedrich Engels）。

基[144]與赫伯特・巴枯寧[145]之間。小組成員已然到齊,「團結圓圈」完美成型,男人,女人,男人……圍繞著圓桌男女錯開坐定,像一個圓圈。一共是十二個人[146],準備就緒,他們希望相聚、交融、去除個性,合併為一個更偉大的個體。

組長站起來,做出「T」的手勢,打開合成音樂,於是,那不知疲倦的鼓聲和樂器的合唱(近似於號角與管弦之配合)溫柔響起,短促、八面環繞的《團結聖歌第一曲》那美妙的旋律一遍遍重複著,悽切動人極了。一遍,一遍,又一遍。直到最後不是雙耳在聆聽那脈搏一般不倦跳動的韻律,而是上腹部的橫膈膜在聽;反覆作響的和聲,其悲鳴與鏗鏘不是在大腦中纏繞,而是在渴慕同情的大腸之內順流直下。

組長再次做出「T」的手勢,坐了下來。儀式開始了。圓桌中央放置了奉神之物 —— 索麻藥片。裝有草莓冰淇淋、索麻的愛杯[147]依次傳遞給下一個人,人人皆祈禱:「為一己之泯滅乾杯。」如此十二人皆大口啜飲這甘霖。伴著合成交響樂之轟鳴,眾人唱起《團結聖歌第一曲》:

「主福特,我們乃是十二人。

啊,讓我們成為唯一者,

像萬滴水珠匯合社會的大江大河。

啊,現在使我們狂奔吧,

迅捷無比,

好似主麾下的 T 型車[148]。」

---

[144] 吉姆・波卡諾夫斯基,原文 Jim Bokanovsky,與波氏程式一樣,暗指名為 Maurice Bokanovsky 的法國官僚。

[145] 赫伯特・巴枯寧,原文 Herbert Bakunin,此處暗指兩人。一個是指喬治・赫伯特 (George Herbert),十六世紀英國詩人、演說家和牧師;一個是指十九世紀俄羅斯革命家、無政府主義者米哈伊爾・巴枯寧 (Mikhail Bakunin)。

[146] 模仿耶穌的十二個門徒。

[147] 愛杯,原文 loving cup,宴會上遞酒用的雙柄大酒杯。

[148] T 型車,原文 Flivver,廉價的小汽車之意。

就這節詩，眾人哼唱十二遍，灌注熱情與憧憬。愛杯再次傳遞。此次眾人便喊道：「為廣大的唯一乾杯！」眾人皆痛飲。音樂持續，毫不倦怠。鼓聲隆隆。和聲之悲叫與撕裂，被眾人酥軟的大腸吸附，如痴如醉。《團結聖歌第二曲》又響起了：

「來吧，廣大真君。

汝乃社會之友，

消滅十二個私體，

成就獨一個。

需知吾輩渴望去死，

蓋吾輩之末日，

實乃更廣大之生命，

如日之初起。」

此節詩，眾人亦哼唱十二遍，至此，索麻之功效盡情發揮。眉目閃亮，雙頰粉紅，萬能慈悲那內在之光芒噴湧而出，照耀眾人面龐，歡樂和諧，笑容綻放。縱使柏納德，也深感陶醉。當摩甘娜‧羅斯柴爾德轉身面對他，他也竭力深情回望，可是她那眉毛，那黑糊糊的一字眉，見鬼，顯眼地橫在那裡，他無法忽視——竭盡全力也不能。看來他的陶醉感未能貫徹始終，或者他起初坐在菲菲、喬安娜之間就好了……

愛杯已然是第三次傳遞了。「為聖主之下凡乾杯！」摩甘娜‧羅斯柴爾德喊道，這次恰好輪到她開始循環儀式。她的嗓門極高，聲音狂喜。她喝了一大口，又將愛杯傳至柏納德。「為聖主之下凡乾杯。」柏納德重複說，極力揣摩體驗聖主下凡的偉大，可是，見鬼，那一字眉還是陰魂不散，因此，這下凡的時日看來也就相當遙遠了。他也飲了一口，將愛杯傳至克拉拉‧德特丁。「這次又失敗了，」他告訴自己，「我早就知道這沒辦法。」可是，他不得不繼續竭盡努力去微笑、凝望。愛杯傳遞了一圈。這

時，組長舉起手，發出訊號，如此，眾人一同合唱起《團結聖歌第三曲》：

「廣大真君已至，
汝輩可曾感動！
狂歡，沉醉，然後去死，
在鼓聲中融化消逝。
因你便是我，
我便是你。」

隨著詩一節一節的朗誦，眾人的聲音漸至興奮，心跳狂烈加速。聖主下凡之感，宛如空氣通電，激動了他們。組長關掉音樂，等最後一個詩節的最後一個音符結束，屋內即是徹底的寂靜，這寂靜，蘊藏著極大的渴盼，眾人戰慄，因生命被通電而匍匐在地。

組長伸出雙手。

忽然，從眾人頭頂，傳來偉大的聲音，這聲音低沉而雄厚，比單純的人聲更美妙動聽、更豐富、更溫暖；它充滿更多的愛、渴望、憐憫；它是神奇的、神祕的、超自然的。只聽它緩慢地說：「啊，主福特，主福特，主福特。」聲音漸低，緩慢下沉。於是，一股溫暖的感覺迅速傳遍每一個聽者，他們從心口到身體的每一個毛孔都感到極大的戰慄，他們淚水湧濺，他們清晰感覺自己的心，自己的腸正在蠕動，彷彿要脫離他們尋求獨立的生命。「主福特啊！」他們沉醉融化。「主福特啊！主福特啊！」他們在融化，融化啊融化。突然，另一個聲音叫起來，令人驚悚。「聽著！」這聲音從喇叭中傳出，「聽著！」他們洗耳恭聽。停頓一下，這聲音又降至低語，但這低語聲，比剛才的狂叫更具穿透力。「廣大真君腳步已至。」再一次重複。「廣大真君腳步已至。」這低語聲好像快要窒息。「廣大真君已然移步至樓梯。」再一次，整個屋內鴉雀無聲。剛剛那渴望才放鬆些，此時突然拉緊，越拉越緊，人都要感到撕裂。廣大真君，他的腳步？啊，

真的，他們都聽到了，他正在緩慢地走下樓梯，越來越靠近他們 —— 沿著那空中無形的樓梯！這是廣大真君的腳步呀！突然，一人打破了這拘謹與緊張，她瞳孔放亮，嘴唇大張，那是摩甘娜·羅斯柴爾德，她突然迅速站了起來。

「我聽到了，我聽到了！」她尖叫著。

「他真的來了！」沙拉金尼·恩格斯大叫道。

「真的，他來到了，我聽到了。」菲菲·布拉德勞和湯姆·河口一起站起來。

「啊，啊，啊！」喬安娜也出來證明了，只是口齒不清。

「他來了！」吉姆·波卡諾夫斯基大叫著。

組長探身過去，碰下按鈕，便聽見鐃鈸、銅管、大鼓狂亂作響，眾人便如高燒，如癲狂。

「啊，主來啦！」克拉拉·德特丁尖叫道，「哎呀咦！」這聲音聽起來，就像她被人割喉一般。

柏納德明白他也得做些什麼，便也跟著大叫道：「我聽到了，主來了。」其實這是胡扯，他什麼也沒有聽到，他也根本沒看到誰出現。不管音樂如何響亮，不管眾人之激動如何山呼海嘯，就是什麼人都沒有。但是他也揮舞著雙臂，與眾人一般叫得響亮，當別人開始抖動、跺腳、坐立不安，他也就抖動、跺腳、坐立不安。

他們繞著圈走，一支圓形的舞者的隊伍，每個人都將雙手放在前面一人的屁股尖上，轉呀轉，一起呼喊，一起隨著音樂的節奏跺腳，敲打著前面人的屁股。這十二雙手，動作起來好像一個人；這二十四瓣屁股發出厚實的迴響，也就像一個人的屁股在發聲。十二人就如一個人。十二人就如一個人。「我聽到了，主來了。」有人叫，音樂就加速，跺腳就加速，雙手

節奏就加速。直至突然間，一個響亮的合成貝斯聲低沉地叫出一個詞「喔奇潑奇」（Orgy-porgy）[149]，宣告贖罪的時刻來到，團結的頂峰抵達，此刻，十二人為一 —— 這是最高的存在化成肉身了呀！此時，手鼓依舊敲擊著他們的狂熱的信仰：

「喔奇潑奇，主福特，
賜予我輩歡樂。
吻著女孩們，
她們是同一人；
難子們眾多，
也只是一個人。
女孩們，
她們只是安靜等。
喔奇潑奇，
讓吾輩喔奇潑奇。」

「喔奇潑奇，」舞者們緊咬住這儀式的副歌，「喔奇潑奇，主福特，賜予我輩歡樂。吻著女孩們……」當他們歌唱，燈光便緩緩淡出，雖然亮度變得微弱，那燈光卻轉而變得更其溫暖、擴散、深紅，直至變成暮色般緋紅，眾人在其中舞蹈，譬如身處胚胎倉庫。「喔奇潑奇。」在那血紅色、子宮般的黑暗中，舞者們照舊轉圈、應和，精疲力竭地應和那不知疲倦的節奏。「喔奇潑奇。」於是圓圈鬆散、破開，三三兩兩，舞者們倒在環繞著桌椅的一圈沙發上。「喔奇潑奇。」溫柔地，那玄妙的聲音淺哼低吟，在紅色的燈光中，譬如某隻巨大的漆色的鴿子，咕咕叫著，懸停半空，慈悲俯視，在牠下面，舞者們或俯臥，或仰臥，忙碌得不得了。

他們到了天臺。大亨利鐘敲響十一點的鐘聲。夜色安詳溫暖。

---

[149] 喔奇潑奇，原文 Orgy-porgy，大意為像鯛魚一樣放蕩，有縱慾的意思。Porgy，鯛科魚類。

「太美妙了，不是嗎？」菲菲‧布拉德勞說，「真的確實太美妙了，對嗎？」她看著柏納德，一臉狂喜的神色，卻不見絲毫的激動與亢奮。據說人如果處於激動，表明慾望仍未獲得滿足，至於她，眼下因慾望消費成功，因心靈平和，乃深陷那平靜的迷狂中。她並非僅因為那空虛的滿足和無聊而至於如此，實在是深感生命和諧、能量平衡、自身安然，才能有這樣平靜的迷狂。這是一種寧靜，境界豐富，活力充足。要知道，「團結儀式」既能奪取，亦能賦予，褪去舊有，其實為的是新生。她身心灌注，已然被塑造為完美之人，她甚至已不再是她自己，而是更廣大個體的一分子。

「你真的不覺得這是很美妙的嗎？」她固執地看著柏納德的臉，那雙眸閃亮，彷彿是非自然的光。

「當然，我認為是很美妙的。」他撒謊了，撇開了眼神。看到她容光煥發的臉，他立刻感到自責，並想到自己的孤獨，實在是荒誕可笑。到現在，他仍然像儀式剛開始時那樣，痛苦而孤單，而且因他的空虛自我未能新生，也因為他不曾真正滿足，他的孤單感反倒更強烈了。

當別人與廣大真君融合為一之時，他索然一人，無法填補自身的空虛；當他被摩甘娜擁入懷中，他依然落寞，這種落寞與絕望之感強烈無比，他此生從不曾體驗過。從暮色般的深紅退出，在普通的電光中浮現，那更其清晰的自我，將他摔打進苦惱的深淵。他徹徹底底地難受，而這很可能是他自己出了問題（她那雙明亮的雙眸正在譴責他）。「實在太美妙了。」他只能重複說著，可是，此時此刻，他唯一想到的，不過是摩甘娜的一字眉。

第六章

一

「血液替代品中摻入了酒精。」范妮的這個解釋可以說明柏納德為何這麼古怪。可是，某次她和亨利同床共枕時，有些焦慮地與亨利討論起她這個新情人，亨利卻把可憐的柏納德比作一頭犀牛。

「妳別指望能教會一頭犀牛，」他解釋說，一如既往的簡潔、富有熱情，「有些人真的就像是犀牛，他們無法正確接受制約。這些可憐的傢伙！柏納德就是其中一個，幸運的是，他倒是擅長自己的工作，否則主管早就將他掃地出門了。不過，」他用安慰的口吻說，「他這個人倒也不怎麼壞。」

或許是不怎麼壞吧，可是卻著實令人不安。首先就是他那股私底下神神祕祕做事情的狂熱模樣，說白了，也就是這個人什麼事都不做，因為人怎麼可能私下做自己的事情呢（當然，私底下他們上床了，不過不能總是躺在床上啊）？

再說了，美洲有什麼好東西？幾乎就沒有。抵達的第一個下午，他們外出，情況還相當不錯。列寧娜建議他們可以去託基鄉村俱樂部游泳，然後到牛津學院晚餐，但是柏納德卻認為那裡人太多。她又提議去聖安德烈電磁高爾夫球場打一輪高爾夫，柏納德又一次否決了，他認為打電磁高爾夫純粹是在浪費時間。

「那麼我們怎麼度假？」列寧娜很驚奇地問。

結果，他的提議是，去濱湖區漫步，然後爬到斯基多峰頂上，並在石

楠花叢中走上幾個小時。「只有我和妳，列寧娜。」他說。

「可是，柏納德，這不就是說，我們要整晚都遠離人群。」

柏納德臉紅了，目光躲閃。「我是說，我想和妳一個人說說話。」他低聲說著。

「說話？說什麼？」散步、說話，如此就耗費掉一個下午？實在太奇怪了。

最後，在列寧娜的堅持下，柏納德讓步了，他們飛往阿姆斯特丹，觀看了女子重量級摔角錦標賽半決賽。「深處人群之中啊，」他碎念著說，「一如往常。」於是一整個下午，他固執地陰沉著臉，拒絕與列寧娜的朋友們說話（在摔角比賽暫停的中場，他們在冰淇淋索麻吧檯前碰到了好幾十個這樣的朋友），並堅決不吃她遞過來的覆盆子聖代冰淇淋（內有半克索麻）—— 其實吃不到聖代他也很痛苦呢。「我寧願一人，即使下流骯髒；也不願成為別人，即使歡樂幸福。」

「一克索麻及時餵，勝過十克同時服。」列寧娜說，她引用了睡眠教育裡的至理名言。柏納德卻不耐煩地推開了玻璃杯。

「好吧，千萬別發脾氣，」她說，「一立方公分的藥量可以治好十次情緒低沉呢。」

「見鬼，看在主福特的面子上，請妳安靜點！」他叫道。

列寧娜晃晃肩膀，「一克藥總比見鬼好。」她最後說，一臉傲然高貴之貌，獨自吃完聖代冰淇淋。

返回路上，飛過海峽時，柏納德非要把飛機停住，於是，直升機就在波浪一百英呎之上的地方盤旋著。天氣變得越來越糟，一陣西南風陡然興起，天空烏雲密布。

「妳看。」他強調說。

「可是天氣太糟糕了。」列寧娜說，從窗戶旁縮回了身子。夜色中湧動的空虛感、身下不停起伏的黑色的泡沫、蒼白的月光（在加速湧集的烏雲掩映之下，這月光顯得如此憔悴與散亂），實在令她害怕。「快點開廣播，快點！」她急切地伸手鉤到儀錶板，打開廣播，隨意轉到了一個頻道。

「……天空照影在你心間，藍色而憂傷，」是十六個顫抖的假聲歌手，「天氣永遠是那麼……」

突然咯嗒一聲，然後一片寂靜。原來柏納德關掉了廣播。

「我想在安靜中欣賞大海，」他說，「但耳邊響著野獸般的噪音，又怎麼有心思去欣賞？」

「可是這音樂很動人，而且我也不想往下面看。」

「可是，我想看，」他堅持說，「大海讓我感到，似乎……」他猶豫了一下，想尋找詞語表達此刻的想法，「似乎我原本可以是一個更像我的人，但願妳明白我的意思。一個更純粹的自己，而不是徹底成為別的事物的一部分，更不是社會肌體內一個小小的細胞。列寧娜，妳有沒有這樣的想法？」

但是列寧娜哭了。「太可怕了，太可怕了，」她一遍遍重複說，「你怎麼可以這樣說話？一個人怎麼可能不想成為社會大集體的一部分？更何況，每個人都為別人工作，沒有他人我們將一事無成。即使 ε 族人……」

「我知道妳要說什麼，」柏納德嘲弄道，「妳會說：即使 ε 族人也是有用的！對嗎？我也是有用的，對嗎？我真他媽希望自己是沒用的。」

他瀆神一般的粗魯嚇壞了列寧娜。「柏納德！」她譴責他了，聲音聽起來既驚奇又悲痛，「你怎麼可以這樣！」

柏納德的回答卻用了另一種聲調，「我怎麼可以這樣？」他沉思著重複她的話，「不，真正的問題應該是：我不能這樣的原因何在？或者換種

說法 —— 因為畢竟我知道得很清楚為什麼我不能這樣 —— 假如我曾自由過，並不曾被制約，思想也不曾被奴役，那麼我是否可以這樣，這樣做又會有什麼結果？」

「但是，柏納德，你說的這些都是最大逆不道的啊！」

「列寧娜，難道妳不希望自己是自由之身？」

「你說的話我完全聽不懂。我是自由的呀。我很自由，可以盡情享受最美好的時光呀，而且如今人人都快樂。」

他忍不住笑起來，「妳說的太好了：如今人人都快樂。所有兒童在五歲的時候，我們就開始給他們快樂了。可是，列寧娜，妳不想體驗另一種形式的自由和快樂嗎？比如，以妳自己的方式，而不是以別人的方式？」

「你說的話我完全聽不懂，」她重複著剛才的話，然後轉身對柏納德說，「好了，柏納德，我們回去吧，」她懇求道，「我痛恨現在這個地方。」

「那麼妳是不喜歡和我在一起？」

「當然不是，柏納德。我只是說這個地方糟糕透了。」

「我本來以為，在這裡，我們會更親密，因為這裡只有大海與月光。我們應該比在人群中感到更多的親密，甚至比在我的房間裡更親密。妳明白我說的嗎？」

「我什麼也不明白。」她堅定地說。她不否認，她真的是完全不理解他。「真的一點都不明白，尤其是，」她換了副腔調，「當你頭腦裡竟然是這些可怕的胡思亂想時。你為什麼不吃點索麻？吃點索麻，你會忘記這糟糕的一切，你也不會再感到痛苦，相反你會快樂，極其快樂。」她重複著快樂這個單字，微笑著，露出她誘人、放蕩的諂媚姿態，雖然在她眼中困惑與焦慮不曾散去。

他沉默地望著她，面無表情，十分嚴肅。他是那樣一心一意地看著她

呀。幾秒鐘後，列寧娜躲避了他的目光。她很緊張，卻仍微微一笑，試圖說些什麼，卻無話可說。沉默便自行瀰漫開來。

終於還是柏納德開口，聲音很低，很疲憊。「那就這樣吧，」他說，「我們回去吧。」他狠命踩著油門，駕駛著飛機直衝雲霄。到達四千英呎的高空，他開啟了螺旋槳。在沉默中，他們飛行了一兩分鐘。突然，柏納德笑起來。

實在太奇怪了，列寧娜想，可是，這真的是他的笑聲。

「感覺好些了？」她鼓起勇氣問。

作為回答，他只是從操控桿上抬起一隻手，摟住她的肩膀，開始愛撫她的胸脯。

「感謝主福特，」她暗自想，「他終於正常了。」

半小時之後，他們回到了他的房間。柏納德一口氣吞下四顆索麻，開啟收音機、電視機，開始脫衣服。

「喂，」第二天下午，當他們在天臺碰面時，列寧娜刻意用淘氣的語調問道，「你覺得昨天如何，是不是玩得盡興？」

柏納德點點頭。他們爬進飛機。短暫顛簸一會，飛機起飛了。

「大家都說，我很豐滿。」列寧娜自省一般地說道，一面輕輕拍著自己的雙腿。

「確實豐滿。」柏納德說，可是在他眼中卻有一絲痛苦。像是肥肉，他想。

她抬頭看著他，似有些焦慮。「可是，你不會認為我過於肥胖了吧？」

他搖搖頭。你只是像許多許多的肥肉。

「你真的認為我很棒？」

他再次點頭。

「每個地方都很棒？」

「妳完美無缺。」他大聲回答。但是在內心深處，他卻告訴自己：「她就是這麼自我理解的，她並不介意自己只是一堆肥肉。」

列寧娜笑起來，像一個勝利者一般。可是，她自我滿足的太早了。

「只是，」柏納德猶豫一會，繼續說道，「我仍然希望，事情會以不同的結局出現。」

「不同的？」會有不同的結局嗎？

「其實，我本來不希望我們最後會上床。」他終於挑明。

列寧娜極其震驚了。

「我是說，我不想立刻和妳上床，至少不是第一天。」

「那麼到底是什麼⋯⋯」

他又開始長篇大論，她完全不懂，都是些危險的胡說八道。列寧娜竭盡全力，想把自己腦中的雙耳堵住，可是沒用。時不時地，一個句子就強迫她去聽。「⋯⋯我想看看控制自己的衝動會有什麼結果。」她聽到他說了這麼一句話，這些詞語似乎觸碰了她心裡的某根弦。

「及時行樂，何必改天？」她冷峻地說。

「從十四歲到十六歲半的時間裡，每兩週一次，每次重複二百遍。」這就是他的評論。然後他繼續他的瘋言瘋語。「我想知道，何為激情，」她又聽到這句話，「我想強烈地體驗某些事物。」

「當個體自作主張，社會將蹣跚混亂。」列寧娜指出。

「不錯，可是，為什麼社會就不能混亂一些？」

「柏納德！」她抗議了。

可是柏納德毫無羞恥。

「智力上、工作時是成人；表達情感、慾望時卻蠢如嬰兒。」

「主福特熱愛嬰兒。」

柏納德不顧她的插話。「不久前某天，我突然想到，一個人的言行舉止，可以從始至終都像一個成年人。」

「我根本不懂。」列寧娜的聲音都快僵硬了。

「我知道。因此昨晚我們才會上床，就像嬰兒一樣。若是成年人，我們不會這麼匆忙，我們更願意多些期待。」

「可我們不是很快樂嗎？」列寧娜固執地說。

「是啊，實在很快樂。」他回答道，可是，他的聲音如此悲傷，他的表情充滿如此深沉的痛苦，列寧娜感覺到了，於是，她短暫的勝利情緒隨即揮發殆盡。

或許，他終於還是發現，她過於豐滿了。

當她後來向范妮吐露心聲時，范妮就說了一句話：「我早就告訴過妳，他就是這樣的人，因為人家給他的血液替代品裡摻雜了酒精。」

「不管如何，」列寧娜固執地說，「我倒是真的喜歡他。他的手非常優雅，而且當他晃動他的肩膀時，別提有多迷人了，」她嘆了口氣，「可是，真希望他不是這麼古怪的人。」

二

在主管辦公室門前，柏納德略微停頓，深呼吸，挺胸，迫使自己能對抗即將到來的厭惡感。他知道，在主管辦公室裡，他一定會感受到這種厭惡感。他敲門，走進去。

「主管先生，請您簽字。」他盡量輕快地說，把請示公文放在主管的寫

字檯上。

主管狐疑地看著他。但是世界元首辦公室的印章蓋在公文上端，穆斯塔法・蒙德的簽名粗而黑，橫過公文的底端，程序無誤。主管只能簽字，他拿起鉛筆，寫下他名字的首字母，兩個又小又灰白的字母，孤苦伶仃地屈居穆斯塔法・蒙德簽名之下。他不發評論，也無意親切問候，正準備將請示公文返還給柏納德時，突然被請示文字中的某些內容吸引住了。

「到新墨西哥野人保留區？」他說，他的音調和他抬起來望著柏納德的臉色，皆顯出一種焦慮與不安。

主管的驚訝讓柏納德也感到驚訝，他只能點點頭。兩人都沉默了。

主管靠著椅背，皺起眉頭。「多久之前的事情了？」這話更像是自言自語，不像是對柏納德說的。「我猜是二十年前，或者二十五年之前，那時，我肯定像你這樣的年紀……」他嘆了一口氣，搖了搖頭。

柏納德感到很不舒服。身為主管，這樣一向循規蹈矩，謹慎為人，從不出錯的人，現在說出來的話，卻有些顛三倒四。這使他想要把自己的臉藏起來，或者直接跑出房間。並不是他對旁人談及遙遠的舊事一定就反感 —— 對過去的反感本來就是他已經去除（他認為是這樣）的睡眠教育中的偏見之一。令他選擇迴避的原因在於，主管本來是反對憶舊的，可是現在，他倒自己犯賤，談論起觸犯禁忌的事情來。主管內心被什麼衝動控制了？縱使高興，柏納德還是很熱切地聽主管憶舊下去。

「那時，我也有和你一樣的想法，」主管說道，「想去看看野人。於是，我得到了允許，前往新墨西哥，去度過我的暑假，當時正約會的女孩陪我一起去。她是一個副 β 族人，我想，」這時他閉上了眼睛，「我想，她的頭髮是黃色的，她很豐滿，非常豐滿，我仍然記得這點。我們到了那裡，也看到了野人，我們騎在馬背上，我們把該玩的都玩了。然後，幾乎就在我要離開前的最後一天……她失蹤了。當時我們騎馬往一座險惡的山

上去，天氣酷熱，令人窒息，午飯後，我們睡覺了，至少我是睡著了。她肯定是獨自一人出去走一走，不管真實情況如何，最後的情況是，我一醒來，發現她人不在。與此同時，雷電交加，劈頭蓋臉而來，這是我一生所見過的最恐怖的暴風雨。雨水傾瀉而下，風雷在咆哮，閃電剪下著天空。馬匹受驚，掙脫韁索而去。我撲過去，本想把馬攔住，卻只弄傷了膝蓋，以至寸步難行。即使如此，我仍然四處搜尋，呼喊她，尋找她。可是到處都看不到她的身影。當時我想，她恐怕是獨自回休息站去了，所以，我就沿原路返回，連滾帶爬，下到山谷。我的膝蓋非常疼痛，索麻也被我弄丟了。到達山谷，我花了很長時間，直到後半夜，我才終於到達休息站。而她並不在那裡。她不在那裡。」主管重複著這句話。

兩人都沉默了。

直到主管繼續講他的過去。「第二天，大家都去尋找，但是沒人發現她的蹤跡。她肯定是摔倒在某處水溝裡，或者被一頭美洲獅吃掉了。只有主福特知道。這件事實在太可怕了，那時的我極其痛苦，我敢說，恐怕有些過度痛苦了。因為，畢竟這是有可能發生在每個人身上的意外，再說了，不管社會肌體的每一個細胞如何變化，社會肌體本身將青春永駐。」可是，看樣子這句睡眠教育裡的安慰話並沒有產生明顯的效果，主管還是搖著頭，「有時我真的會做噩夢，想到這件事，」他低聲說道，「夢到自己被雷鳴驚醒，發現她一去無蹤影；又夢見自己在樹林裡，一次又一次地尋找她。」他深深陷入對往事的回憶中。沉默再次降臨。

柏納德幾乎帶著嫉妒心評論說，「那麼你一定非常震驚。」

他的聲音使主管立刻意識到自己目前身在何處，他意識到自己在犯罪，便掃了柏納德一眼，又立刻轉移了目光，面色發紅，卻一臉陰沉。他再次看了柏納德一眼，心頭突然起了疑心，自尊心的作用使他怒火中燒。「千萬不要以為，我和那女孩有什麼苟且之事，我們之間絕無情感，絕無

牽掛，我們之間關係非常健康，非常正常。」他隨手將請示公文遞給柏納德。

因為將如此不堪的祕密洩露給別人，他對自己也很惱火，並將怒火發洩在柏納德身上。現在他的眼神中袒露無遺的，都是怨恨。「現在，馬克斯先生，我願意借這個機會告訴你，有關你工作之餘時間裡的行為報告，我看了極其不滿意，你會說這與我無關，但是我告訴你，這跟我有關係。在中心裡我名聲很好，我的手下都必須是無可挑剔的，尤其是那些高階種姓的人。α族人制約已經完成了，他們在情感行為中無需表現出嬰兒之心，但是正因如此，他們更需刻意遵從社會規範；情感行為嬰兒化，是他們的責任，即使這會違背他們的習性。所以，馬克斯先生，我善意地警告你，」說著說著，主管的聲音由義憤填膺轉而變為純粹的客觀公正——這樣的態度代表了社會對馬克斯行為的否決，「若我再聽說你有任何違背嬰兒化標準禮儀的退化行為，我將會把你調到中心的下層機構去——最好是冰島。好了，請便吧。」他一邊旋轉著椅子，一邊拿起鉛筆，開始寫什麼東西。「足夠教訓這小子了。」他心想，但他想錯了。

實際上，柏納德離開房間時，可以說是大搖大擺、趾高氣揚的呢，他顯得非常高興，砰一聲關上門，滿心都以為他在這世上是獨一無二的，並且儼然在對世界秩序發出「挑釁」。他因自己地位的重要而欣喜、沉醉，即使主管的威嚇亦不能使他洩氣沮喪，反倒更像是在鼓舞他的氣勢。他深感自己足夠強悍，可以面對迫害且克服困難，即使面對流放冰島的危險也無所畏懼。而他一生從不真正相信會有人要求他「挑戰」任何事物，想到這裡，他的自信更加爆發。要知道，從沒有人僅僅因為類似的「挑戰」而被下放——冰島只不過是個威脅的藉口罷了，這威脅甚至是極其振奮人心，令人提神的呢。沿著走廊獨自走著的時候，他居然吹起了口哨。

隨後他在評論此次與主管的會面時，把自己描述得像個英雄一樣。

「於是，我不屑地對他說：到你自己記憶的深淵裡撿那些腐爛的穀子吃吧，然後大步出了大門。事情就是如此。」他說完，定睛看著赫爾默斯・華生，期待他的肯定、鼓勵、崇敬。結果，赫爾默斯・華生只是靜坐著，看著地板，一言不發。

他喜愛柏納德。在他認識的人中，當他想傾訴自以為重要的事情時，柏納德是唯一的聽眾，對此他很感激。雖然如此，但在柏納德言行之中，他亦發現有些東西是他深惡痛絕的，比如類似剛才這樣的炫耀，以及隨之而來的間歇性的自憐自艾；又比如柏納德事後逞英雄的可悲習慣，以及人不在現場卻慣於顯擺他無窮的高見。他憎惡這些，其實是因為他真的喜愛柏納德。時間一秒一秒地過去，赫爾默斯仍然靜靜望著地板，突然，柏納德臉紅了，悄然離開。

三

旅途風平浪靜。「藍色太平洋」號火箭在紐奧良提前兩分半鐘起飛，在德克薩斯半空因龍捲風延誤了四分鐘，但在西經九十五度區域，進入平流層，飛行順暢，因此，到達聖塔菲 [150] 時，只誤點了四十秒。

「行程六個半小時，卻只誤點四十秒，已經相當不錯了。」列寧娜說。

當晚，他們即在聖塔菲入睡。旅館很棒（與其他某些旅館相比更是無與倫比的好，比如，上個夏天列寧娜曾入住其中卻備受折磨的極光博拉宮）：溼潤的空氣、電視、真空震動按摩機、收音機、滾燙的即溶咖啡、催情的避孕劑，還有每個房間都安裝的八種香精。當他們一走進大堂，合成音樂播放器即開始啟動，一切看來都完美無缺。電梯旁邊貼的告示寫道，在酒店裡，有多達六十個電梯壁球比賽場，在公園裡，還可以玩電磁高爾夫、障礙高爾夫。

---

[150]　聖塔菲（Santa Fe），美國新墨西哥州的州府。

「啊，聽起來棒極了，」列寧娜叫道，「我真喜歡我們可以在此常住。有六十個電梯壁球比賽場呢……」

「在野人保留區，一個都不會有，」柏納德提醒她，「也沒有香精、電視，甚至連熱水都沒有。假如妳感覺忍受不了，妳就在這裡待著，等我回來。」

列寧娜感覺受辱，反駁道：「我當然可以忍受，我只是說這裡很棒，因為……因為進步讓生活更美好，不是嗎？」

「這句話，從十三歲到十七歲，每週五百次重複。」柏納德無奈地說，有點像自言自語。

「你說什麼？」

「我說進步讓生活更美好，因此妳不是一定要去野人保留區，除非妳真的想去。」

「我當然想去。」

「那很好。」柏納德說，聽起來倒像是在威脅似的。

他們進入保留區需要保留區看守所所長的簽字。第二天早上，他們前往所長的辦公室，以做說明。一個副 ε 族黑人守門人接過柏納德的名片，很快，所長就請他們進來，此人是副 α 族人，白膚、碧眼、金髮、頭顱很短、身材矮小、紅潤、圓臉、寬肩膀，說話時嗓門洪亮，睡眠教學中的名言張口就出。他那肚子裡，還有無數多餘資訊、各種義正嚴詞，你不用說，他就主動開口，口若懸河，隆隆隆隆地響個不停。

「……五六萬平方公里，四個分割區域，每個分割區域都建了一圈高壓鐵絲網。」

此時，柏納德突然莫名想起來，旅館浴室裡的古龍香水水龍頭忘記關了，香水白白流淌。

「……利用科羅拉多大峽谷的水流進行水力發電。」

「在我返回之前，我要損失一大筆錢了。」柏納德想，冥冥中似乎能看見香水流量表上的指標，像螞蟻一樣不知疲倦地一圈又一圈地慢慢爬行。

「快點打電話給赫爾默斯·華生。」

「……超過五千公里的鐵絲網都通了六萬伏特的高壓電。」

「不要嚇我哦。」列寧娜禮貌地說，其實對所長所言根本就沒放在心上，只是在所長誇張的停頓時下意識地回應一句。所長剛開始說話，她就已經神不知鬼不覺地吞服了半克索麻，結果她就坐下來了，安安靜靜的，其實不但耳朵聽不到人聲，大腦也是一片空白，單單將自己那雙湛藍的大眼睛盯著所長的臉看，表情倒像是全神貫注呢。

「如果碰到鐵絲網，立刻就死翹翹了，」看守所所長鄭重地說，「保留區裡的野人，誰都別想逃出來。」

逃這個字眼令人引人聯想。「或許，」柏納德半立半坐的樣子，說道，「我們該走了。」想像中香水流量表上的那個指標已經一路小跑，像一個蟲子，一步步咀嚼著時間，吞噬著他的錢。

「絕對不可能逃亡，」看守所所長重複道，揮手請柏納德坐回椅子上。既然所長還沒有在參觀申請單上簽字，他別無選擇，只得聽命。

「出生在保留區裡的人 —— 記住，親愛的小姐，」他補充說，一面色迷迷地看著列寧娜，聲音變得像是在跟人竊竊私語，「一定要記住，在保留區裡，孩子們仍然是生出來的，是的，是母體直接生產，這種噁心的事情看起來似乎……」他本來指望提及這種下流的事情會讓列寧娜臉紅起來，不料列寧娜只是微笑，假裝明白他在說什麼，還來了一句：「不要嚇我哦。」所長失望了，只得繼續說道：「那些在保留區裡出生的人，注定也要死在那裡。」

注定死去⋯⋯每分鐘可是十分之一公升的古龍香水在流淌呀。一個小時可就是六公升呢！

「或許⋯⋯」柏納德再次試著打斷，「我們必須⋯⋯」

身體前傾，所長用食指敲擊著桌子，「你們問我，保留區裡住了多少人，我的回答是，」說到這裡，他表現出得意的神情來，「我們不知道準確數字，我們只是猜猜。」

「不要嚇我哦。」

「我親愛的小姐，我說的可是真的。」

六乘上二十四，不，應該是六乘上三十六更貼近。柏納德臉都白了，他因不耐煩而顫抖。但是所長嘰裡哩呱啦依然冷酷無情地繼續說著。

「⋯⋯大約是六萬個印第安人或混血兒⋯⋯純粹的野人⋯⋯我們的巡查員定期拜訪⋯⋯否則，他們將毫無機會與文明世界接觸⋯⋯他們仍然保留著令人噁心的風俗習慣⋯⋯比如婚姻 ── 假如小姐知道這個詞，家庭⋯⋯他們沒有被制約⋯⋯超級迷信⋯⋯基督教、圖騰崇拜、祖先信仰⋯⋯某些消失的語言還在使用，比如祖尼語 [151]、西班牙語、阿薩巴斯卡語 [152]⋯⋯美洲豹、豪豬還有其他一些殘忍的野獸⋯⋯傳染病⋯⋯神父⋯⋯毒蜥蜴⋯⋯」

「不要嚇我哦。」

他們終於離開了。柏納德衝到電話前。急啊，急啊，他居然花了近三分鐘才轉接到赫爾默斯・華生的房間。「我們倒像是已經來到野人中間了，」他抱怨說，「見鬼了，真他媽的無能！」

「要不來一克？」列寧娜建議說。

---

[151] 祖尼語，居住在美國新墨西哥州西部的普韋布洛印第安人所用語言。
[152] 阿薩巴斯卡語，北美大陸一系列原住民語言的統稱。

他拒絕了，他寧願自己處於憤怒之中。

感謝主福特，電話終於接通了，真的是赫爾默斯在接電話。他向赫爾默斯解釋了自己客房裡淋浴間的問題，赫爾默斯答應立刻去把香水龍頭關掉，但在離開電話之前，赫爾默斯還是抓緊時間告訴柏納德，昨天晚上主管當著眾人的面說了柏納德的壞話。

「什麼？他想找人頂替我的位置？」柏納德惱火地說，「他已經決定了？他有沒有提到冰島？你真的聽到他說了？主福特啊！冰島……」他掛掉電話，轉過來看著列寧娜，他臉色蒼白，神情極其沮喪。

「你怎麼了？」她問道。

「怎麼了？」他沉重地坐到椅子上，「我要被派到冰島去了。」

曾經，他時常在想，若是遭受巨大的考驗（既無索麻也無其他可以依賴，只有自身內在的力量可以依託），或痛苦，或懲罰，他甚至渴望被折磨。早在一週前，在主管先生的辦公室，他曾想像自己可以勇敢地抵抗，也可以堅忍地接受苦難，一句怨言都無，主管的威脅其實反令他高興，使他感覺自己宛如英雄。現在他知道了，這僅僅是因為他不曾認真考慮這些威脅，他本不相信事情會真的發展到那一步，主管先生真的會把威脅付諸行動。而現在，威脅即將成真，柏納德終於驚恐了，他那幻想的堅忍、他那理論上的勇氣，轉瞬煙消雲散。

他恨自己。你真是一個蠢貨！還想與主管作對！可是為什麼不再給他一次機會，這不公平。再給他一次機會啊，他堅信，他本來就打算採取行動取悅主管的。而現在是冰島，冰島啊……

列寧娜搖搖頭，引用道：「過去未來令我噁心，一克索麻令我活在當下。」

最終，她說服柏納德吃了四顆索麻。果然，五分鐘之後，種子般的過

去、果實般的未來皆從頭腦中消失，單單那玫瑰色的花朵怒放當下。

守門人通知他們，根據看守所所長的意見，一名保留區警衛已經駕駛飛機過來，正在賓館天臺恭候他們。他們立刻上到天臺。警衛有八分之一的黑人血統，身著 γ 族綠色的制服，向二人致意，並當即背誦起當日上午的行程安排：首先空中鳥瞰十或十二個主要的印第安村莊，然後在瑪爾普山谷 [153] 降落吃午餐，此山谷裡的休息站相當不錯，山谷之上，瑪爾普村子裡正是野人慶祝夏日豐收的時候，他們或許能親眼目睹，因此，在此過夜實在是最佳的方案。

他們上了飛機，十分鐘之後，他們越過了文明世界與野蠻世界的分界線，地勢上下起伏，經過鹽鹼地、沙漠、森林，飛進紫羅蘭遍布的峽谷，飛過峭壁、山峰、桌面一般平整的臺地，到處都可見到筆直蔓延的柵欄，無可阻擋，那是人定勝天的象徵。柵欄之下，隨處皆能看到白骨森森。一具尚未腐爛的屍體已經焦黑，躺在褐色土地上，屍體所在之地招來鹿、牛、美洲獅、豪豬、郊狼，或貪婪的美洲鷲，它們被腐肉的味道吸引，卻因過於靠近這致命的柵欄，遭致高壓電流之擊。貪婪者必受滅頂之災，這倒像是詩歌裡描述的公正審判呢。

「牠們根本就不知道，」身著綠色制服的飛行員指著地上的白骨說道，「而且牠們永遠都不會知道。」他重複了這句話，不覺大笑起來，似乎在與這些被電擊而亡的畜生的較量中他取得了某種勝利。

柏納德也笑了。吃完兩克索麻，不知何故，他感覺飛行員的笑話真的很好笑。剛一笑完，他就昏然睡去，在睡眠中一路經過陶斯、特斯闕、南比、皮庫瑞絲、婆鳩闕、西亞、奇蒂、拉古納、阿科馬、恩長美薩、祖尼、西波拉、歐荷卡勒真泰 [154]，醒來時，發現飛機已經著陸，列寧娜提

---

[153] 瑪爾普山谷，位於美國西南部的熔岩區。
[154] 上述均為印第安村莊名。

著手提箱，正走進一間方形的屋子，而身著綠色制服的飛行員正與一個年輕的印第安人說話，不知所云為何。

「瑪爾普已到，」當柏納德從飛機裡下來時，飛行員解釋說，「這裡是休息站，今天下午在印第安村莊裡，會有舞蹈表演，這個人會帶你去。」於是指著那個一臉陰鬱的年輕野人。

「我希望會很有趣，」飛行員撇嘴一笑，「好在這些傢伙做什麼都很有趣。」說完他就爬進飛機，開動引擎。「我明天過來接你們，記住，」他安慰列寧娜說，「野人其實都很溫順，他們不會傷害你們，毒氣彈給了他們足夠的教訓，他們不敢玩什麼花樣。」說完他又笑起來，然後啟動直升機的螺旋槳，飛機加速，一飛而去。

第七章

　　他們看見好幾條煙柱，因為無風，垂直上升，卻終於在半空散盡。

　　「詭異，好詭異。」列寧娜說。她責備時總喜歡用這個詞。「我不喜歡這裡，也不喜歡這個人。」她指著印第安導遊說。這個導遊受命要帶他們到村莊裡去呢，顯然，他的感受與列寧娜相比也一般無二，就看他在前面帶路，整個後背都表現出敵意。他是陰鬱的，而且對兩人的來訪十分輕視。

　　「此外，」她低聲說，「他有一股難聞的味道。」

　　柏納德無意否認。

　　他們便跟著走。

　　突然，他們感到整個空氣似乎都變得充滿活力，連帶著他們的脈搏也因血液永不疲倦地流動而加速。遠遠聽到上面的瑪爾普村莊裡，鼓聲隆隆作響。他們的雙腳感應著這片神祕的土地心跳的節奏，不知不覺加快了腳步。道路通往一處懸崖的山腳，頭頂之上是那巨大的臺地，像船體一樣高聳，兩地相距有三百英呎的距離。

　　「真希望我們坐飛機過來。」列寧娜說。她抬著頭，怨恨地看著岩壁上懸垂著的蒼白的岩石立面，「我討厭步行。而且頭上有座山，人卻站在山腳，你會變得很渺小。」

　　在頭頂臺地巨大的陰影之中，他們繼續前行，繞過一處凸起的岩石，他們看到一個河水侵蝕出來的小溝壑，旁邊則是一座升降梯。他們朝上面爬。此路非常陡峭，梯子在岩壁兩邊「之」字形曲折上升。

有時，鼓聲的節奏幾乎要聽不見了，其他時候，鼓聲卻似乎就在身邊奏響。

他們爬到了半山腰，這時一隻鷹從他們身邊飛過，牠如此靠近他們，其翅膀的搧動使他們臉上感到了一陣寒冷。在一處岩石的裂縫中，他們看到了一對白骨。這一切都太詭異，令他們倍感壓抑，而印第安導遊身上的味道也越來越難聞。終於，他們走出了山溝。滿目都是陽光。此時去看那臺地，其頂部就像是石頭製成的一塊甲板。

「就像是碳化 T 塔。」列寧娜評論道。看見似曾相識的事物實在令人安心，但是她還來不及多欣賞，就聽到一陣輕盈的腳步聲。他們回頭一看，兩個印第安人正沿路跑過來。這兩個印第安人，從脖子到肚臍都是赤裸的，棕黑色的身體上塗抹著白色的線條（列寧娜後來描述說，「像瀝青網球場」），其面部因塗上猩紅色、黑色、紅褐色而顯出殘忍，黑色的頭髮則用狐皮和紅色的法蘭絨布條編成辮子，火雞羽毛織成的斗篷在肩膀後面飄動，巨大的羽毛王冠在他們頭頂俗麗地顛動，伴隨著每一步，他們的銀手鐲、沉重的項鍊（是由骨頭和綠松石串成）都在叮噹作響。他們跑過來，一言不發，腳下的鹿皮軟鞋無聲無息。其中一人手持羽毛刷子，另一人遠看每隻手上都握著三四根很粗的繩子，其中有一根繩子不安地扭動著。突然，列寧娜看清了，那不是繩子，是蛇。

這兩人漸漸靠近，他們黑色的雙眸看著列寧娜，卻似乎又當她不存在。只見扭動的蛇鬆軟地垂下來，像其他的蛇一樣。

他們就這樣跑過去了。

「我不喜歡這一切，」列寧娜說，「我不喜歡這一切。」

當他們到達村子入口時，她更不高興了，因為他們的導遊把他們丟在門口，自己到村子裡打探消息。眼見的是爛泥、堆積的垃圾、塵土、狗、蒼蠅。她的臉因厭惡而扭曲，一臉嫌惡。她拿出手帕遮住了自己的鼻子。

「他們怎麼能住在這種地方？」她義憤填膺地指責道，聲音中滿是懷疑。（這不可能！）

柏納德聳聳肩，像一個哲學家一樣無所謂。「無論如何，」他說，「在過去的五六千年裡，他們一直就是這樣生活。所以，我猜他們早就習慣了。」

「但是，清潔之人才能靠近主福特啊。」她固執地說。

「是的，還有一句呢：文明就是消毒，」柏納德語帶嘲諷，接著他的話又引用了睡眠教育《初級衛生學》裡的格言，「不過，這些人可從來沒有聽說過主福特，他們可不是文明人，所以，討論他們清潔與否毫無意義……」

「啊，」她突然抓住了他的手臂，「快看。」

只見一個近乎全裸的印第安人，正從附近一處房子的一樓的陽臺沿著梯子往下爬，他的動作緩慢，一個橫檔一個橫檔地下降，極其小心。是一個年紀很大的老人，臉上皺紋深深密布，膚色炭黑，這張衰老的臉就像是一個黑曜石面具。他的牙齒全部掉光了，嘴深深凹陷。唇角邊上，兩頰處各有幾根長長的白色的鬚毛，在黑色的皮膚上微微閃光。他的長頭髮披散著，一縷縷灰白的髮絲掛在他的臉上。他的身體是駝著的，瘦得皮包骨，幾乎看不到一丁點肉。他極其緩慢地下了梯子，在每一階橫檔他都要停一下才敢踏出下一步。

「這個人什麼毛病？」列寧娜低聲說。她的眼睛因恐懼和驚奇而睜大了。

「不過是年紀大了。」柏納德回答說，盡量顯得平靜。其實，他自己也十分驚恐，但是還是努力顯出不為所動的態度。

「年紀大？」列寧娜重複著，「但是主管先生年紀也大了，其他許多人

年紀也大了，卻沒有人像這個人這樣。」

「那是因為，我們的文明世界不允許人變得這樣衰老。我們讓人們遠離疾病，我們讓所有人的內分泌系統始終處於年輕人才有的那種平衡狀態，我們不允許人們身體內的鎂鈣比例低於三十歲時的水準，我們給人們換上年輕的血液，我們確保人們的新陳代謝系統永遠活躍。正因如此，我們誰都不會像這個人那樣老。或許也有可能，」柏納德補充說，「在我們的文明世界裡，絕大多數人在到達這個老傢伙的歲數之前就死去了。我們的人六十歲之前幾乎永保青春，然後，咔嚓！生命就消失了。」

但是列寧娜根本沒有在聽。她一直看著那個老人，他往下爬，緩慢地，緩慢地。他的腳終於著地，然後慢慢轉身。只見他深深凹陷的眼窩裡，兩隻眼睛依然特別明亮。他看著列寧娜，長久地看著，臉上平靜，毫不驚訝，似乎她並不存在。然後，緩慢地，這駝背的老人蹣跚著經過他們，不見了。

「可是這太可怕了，」列寧娜低聲說，「簡直是恐怖。我們不應該來這裡的。」她手伸進口袋，尋找著索麻，結果發現，因為疏忽（以前從來沒有發生過這樣的事情），她居然把索麻藥瓶掉在休息站了。柏納德的口袋裡一樣空空如也。

列寧娜不得不在毫無保護的情況下，面對瑪爾普村的種種恐怖。這些事物頻頻朝她湧來。

她看見了兩個年輕的婦女，正在替她們的孩子餵奶，她的臉立刻通紅，便轉過臉去。在她的人生中，她從沒有見過如此下流的事情。讓她感覺更糟糕的是，看到此情此景，柏納德不僅沒有機智地視而不見，相反卻公然討論這胎生的場景，實在是太噁心了。索麻的效力已然衰退，想到早晨他在旅館表現出來的軟弱，柏納德感到了羞恥，於是，他刻意表現出強硬、蔑視正統的一面。

「看啊，這是多麼溫馨親密的關係啊，」他說，刻意用一種粗暴的語氣，「如此會造成何等強烈的情感！我常常想，因為沒有母親，一個人到底失去了多少東西啊！列寧娜，也許因為沒有機會做母親，妳也損失了好多東西呢！想想看，妳坐在那裡，懷抱著自己的小寶貝⋯⋯」

「柏納德！你怎麼敢這樣說話！」列寧娜憤怒地叫道。但是，一個患有眼疾和某種皮膚病的老婦人恰好經過，吸引了列寧娜的注意力。

「我們走吧，」她乞求道，「我不喜歡這一切。」

但是就在此時，導遊過來了，招手要他們跟上，於是引領著他們，沿著一條狹窄的街道前行，街道兩旁都是房子。他們拐過一個街角，看見垃圾堆上有一條死狗，一個甲狀腺腫大的婦人正忙於在一個小女孩的頭髮裡尋覓蝨子。導遊停在一架梯子旁，舉起手，直指著梯子。他們聽從了導遊的手語，爬上梯子，穿過門洞，進入一個窄而長的房間，內裡黑暗，煙、煮著的油脂、破舊而長期不洗的衣服，瀰漫著某種味道。房間另一側，還有一個門洞，穿過門洞，見到一束陽光射進來，響亮的鼓聲近在耳邊。

他們跨過門檻，來到一個寬闊的陽臺，陽臺下是村子的廣場，被周邊較高的房子圍住。此時，廣場上擠滿了印第安人。滿目皆是：鮮豔的毛毯、黑髮上的毛羽、閃爍的綠松石、發亮的黑膚。列寧娜再次用手帕捂住了鼻子。在廣場中央開闊之地，有兩個圓形的平臺，用石頭和黏土混築而成，這兩個圓臺明顯是地下室的屋頂，因為每個圓臺的中央，皆有一個天窗，其中各有一架梯子從黑暗的地下伸出來。隱隱能聽到地下有長笛演奏的聲音傳來，卻幾乎被那持續不斷的鼓聲所遮蔽。

列寧娜愛那鼓聲。閉上眼睛，她任由自己被那溫柔重複的鼓聲包圍，使自己的意識越來越徹底地被鼓聲牽引，以致最終世上只有一種東西存在，即是那深沉、脈搏一樣跳動的鼓聲。這鼓聲使她欣慰地聯想到在「團結儀式日」和「主福特紀念日」上奏響的合成音樂（因二者節奏近乎一

樣),「喔奇潑奇」,她喃喃自語。

突然爆發出一陣歌聲,乃是上百個男性的嗓音,以重金屬一樣的和聲,猛烈地喊唱,忽而又哼唱著幾個長長的音符,忽而又是沉默,鼓亦停歇,有如雷霆蓄勢之前的安靜。然後,尖叫聲響起,像馬的嘶聲一樣,高聲洶湧而來,這是女性的嗓音應和了。於是,鼓聲又響起。然後又是男性深沉的歌聲,他們以最粗野的聲音認證著自己雄性的力量。

詭異嗎?是的。這地方就詭異,這音樂也詭異,眾人的衣服也很詭異,甲狀腺腫大、皮膚病、老人都詭異。但是這表演本身,卻毫無詭異可言。

「這場表演讓我想起低等種姓的社會合唱。」列寧娜告訴柏納德。

可是一下子之後,她就不想再將這場演出與「社會合唱」這種無傷大雅的功能連繫在一起了。因為,突然之間,從圓形的地下室裡爬出來一支鬼怪的隊伍,戴著駭人的面具,塗著妖異的色彩,看不出一絲人性。這隊伍圍繞著廣場踩著,跳著,像是跛子的舞蹈,一遍又一遍地轉著圈,一邊跳,一邊唱著歌。轉圈的速度越來越快,鼓聲也隨之變化,節奏越來越快,致使耳朵內像有一股熱流在不斷衝擊。觀眾們已經開始跟著舞蹈者一起歌唱,聲音也越來越大。接著,聽到第一個女人尖叫的聲音,然後一個又一個女人都開始尖叫起來,彷彿她們就要被人殺死了一樣。突然,領舞者離開了舞蹈圈,跑到廣場頂頭一個木櫃子處,開啟蓋子,抓出兩條黑蛇。人群中爆發出尖叫,其他所有舞者於是全部跑到領舞者身邊,他們的手皆張開著。領舞者將蛇丟給最先跑過來的舞者,然後伸手到櫃子裡,抓出越來越多的蛇,有黑的,有棕色的,有花斑的,他把牠們全丟了出去。

然後,舞蹈的音樂節奏變化了。舞者們抓著蛇,一圈一圈地旋轉。就像蛇一樣,他們的膝蓋、屁股上下起伏。一圈又一圈。突然,領舞者給出訊號,於是,舞者們一個接一個地把蛇甩到廣場中央。一個老人從地下室

爬出來，向蛇撒播玉米粉；另一個地下室天窗處，爬出來一個婦人，抓著一口黑罐，向蛇群中灑水。老人於是舉起手，只聽萬籟俱寂，世界恐懼。鼓聲停止，生命似乎走到盡頭。老人的手又指向兩個通往地下室的天窗，於是，從一個天窗裡緩慢地舉出一隻彩繪的鷹，乃是被地下室裡看不見的手所舉；從另一個天窗裡，則出來一個人的形象，此人赤裸，被釘在十字架上。兩幅形象於是立在那裡，好似自己立在那，彷彿在觀望。老人開始鼓掌，只見一個十八歲左右的男孩從人群中跳出來，除了一塊棉質的遮羞白布，他近乎赤裸，這男孩走到老人身邊，他雙手交叉放在胸前，頭深深彎下。老人在男孩頭頂做了一個十字架的手勢，然後走開了。於是，這男孩慢慢地，慢慢地圍著廣場上糾纏成一堆的蛇群步行，他走完了一圈半的時候，從舞者中出來一個高個的男人，此人戴著·張郊狼的面具，手上抓著一條鞭子──是用編織的皮革做的──向男孩走來。

但男孩卻無視他的存在，依然自行其道。帶著郊狼面具的男人舉起他的鞭子，眾人屏息以待，許久之後，他迅速抽動，鞭子的呼嘯聲、抽打在身體之上那響亮卻沉悶的迴音，流傳在人群之中。男孩的身體開始顫抖，但他依然沉默，依然保持剛才緩慢、平穩的步伐繞著圈子。於是，帶著郊狼面具的男人一鞭又一鞭，每一鞭都令眾人先倒吸一口氣，然後深深嘆息。男孩繼續繞著圈子，兩圈、三圈、四圈。

血液流淌。

五圈、六圈。

突然，列寧娜捂住自己的臉，開始啜泣。「啊，停住吧，停住吧。」她哭泣著，懇求著。但是鞭子卻無情地甩下。第七圈了。突然，男孩步履蹣跚起來，他一言不發，一頭栽倒在地。老人彎下腰，用一根很長的白色羽毛碰觸男孩的背部，等了一會兒，羽毛變紅，此情此景大眾都能見到。然後，老人將這羽毛三次在蛇群上方揮過，有幾滴血跌落。突然之間，鼓聲

再次響起，節奏迅疾，彷彿恐怖；隨之有人高聲呼喊。舞者們衝上前，將蛇撿起，然後跑出廣場。男人、女人、孩子，所有的人，皆尾隨著舞者們狂奔而去。一分鐘之後，整個廣場已經空無一人，單單留著那個男孩，躺在地上一動不動。從一處房子裡走過來三個老婦人，她們吃力地將這男孩抬起，運到房子裡去。此時只有鷹和十字架上的男人還在守衛這空蕩蕩的村莊，然後，或者是因為已經看夠這場景，它們皆緩慢下降，退入天窗，終至不見，沒入黯黑世界。

列寧娜仍在啜泣。「太可怕了。」她不停地說。無論柏納德如何安慰，皆屬無用。「太可怕了！那是血啊！」她身體在顫抖，「天啊，要是有索麻多好。」

此時，室內深處有腳步的聲音。

列寧娜一動不動，單是坐著把臉埋在雙手裡。她不願意看週遭，寧願置身事外。

柏納德轉過了身。

走進陽臺的年輕人從穿著來看是一個印第安人。但他梳成小辮子的頭髮卻是淡黃色的，他的眼睛則是一種淡藍色，他的皮膚則是淺白的，但被晒成了古銅色。

「你好，早上安。」這陌生人說，其所用的英語語意無誤，但措辭怪異。「你們是文明的，對嗎？你們來自『那個世界』，我聽說，是從保留區外面進來？」

「你究竟是誰……」柏納德驚訝地問。

年輕人嘆一口氣，搖搖頭。「一個非常不開心的紳士。」然後指著廣場中央的血跡，說道，「你們看見那見鬼的場景了？」他問話時，情緒激動，聲音顫抖。

「一克藥總比見鬼好，」列寧娜機械地回應道——乃是從雙手裡發出的聲音，「要有索麻多好。」

「本來應該是我在那，」年輕人繼續說道，「但他們竟不讓我做犧牲？為何？我曾經能走個十圈，十二圈，甚至十五圈，帕羅維塔才走了七圈嘛。他們要選我，我身上出的血都要比他多一倍，『像紅色海洋滾滾』[155]。」他甩著手臂，幅度誇張，卻很快就沮喪地放下了，「但是，他們就不讓我做那事，我膚色他們究竟不喜歡的。總是這個樣子。總是。」這年輕人眼眶已經溼潤，他感到恥辱，試圖走開。

事出突然，列寧娜竟因詫異而忘記沒有索麻這回事了。她挪開手，第一次打量這個年輕人。「你剛才是說，你希望被人鞭打？」她問。

年輕人雖然在遠離列寧娜，卻還是給出了肯定的示意。「自然，是為了村莊，為了可以下雨，玉米豐收，為使普公和耶穌歡悅。而且，我便展示給人看，我可以承受痛苦，連哭都不會。」此時，他的聲音變化，共振感加強，便傲然挺起胸膛，下巴驕傲地揚起，「終於證明我是一個男人……哇。」他突然喘了一口氣，大張著口，沉默起來。

原來，這是他這輩子第一次見到一個女人不是巧克力色的皮膚，也不是狗皮模樣；其頭髮並非赤褐色，也不是自然捲；其表情竟是一種關切（實在驚奇，前所未見！）。列寧娜對他微笑，這男孩漂亮極了，她心想，真的很漂亮。年輕人的臉卻迅速紅了，他低下眉目，卻忍不住抬起來又看她，看她是否仍在對他微笑，但又不得不強迫自己把視線轉到廣場的一角，裝作在看什麼東西一樣。

柏納德的問題分散了他的注意力。你是誰，怎麼過來的，什麼時候過來的，從哪裡來？

年輕人盯著柏納德的臉（因為他如此熱烈地渴盼著看到列寧娜對他微

[155]　語見《馬克白》第二幕。按：本書中所有引用莎士比亞的字句，皆出自本書譯者，在此說明。

笑，卻轉而不敢看她一眼），試圖解釋自己的來歷。琳達──他的媽媽（列寧娜聽到這個詞非常不舒服）──和他在保留區是陌生人，琳達多年以前和一個男人是從「那個世界」來到了保留區的，那時他還沒有出生，那男人是他的父親。（聽到這裡柏納德豎起了耳朵。）琳達早年有一次在群山裡獨自漫步，一直往北邊走，卻滑下一個陡坡，傷了她的腦子。（「繼續說啊，繼續說。」柏納德激動地說。）瑪爾普村的幾個獵人發現了她，把她帶回了村子。至於那個男人也就是他的父親，琳達此後再沒有見到過，他的父親名叫「托馬親」。（正確發音是托馬斯，正是主管先生的姓呀。）他一定飛走了，飛到「那個世界」去，丟下琳達不管，所以，「托馬親」是一個壞人，無情、反常。

「我就是這樣出生在瑪爾普，」年輕人說，「就是此地的瑪爾普。」他搖了搖頭。卻是住在村莊邊緣一個又小又髒的房子裡，這房子與村莊隔著一堆塵土和垃圾。兩隻飢腸轆轆的狗嗅著門口的垃圾，一副猥瑣模樣。當他們進入房子時，看到屋內光線黯淡，聞到一股惡臭，蒼蠅群飛。

「琳達！」年輕人叫道。

從裡屋傳來一個非常嘶啞的女性的聲音，「來了。」

他們等待著。

地上有幾個碗，碗裡還有一些剩飯，也許是好幾頓剩下來的。

門開了。一個矮胖的白膚金髮婦人踏過門檻，站住了，一臉懷疑地看著來訪的陌生人，她的嘴大張著。列寧娜嫌惡地發現，這婦人兩顆門牙已經掉了，剩下的牙齒，那顏色……她嚇得發抖，這簡直比剛才所見的老人還要糟糕。她是那麼肥。而且她臉上的線條，那麼的鬆弛、發皺。看她下垂的雙頰，遍布著紫色的斑點；還有那鼻子上紅色的靜脈、充血的眼睛；更別提她的脖子了，那脖子啊。還有，還有她裹著頭的毯子，又粗糙又骯髒；至於她那用麻袋一樣的束腰外衣包裹的是何等的肥乳啊；肚子凸起；

還有那肥碩的屁股！天啊，糟糕透頂！突然，這造孽般的婦人卻口若懸河起來，她伸出雙臂，衝向列寧娜。主福特啊！這簡直令人反胃，倘在另一種情況下，她必定要作嘔了。現在，這婦人竟抱住她，她不得不忍受那鼓凸的肚子、碩大的胸脯。她甚至要親吻列寧娜！主福特啊！她要來親吻人！她還流著口水呢，身上一股餿味，明顯從不洗澡，她渾身可都散發著 δ 族、ε 族人的臭味（他們在胚胎瓶中吃多了獸食才有這味道，那明顯是酒精的惡臭 —— 現在可以確定了，柏納德在胚胎瓶中絕對沒有泡在酒精裡過）。列寧娜立刻逃到旁邊。

這時，列寧娜看到，這婦人嚎啕大哭起來，一張痛苦扭曲的臉正對著她。

「哦，親愛的，親愛的人啊。」伴隨著啜泣，婦人口若懸河地說起來，「你們知道我有多麼高興？已經過去了這麼多年！終於見到了一個文明人的臉孔。還有，體面的衣裳。我還以為今生連一塊醋酸絲布都再不能見到了呢！」她輕撫著列寧娜襯衫的衣袖，那指甲卻是烏黑的。「啊，還有那仿天鵝絨的短褲，令人羨慕！親愛的，妳可知道，我依然保留著當年的衣服，當時我穿著它來，如今它卻躺在箱子裡。待會我拿給你們看，不過，醋酸絲衣服免不了會有太多的破洞。我還有一條白色的褲帶很漂亮，但是我要說，妳那綠色的摩洛哥皮帶更漂亮。……」說著說著，她眼淚流了出來，「我想，約翰告訴過你們了，這麼多年我受了多大的苦啊，連一克索麻都沒有，只能時不時地喝上一杯龍舌蘭，那是珀毗[156]過去常常送我的 —— 他是我以前認識的一個男孩。可是，喝這種酒，過後會非常難受。真的，龍舌蘭酒不好喝，妳會因為那股仙人掌味而感到噁心的。更何況，喝了之後，第二天妳常常感到更加羞愧。一直以來，我都感到羞愧。

---

[156]　珀毗，原文 Popé，此處暗指一位印第安英雄。西元 1680 年，為反抗西班牙移民定居，一個名為 Popé 的印第安原住民在後來的新墨西哥州一帶發起了一場起義，將外來殖民者趕出了十二年之久。

想想看：我，一個 β 族人，生了一個孩子！你們試試處在我這樣的局面！（僅僅想像這樣的場景，就足夠讓列寧娜顫抖了。）

「但我發誓，這並非我的錯。到現在我都不知道事情是怎麼發生的，因為我可是一直堅持做馬爾薩斯避孕操的呀，一直按照程序走，一、二、三、四。我發誓，真的一直都按照程序。可我還是懷孕了，而且這裡更不可能有墮胎中心。順便問一句，墮胎中心還是在切爾西，對嗎？」她問列寧娜，列寧娜點頭表示肯定。

「啊，那粉紅色的漂亮的玻璃塔啊！」可憐的琳達抬起頭，閉上眼，心醉神迷地回想記憶中那明亮的建築。「還有那夜色中的河流，」她喃喃自語，大滴大滴的淚珠從她緊閉的眼瞼慢慢流出，「還有乘著夜色從斯托克波吉斯飛回，然後一次熱水澡，真空震動按摩機，啊……但是這裡……」她深深一呼吸，搖搖頭，睜開了眼睛，吸一兩口氣，擤了擤鼻子，擦在長袍的邊緣。列寧娜不知不覺露出厭惡的表情。

「啊，我很抱歉，」琳達說道，「我不應該這樣的，真的抱歉，但是我沒有手帕，還能怎樣？過去，這樣做也會令我反感。還有那些灰塵，那些骯髒不淨的一切。但當印第安人把我帶到這裡時，我的頭上有一個很大的傷口，你們能想像他們用什麼來敷我的傷口嗎？是爛泥巴，僅僅是爛泥巴。我告訴他們說，文明就是消毒，還唱給他們兒歌聽：『雄雞黏上鏈球菌啊，右拐跑進班伯里 T，有啥稀奇瞧一瞧啊？漂亮浴室外加廁所。』只當他們是小孩，可是他們當然不理解。他們又怎麼可能理解呢？最後，我不得不適應這裡。想想看，沒有熱水，怎麼能保持清潔？再看看這些衣物，像這件羊毛衫，用畜生的毛做的，只會越穿越大，再怎麼也不能像醋酸絲衣服始終筆挺。衣服裂開了，妳還得縫縫補補，但我是一個 β 族人，過去都是在受精室工作，哪裡學過這種事？這可不是我該做的事。此外，過去我從沒必要縫補衣服，衣服有了洞，丟掉就是，立刻買新的。扔掉舊

衣好過縫縫補補。難道不是嗎？縫縫補補實在是反社會的呀。可是這裡完全相反，我像是在跟瘋子一起生活，他們所做的一切都是瘋狂的。」

她四處看看，眼看約翰和柏納德已經到屋外去了，正在塵土和垃圾中走來走去，卻仍然刻意低下聲音，想跟列寧娜推心置腹地說話。她向列寧娜靠過來，列寧娜卻身體僵硬地迴避了，但她們還是很靠近，以至於琳達口中的酒氣都吹動了列寧娜雙頰上的汗毛（酒啊，你這罪惡的胚胎液中的毒藥啊）。

「比如，」琳達嘶啞地低語道，「就說說他們男女如何在一起吧。瘋了，我告訴你，簡直是瘋了。每個人都屬於別人。難道不是嗎？難道不是嗎？」她固執地自問，還扯著列寧娜的袖子。

列寧娜頭雖扭到一邊，卻仍點點頭。她長出一口氣，又試圖再吸進一口清新的空氣。

琳達繼續說：「然而，這裡所有人都覺得，自己只能屬於另外一個人。假如照我們正確的方式與男人交往，他們就會認為妳邪惡、反社會，他們會恨妳、蔑視妳。有一次，許多女人跑到我這裡來，大吵大鬧，因為他們的男人來和我約會。可是，為什麼不能約會呢？那時她們全部撲向了我……啊，那實在是太可怕了，我都無法跟妳描述。」琳達掩住自己的面龐，雙肩顫抖。

「這裡的女人，她們充滿仇恨。她們是瘋了，瘋了，而且殘忍。她們當然不知道世上還有馬爾薩斯避孕操、胚胎瓶、脫瓶一說，或類似的事情。所以，她們不停生小孩，就像狗一樣——實在是太令人噁心了，我一想到這種事就……啊，主福特啊，主福特，主福特！幸虧約翰對我是一個巨大的安慰，若沒有他，我該怎麼過日子啊。可是，一看見男人來找我，他就變得心煩意亂，甚至在他是一個小孩子的時候就如此了。有一次，那時他已經長大許多了，他居然想殺死可憐的維乎西瓦——也可能

是珀毗吧，僅僅因為我偶爾會跟他們約會。我根本就沒有辦法對約翰解釋清楚，文明人男女之間，本來就應該這樣相處。我相信，瘋狂是可以傳染的，而約翰從印第安人那裡感染了瘋狂，因為他免不了常跟他們在一起鬼混，雖然他們都排擠他、野蠻地對待他，其他男孩可以做的事情，他們也都禁止約翰做。從某種程度上說，這倒是個好事，如此一來，我制約約翰會更容易些，雖然你們想像不到制約約翰是多麼困難的一件事。此外，這世界上有太多的事情我不知道，了解這些事也並非我的職責，我是說，譬如小孩問妳直升機如何運作，或者誰創造了宇宙這樣的問題，假如妳是一個 β 族人，而且一直在受精室工作，妳又從何知道這種問題的答案？妳能怎麼回答？」

第八章

「對我來說，明白這裡的一切，然後重新認識世界，實在是太難了。彷彿我們兩個生活在完全不同的星球上，生活在完全不同的時代。胎生媽媽、所有的灰塵，還有神靈、衰老、疾病……」柏納德說著，搖搖頭，「這幾乎令人無法相信，除非你解釋給我聽，否則我永遠都不會明白。」

「解釋什麼？」

「就是這裡。」柏納德指著村子說。「還有那裡。」他又指向了村莊外圍這間小屋，「以及這裡全部的一切，包括你的生活。」

「可是你到底要我說什麼是好？」

「從頭開始，越早越好，從你有記憶開始吧。」

「從我有記憶開始？」約翰皺起眉頭。他們沉默了好長一段時間。

天氣很熱。他們吃了太多的墨西哥玉米餅和甜玉米。琳達說：「到這裡來，躺下，寶貝。」他們在那張大床上一起躺下。「唱歌吧。」於是琳達就唱起，她唱的是「雄雞黏上鏈球菌啊，右拐跑進班伯里 T……」和「再見瘦瘦的小寶貝，待會你就要被脫瓶……」兩首兒歌。她的聲音逐漸降低，低下去，低下去……

突然有響亮的說話聲，他吃驚地醒來一看，只見一個男人正在對琳達說話，而琳達正在大笑。只見琳達把毯子往上拉，都到了下巴，那男人卻又把毯子扯下來。男人的頭髮梳成兩條辮子，就像兩條黑色的繩子，手臂上戴著一根漂亮的銀手鐲，手鐲內部鑲嵌著藍色的寶石。他喜歡那手鐲，可是他仍然被嚇壞了。他鑽進琳達的懷中，遮住了自己的臉，琳達拍拍

他，使他感到安全些了。他聽到琳達用那種他不能清楚聽懂的說話方式對男人說：「約翰在這裡，我們先不做。」男人看著他，又看看琳達，用溫柔的聲音說了幾句話。琳達說：「不行。」但是男人彎腰伏在床上，直直盯著他，男人的臉很大，令人討厭，黑色的髮辮碰到了毯子。「不行。」琳達再次說，他感到她抱他抱得更緊了。

「不行，不行！」但是男人抓住了他一隻手臂，他感到痛，他尖叫起來。男人又抓住他另外一隻手臂，將他拎了起來，琳達那時仍然抱著他，仍然在說：「不行，不行。」男人說了些什麼，話簡短，充滿怒氣，突然，琳達的手離開了他。「琳達，琳達。」他踢著腳，扭動著。但是男人把他拎到大門邊，開了門，把他放在另一個房間的地上，走開，關上門，任他一個人在黑暗中。他爬起來跑到門口，踮起腳尖勉強摸到著那粗大的門閂，他把門閂抬起，使勁推，不料門卻打不開。「琳達。」他喊道。但是她沒有回應。

他還記得有一個巨大的房間，很黑暗，屋內有巨大的木頭製作的什麼東西，上面綁著許多根繩子。許多婦人站在旁邊，琳達說，她們正在紡織毛毯。琳達讓他坐在角落裡，與其他孩子一起玩，她則去幫助那些婦人。他與那些小男孩玩了好一陣子，突然，人們開始大聲說話，只見婦女們推著琳達，琳達則在哭泣。琳達朝門外走去，他就跟在後面跑。他問琳達，為什麼她們那麼生氣。「因為我打碎了一個東西，」她回答，「可我又怎麼知道該怎麼做編織，這是野人才做的事情啊。」他問琳達，野人是什麼。當他們回到家，珀毗正在門口等著，他們三人一起進了屋子。

珀毗帶來一個大葫蘆，裡面似乎裝滿了水，其實並不是水，而是某種難聞的液體，燒灼雙唇，使人咳嗽。琳達喝了些，珀毗也喝了些。琳達便大笑起來，說話的聲音都響亮了。然後琳達和珀毗一起進了琳達的臥室。珀毗離開之後，他進到琳達的房間，那時琳達正酣睡，他叫不醒她。

珀毗時常過來。珀毗說，葫蘆中裝著的是龍舌蘭；可是琳達卻說不是，認為應該叫索麻，雖然喝了之後會讓人難受。

他憎惡珀毗。他憎惡所有來找琳達的男人。

他仍然記得，有一天下午，天氣很冷，山頂上可以見到積雪，他與其他的孩子一起玩耍過後回家，卻聽到臥室中有憤怒的聲音。那是婦女們在喊叫，她們說的話他一句也不懂，但知道那是極其可怕的語言。突然，嘩啦一聲響，什麼東西翻倒在地，他聽見眾人快速走動的聲音，然後又是嘩啦一聲響，接著傳出一個聲音，像是有人在踢打騾子，只是沒有擊中骨頭那種清脆的質地。他聽到了琳達的叫聲。「啊，不要，不要，不要啊！」他衝了進去，見到三個披著黑色毛毯的婦人，琳達躺在床上。其中一個婦人抓住琳達的手腕；另一個婦人橫坐在琳達的腿上，確保琳達腳不能亂踢；剩下一個婦人揮舞著鞭子，抽打著琳達。一次，兩次，三次。每次被打，琳達都要尖叫一聲。

他哭了，用力撕扯著揮舞鞭子的婦人的衣襬。「求求妳，求求妳。」但她另一隻空閒的手把他推到了一邊去。鞭子又落下來了，琳達再次尖叫了。他雙手抓住那婦人寬大的褐色手掌，用盡全身力氣咬了下去，那婦人大叫一聲，掙脫了他的雙手，然後狠狠地把他推倒在地。他躺在地上，那婦人竟用鞭子抽打了他三下，那種痛苦，比他曾經承受過的所有痛苦（比如被火灼傷）還要重得多。鞭子又嗖嗖地響起，落下，這次，輪到琳達繼續尖叫了。

「琳達，到底為什麼，她們要傷害妳？」當晚，他問琳達。那時他哭著，因為鞭子抽打在背上，那紅紅的傷痕仍在深深作痛，也因為人們行為如野獸、世道不公平，他一個小小的男孩，根本無力反抗。琳達也在哭泣。她是成年人了，可是她沒有強壯到可以抵抗三個婦人，這對她也是不公平的。

「琳達，到底為什麼，她們要傷害妳？」

「我不知道，我怎麼可能知道？」這句話聽起來很模糊，因為她那時面朝下躺著，臉埋在枕頭裡。「她們說，那些男人是她們自家的男人。」她繼續說著，卻根本不像是在跟他說話，而是在跟她身體內的某個人說話，她說了許多，他卻聽不懂，最後，她痛哭起來，他從沒聽過她如此大聲地哭泣。

「啊，不要哭了，琳達。不要哭了。」

他靠著她的身體，手臂摟著她的脖子。琳達叫起來：「啊，小心，我的肩膀！啊！」她推開他，非常用力。他的頭一下子撞到了牆上。「小蠢貨！」她吼道，突然，她開始打他巴掌，一次，一次，又一次……

「琳達，」他哭叫著，「啊，我的母親，不要打我！」

「我不是你母親，我不想做你的母親。」

「因為你，我變成了一個野人，」她吼叫著，「隨身跟著你這麼一個小畜生……如果不是你，我早就到巡視員那裡，也就可以遠離這裡。可是我走不了，因為有你這個小孩子。我不能承擔著這樣大的羞辱回到文明的世界裡。」

他看出來，她作勢又要打他，便舉手保護自己的臉。

「啊，不要啊，琳達，不要再打我了呀。」

「小畜生！」她扯下他的手臂，他的臉露出來。

「琳達，不要啊。」他閉上了眼睛，知道琳達要打他了。

但是她沒有打他。一會兒之後，他睜開眼睛，發現琳達正看著他。他試著朝她微笑。突然，她伸開雙手，擁抱了他，然後一遍又一遍地親吻他。

有一段時間，是幾天吧，琳達一直不能起床。她躺在床上，滿心憂

傷；要不就喝珀毗帶來的那東西，然後就大笑起來，於是睡著了；有時她也會嘔吐。她常常忘記幫他洗澡，除了冰冷的玉米餅，家裡也沒有什麼好吃的。他仍然記得她第一次發現他頭髮裡那些小蟲子時，她是如何地尖叫，不停地尖叫。

他們在一起最快樂的時光，是琳達告訴他有關「那個世界」的事情的時候。

「妳真的可以想飛哪就飛哪？」

「是的。想飛哪就飛哪。」然後她就告訴他，那個世界裡，音樂多麼美妙，它們從一個盒子裡跑出來；所有的遊戲都很精彩；食物味美，飲料可口；朝牆上按一個小方塊，光就出來了；那些畫，不僅可以看，還可以聽，可以觸碰到真實的物體，還散發芳香；還有個小箱子，能製造醇香的氣味；還有一棟棟高樓大廈，有粉色的，綠色的，藍色的，銀色的，高如山峰；所有人都幸福生活著，從來都沒有人會傷心、憤怒；在那裡，每個人都屬於別人；還有一個箱子，在箱子裡可以看到、聽到在世界的另一頭發生的事情；小寶貝們則生活在迷人而乾淨的瓶子中。在那個世界裡，一切皆清潔，絕沒有骯髒的味道，也絕無灰塵，人們從不孤單，他們快樂地生活在一起，有點像瑪爾普村夏日的歌舞盛會，但是更幸福，那種幸福的感覺每一天每一天都瀰漫在人們心中……

他總是認真聽著，一個小時又一個小時。

有時，當他和其他孩子玩過頭，有些疲憊時，村裡就有一個老人，很願意和他們說話，他說話的方式跟琳達完全不一樣。他告訴他們，曾經存在過偉大的世界變幻者；曾經有過「左手」、「右手」以及「溼」、「乾」之間漫長的爭鬥；曾經有一位阿威納威羅納，他在黑夜中沉思，造成一場巨大的霧，從這霧中，他造出全世界；曾經地母和天父逍遙於天地之間；曾經有一位阿艾羽他，還有一位瑪賽樂瑪，他們是戰爭與希望雙胞胎；還有普

公和耶穌兩位神者；還有聖母瑪利亞以及艾燦阿特蕾──她令自己脫胎新生；還有拉古納一地的黑石，神鷹，以及阿科瑪的聖母。[157]這些奇怪的故事以特別的語言講述，他並不能全懂，但他卻感到極其美妙。當他躺在床上，他忍不住想及天堂、倫敦、阿科瑪的聖母，還有裝在瓶子裡一排一排的嬰兒、飛起來的耶穌、飛起來的琳達，以及世界孵育中心的主管和阿威納威羅納。

　　許多男人都來見琳達。其他男孩開始對他指指點點。用他們那種陌生而奇怪的語言，他們說琳達是個壞人，用一些他不能理解的名稱稱呼琳達，雖然他知道這些名稱都沒什麼好意。有一天，他們唱一首歌，歌裡描述的就是琳達。他們一遍又一遍地唱。他就朝他們扔石子。他們反擊，其中一顆鋒利的石子割破了他的臉頰，血流不止。

　　琳達還教他讀書。拿著一根木炭，她在牆上畫畫，比如一隻坐著的小動物，瓶子裡的一個嬰兒；她還會寫一些字母給他看。他記得那些句子，比如「貓在墊子上」，「小孩在盆裡」。他學得又快又輕鬆。當他認得她寫在牆上的所有單字的時候，琳達開啟了她那個巨大的木箱子，撥開她那些從來不穿但顏色鮮紅的長褲，從箱子下面找出了一本書，很薄、很小。他見過這本書，琳達以前常常說，「等你更大一些，你就可以讀它了。」終於到了他長大一些的時候了，他可以讀書了，他感到驕傲。但是琳達說：「恐怕你不會認為這書很有趣，可我也就只有這本了。」她嘆息了一聲，繼續說，「真希望你能看到在倫敦，我過去用的那種閱讀器，是多麼神奇啊！」

　　「胚胎的化學與細菌制約法」、「β族胚胎商店員工實用說明」，單單這些標題，就讓他讀了好一陣子。他把書丟在地上，「爛書，爛書！」他一邊說，一邊哭起來。

---

[157]　上述的神靈以及神蹟，除耶穌和聖母瑪利亞外，皆源自印第安人的神話。

　　男孩們繼續唱有關琳達的歌，那歌實在令人難堪。有時，他們則因為他衣衫襤褸而嘲笑他，因為他把衣服撕破，琳達卻不知道如何縫補。在「那個世界」，琳達解釋說，衣服有了洞，人們就把它們丟掉，去買新的。「破布，破布！」男孩們時常對著他高聲喊叫。「但是，我可以閱讀，」他自言自語，「而他們不會，他們甚至都不知道什麼叫閱讀。」當他認真思考自己會閱讀這件事時，裝作不在乎男孩們的嘲笑就變得非常容易了。他於是向琳達要那本書。

　　男孩們越是對他指指點點，越是對他唱有關琳達的歌曲，他就越是刻苦閱讀。很快，他能夠熟練閱讀書上所有的字詞，即使最長的那些。可是，這些字詞意思何在？他問琳達，但是即使她能解釋，他還是搞不清楚字詞真實的意思，更何況一般情況下，琳達根本就不會解釋。

　　「化學品是什麼東西？」有一次，他問道。

　　「化學品啊，就是鎂鹽，或者保持 δ、ε 族人矮小遲緩的酒精，或者骨骼生長所用的碳酸鈣，總之，所有類似這樣的東西。」

　　「可是，琳達，妳如何生產化學品呢？或者這些化學品是從其他什麼地方產生的？」

　　「這個啊，我不清楚。我只是從瓶子裡把它們挑出來，瓶子一空，就跑到化學品商店買來更多。我猜，恐怕是化學品商店裡的人製造了它們。也有可能是工廠在供應給化學品商店。但我不清楚。我從來都沒碰過化學。我的工作僅僅涉及胚胎。」

　　在其他問題上，琳達的回答也大致如此，她似乎什麼也不清楚。而村裡那個老人，相反倒能回答許多問題，還頭頭是道的樣子。

　　「男人的種子，萬物的種子，太陽的種子，大地的種子，天空的種子，凡此一切，都是阿威納威羅納從大霧中創造的。要知道世界存在四個

子宮，阿威納威羅納則把種子放在最下面那一層子宮中。慢慢地，慢慢地，種子開始生長……」

一天（約翰估計，這一天極可能就在他剛過完十二歲生日之後），他回到家，發現一本書躺在臥室的地板上，這書他從未見過。這是一本很厚的書，看起來年代久遠了，老鼠將裝訂線都咬壞了，一些頁面鬆散了、揉皺了。他撿起來一看，書名頁上寫著《威廉‧莎士比亞全集》。

琳達躺在床上，就著一個杯子啜飲著令人憎惡的發臭的龍舌蘭。「這是珀毗帶過來的，」琳達說，她的聲音嘶啞、變粗，像是另外一個人在說話一般，「原來躺在羚羊基瓦會堂[158]的一個櫃子裡，據說有數百年歷史了，我覺得恐怕是真的，因為我翻開來看過，書裡面寫的似乎都是些胡言亂語，是野蠻時代的作品。儘管如此，用它來練習你的閱讀能力，倒很是不錯。」她最後喝了一口，然後將杯子放在床旁邊的地板上，身子翻到另一邊，打了一兩次嗝，於是便睡著了。

他隨意翻開那本書。

「不，你去，繾綣於那破床之上，

在臭汗中流連，

為腐爛、甜言蜜語薰陶，

好比在下流的豬圈，

做愛纏綿。」[159]

這些陌生的字句在他頭腦裡翻騰，轟隆作響，彷彿雷霆響徹；又譬如盛夏歌舞盛會中的鼓聲 —— 只是這鼓聲不曾言語；又好比眾人齊唱玉米頌，何等甜美，何等甜美，你忍不住淚下；又似乎老米辭瑪對著他的羽毛、雕花權杖、骨片、石頭念神奇的咒語 —— kiathla tsilu silokwe silokwe

---

[158]　基瓦會堂，或稱為崖洞石屋，是印第安人的一種圓形建築。

[159]　語見《哈姆雷特》第三幕，哈姆雷特攻擊其母。

silokwe. Kiai silu silu, tsithl —— 但這些字句卻又比米辭瑪的咒語更勝一籌，因為它意味更深，因為它在和他對話，聲音動聽迷人，雖然他半懂不懂。這字句等同於極其美妙的咒語，描繪著琳達，描繪琳達鼾聲四起的睡眠，描繪床邊地上的空杯子，描繪琳達和珀毗，是的，琳達和珀毗。

他越來越憎恨珀毗。一個人雖然總是對人微笑，卻也可以是一個惡棍：「冷酷、奸詐、淫蕩、無良，一個純粹的惡棍。[160]」這些詞準確描述的是什麼？他依舊是半懂不懂。但是這些詞語的魔力強大，一直在他腦袋裡轟鳴，以至於他莫名其妙地感覺，似乎他過去從來沒有真正仇恨過珀毗，因為他還從來沒有能力去描述他究竟是如何仇恨珀毗的。

但是現在他有了這些詞語，它們就像鼓聲、歌聲、咒語，不僅這些詞語，還有這些詞語描述的那個陌生又陌生的故事（他不能完全理解這個故事，可這故事依然是那麼的迷人），它們給了他仇恨珀毗的理由，使他的恨意更加真實，它們甚至令珀毗本人的形象也變得更加真實自然。

一天，在外面玩耍夠之後他回到家。內屋的門開著，他看到琳達和珀毗躺在一起，熟睡著。一邊是純白的琳達，一邊是幾乎全黑的珀毗。琳達枕著他一隻手臂，他另一隻手抱著琳達的胸部，他那長長的髮辮中有一條垂落在琳達的喉嚨處，彷彿一條黑色的蛇意欲勒死她。珀毗的葫蘆，還有一隻杯子，放在床邊的地上。琳達在打呼。

他的胸口突然空蕩蕩的，似乎他的心在離他遠去。他的內在變得空虛，空虛而寒冷，他想吐，他頭暈眼花搖搖欲倒。他靠在牆上，支住自己的身體。冷酷、奸詐、淫蕩……好像鼓聲，好像眾人頌揚玉米，好像咒語，這些詞語在他的腦子裡不停重複。他本是冰冷，忽然變得熾熱，血液衝向雙頰使他雙頰火熱，於是，在他眼前，房屋飄浮起來、黯黑起來。他咬牙切齒。「我要殺了他，我要殺了他，我要殺了他。」他一遍遍說著。突

---

[160]　語見《哈姆雷特》第二幕。

然間，他似乎聽到了更多的句子。

「當他醉醺醺沉入黑甜之鄉，

或者，當他沉溺於憤怒，

或者，當他在床上享受著亂倫之樂⋯⋯」[161]

這魔咒彷彿為他而設，它自我言說，自我解惑，並發出命令。他退到了房間外。「當他醉醺醺沉入黑甜之鄉⋯⋯」壁爐旁的地上有一把切肉刀，他撿起來，踮著腳尖再次向內屋走去。「當他醉醺醺沉入黑甜之鄉⋯⋯」他跑過內屋，將刀刺上去 —— 啊，那噴湧之血！他再次刺向珀毗，珀毗掙扎著從睡夢中醒來，他舉起刀又一次刺下去，卻發現手腕被人抓住、扭曲，他一動不能動，他陷入了困境，然後他看見了珀毗的雙眸，黑色的眼珠，小小的眼眶，靠著他很近，直直地看著他的眼睛。他不敢回視。

珀毗的左肩上有兩處傷口。琳達哭起來：「啊呀，看看那些血！看看那些血！」她從來不敢見到血。珀毗抬起另一隻手，他想，珀毗是要揍他。他身體僵硬了，不得不承受對方的拳頭。但是珀毗只是抓牢他的下巴，迫使他轉過臉，於是他不得不再次直視珀毗的眼睛 —— 那是很長的一段時間，也許是幾個小時吧。突然，他再也忍受不了，他哭了。珀毗卻大笑起來。「走吧，走吧，」珀毗用的是那種印第安人的語詞，「我勇敢的阿艾羽他。」他於是跑進另一個房間，羞愧於自己的淚水。

「你十五歲了，」老米辭瑪說，用印第安的語詞，「現在，我要教會你製作陶器。」

於是，他們坐在河畔，開始一起做著。

「首先，」米辭瑪說，拿起一塊泥土放在雙手之間，「我們來做一個小小的月亮。」只見老人將這塊泥土捏出一個圓盤來，並將邊緣往上捏擠，

---

[161] 語見《哈姆雷特》第三幕。

只見那月亮忽而變作一個淺淺的茶杯。

他模仿著老人精細的動作。很慢，很不熟練。

「先是月亮，再是茶杯，現在我們做一條蛇。」米辭瑪將另一塊黏土捏成柔軟、細長的圓柱體，又扭出一個圓圈，黏在茶杯的邊緣。「然後再做一條蛇，再做一條，又一條。」

米辭瑪又做水罐，一圈又一圈，泥土在他手下旋轉，然後水罐的邊緣豎起來了，底部該細的地方細，中間該凸的地方凸，再往上又細了些，一直捏出水罐的頸子。米辭瑪又捏又拍，又敲又刮，終於，瑪爾普村常見的水罐立起來了，只不過它是乳白色的，而不是村裡常見的那種黑色，那水罐依然柔軟可觸呢。

至於他做的那個，純然就是米辭瑪拙劣的模仿品，也立在旁邊。對比這兩個水罐，他忍不住笑了。

「但是我的下一個作品一定會更棒。」他說，然後著手抓起另一塊泥土。

塑形、結構、感覺手指獲得技能與力量，這一切給予他特別的快樂。「A，B，C，維他命 D。」他一邊忙碌，一邊哼著歌。

「脂肪存在於肝臟，鱈魚存在於大海。」米辭瑪也唱起來，那是一首關於獵熊的歌曲。

他們終日忙碌，日復一日，他滿身心都覺到一種緊張、投入的幸福感。

「下一個冬天，」老米辭瑪說，「我要教你製作弓。」

他在門外站了好久，終於，屋內的儀式結束，門開啟了，眾人出來。科斯魯最先出來，其右手伸出來，卻握得緊緊的，彷彿手中護著某件珍貴的珠寶。卡其美隨後出來，她的手一樣握緊著伸出。二人沉默前行，在其

身後，同樣沉默行進的是一支老年人的隊伍，還有就是兩個年輕人的兄弟姐妹或堂表兄弟姐妹。

他們走出瑪爾普村，穿過臺地，在懸崖邊眾人停步，共同面對朝陽。科斯魯張開手，只見一撮白色的玉米粉在他手掌上面，他朝玉米粉上吹一口氣，念念有詞，然後將玉米粉揮灑出去，好比一手潔白的塵霧飄向太陽。卡其美做出同樣的動作。然後卡其美的父親走到人前，手拿一根裝飾著羽毛的祈禱杖，做起了冗長的禱告，隨後將祈禱杖扔出去，像是要追逐玉米粉而去。

「儀式結束，」老米辭瑪大聲說道，「二人終於結合。」

「要我說，」當他和母親離開時，琳達說道，「就這麼點小事，卻鬧得這麼大。在文明的國家，當一個男孩想要一個女孩，他只需要……等等，約翰，你要到哪裡去？」

他沒有理睬她的呼喚，而是一直跑，一直跑，跑到他感覺自由自在的地方。

儀式結束。老米辭瑪的話不斷迴響在他的腦海。結束了，結束了……在寂靜中，滿懷虔誠，遠離人群，他曾熱烈、絕望、無可救藥地愛過卡其美，而現在，一切了結。那時，他才十六歲。

圓月的時候，在羚羊基瓦會堂，祕密將被洩露，祕密亦會發生。男孩子走入會堂，出來後已成為男人。所有男孩皆懷著恐懼，同時卻充滿渴盼。終於，那一天來到了。太陽下山，明月升起。他與其他男孩一起走向會堂。村裡的成年男性則站在會堂入口，拉著長長的黑影。有一架梯子，通向會堂下部深處，內裡有紅色的光芒。打頭陣的男孩已經開始往下爬，突然，一個男人走出來，抓住了他的手臂，把他從男孩的列隊中拉出來。他擺脫開來，試圖躲進他原來的隊伍中去。此時，那男人動手打他，並抓住了他的頭髮。

「沒你的事，你這個白頭小子！」

「對，那母狗的兒子沒資格。」另一個男人說。

男孩們笑起來。

「滾！」

他那時仍然在隊伍的邊緣猶豫。

「滾！」男人們朝他吼叫。其中一人彎腰撿起一塊石頭，朝他砸過來。

「滾！滾！滾！」隨後好像下起了石頭雨。

流著血，他跑進了黑暗中。他聽到，從那被紅光照亮的會堂裡，傳來歌聲的喧囂。最後一個男孩也爬下了梯子。此刻，他孤獨一人了。

純然孤獨，遊離於村子之外，他站在臺地光禿禿的平地之上。月色之下，那些岩石好像漂白的骨頭。在山谷之中，郊狼朝向月亮嚎叫。傷口很疼，還在流血，但他不是因為疼痛而啜泣，而是因為純然的孤獨而啜泣，因為他被逐出人群，孤獨地流浪在月光和岩石構成的骷髏一樣的世界中。在懸崖邊緣，他坐了下來。月亮在他身後，他朝下望，可以見到臺地那黑色的影子，那是死亡的影子。只需一小步，只需輕輕一躍……月色之中，他伸出右手，在手腕傷口處，血仍在滲出，每隔幾秒鐘，一滴血就落下，伴著黑糊糊的光澤，在死寂之夜色中好像透明一般。一滴，一滴，又一滴。「明天，明天，復明天……」[162]

在那一刻，他發現了時間、死亡、神靈。

「孤獨，永遠是孤獨。」約翰沉吟道。

在柏納德心中，這個詞語引起他悲哀的共鳴。孤獨，孤獨……「我也一樣孤獨，」他說，他心中湧動著知己之感，那無限的信任，「我極其孤獨。」

---

[162] 語見《馬克白》第五幕。

「真的嗎？」約翰非常驚訝地問，「我本來以為，在『那個世界』……我是說，琳達總是告訴我，在那個世界裡，永遠都不會有人感到孤獨。」

柏納德臉紅了，扭捏不安，眼神都不敢正對約翰。「老實說，」他喃喃說道，「我與絕大多數人都不一樣，我猜是這樣，要知道，如果一個胚胎被倒出容器時與別的胚胎不同……」

「對，正是如此，」約翰點了點頭，「如果你與別人不一樣，你必定感到孤獨。對付一個人，他們好像畜生一樣。你可知道，幾乎所有事情，他們都將我拒之門外？當別的男孩到山頂去過夜時 ── 知道嗎，你要在山頂夢見你生命中的神獸 ── 他們卻不允許我去。所有的祕密，也不准任何人告訴我。即使這樣，但我獨自去做了所有這些事，比如，連續五天什麼也不吃，然後在一個夜晚，獨自出發到山裡去。」他指著山的方向說道。

柏納德笑了，他居高臨下地問道，「那麼你究竟有沒有夢到什麼？」

約翰點點頭。「但是我什麼都不會告訴你。」

他沉默了一下，然後低聲說道，「有一次，我做了別人都沒有做過的一件事，在夏日的正午時分，我面對一塊岩石站立，雙手張開，假裝自己是釘在十字架上的耶穌。」

「為什麼這麼做？」

「因為我想體驗，被人釘在十字架上，會是什麼樣的感受。在大太陽底下，就那麼站著……」

「可是為什麼想體驗這個？」

「為什麼？因為……」他猶豫了會，「因為我覺得自己必須去體驗。如果耶穌可以忍受，我也可以。而且，假如一個人犯了錯……這麼說吧，我不開心，這也算是一個理由吧。」

「用這種方式解決你的不幸福感，看起來有些好笑，」柏納德說，可是再一想，他卻覺得在約翰的行為中，畢竟存在著某種價值。那是比吃點索麻更高的價值⋯⋯

「可是過了一下，我就暈倒了，」約翰說，「臉朝地跌倒了。你看，那次劃傷的疤痕還在這裡。」他撩開前額又密又黃的頭髮，只見右太陽穴處，有一個蒼白色的傷疤，那裡的皮膚皺了起來。

柏納德看著，然後微微發抖，迅速移開了視線。他接受制約教育，使他有根深蒂固的潔癖，使他無法產生更多的同情感。只要提及疾病、傷痕，對他來說不僅是可怕的，而且甚至是深感厭惡、排斥的，就像排斥灰塵、畸形和衰老。他迅速轉換了話題。

「我很好奇，你願不願意跟我們一起回倫敦？」他問道。當他在那小小的屋子裡第一次意識到，這個年輕的野人其「父親」究竟是誰時，他就開始祕密謀劃，這個邀請，乃是他首次將自己的密謀付諸行動。

「你們會願意？」這年輕人臉上像發了光一樣，「你是說真的？」

「當然，只要我能獲得許可，你就能去。」

「琳達能去嗎？」

「這個⋯⋯」他猶豫不定起來，自己也不能確信。琳達是多麼令人厭惡啊！不，帶她回去是絕不可能的。除非，除非⋯⋯突然，柏納德意識到，琳達令人厭惡之處，或許正是有助於他實現密謀的巨大的優勢呢。「當然，絕對可以！」他叫起來，表現出極大的熱誠，以彌補剛才他表現出來的猶豫。

約翰深深呼吸，「我一生都在夢想這一刻，想想看，居然真的要夢想成真！還記得米蘭達[163]說過什麼嗎？」

---

[163]　米蘭達，莎士比亞戲劇《暴風雨》中的女主角，正是她在臺詞中提到了「美麗新世界」。

「米蘭達是誰？」

可是這興奮的年輕人顯然沒有聽到這個疑問。「這是奇蹟！」他說道，兩眼閃亮，兩頰因激動而煥發紅暈光彩，「這裡有多少美妙的人啊，人類又是何等的美麗非凡！[164]」他臉上的紅暈忽然加深，他是在想列寧娜，這個身著深綠色纖維膠衣服的天使，因青春與保養品而容光煥發，豐滿多姿，正朝他微笑呢！他的聲音忽然顫抖起來，「啊，美麗新世界！」他說道，卻突然打斷自己的說話，雙頰忽然慘白，白如薄紙。

「你和她結婚了嗎？」他問道。

「我和她怎麼了？」柏納德問道。

「結婚。你知道的，永遠在一起。『永遠』是一個印第安詞彙，表示契約牢不可破。」

「主福特啊，當然不！」柏納德忍不住大笑起來。

約翰也笑起來，卻單單為了快樂而笑。

「啊，美麗新世界，」他重複說道，「『啊，在美麗新世界裡，該有怎麼樣的人啊。[165]』我們立刻啟程吧。」

「有時你說的話好奇怪，」柏納德說，困惑、訝異地看著這個年輕人，「但是，不管如何，要想看到新世界，你還得耐心等等。」

---

[164]　語見《暴風雨》第五幕。
[165]　語見《暴風雨》第五幕。

第九章

　　與此同時，柏納德卻十分憂傷，在暗夜中，他大睜著眼睛。直到午夜之後很久，他才睡著。雖然是午夜之後很久才睡覺，卻也不是毫無收穫，他想到了一個計畫。

　　隔日早上十點鐘，身著綠色制服的那位飛行員準時踏下直升機，柏納德正在龍舌蘭花叢中等著這個擁有八分之一黑人血統的年輕人。

　　「克朗小姐正在索麻世界裡度假，」他解釋說，「一直要到下午五點才能甦醒，我們還有七個小時的時間可以打發。」

　　他可以馬上飛往聖塔菲，完成那些工作，然後再到瑪爾普村一趟，返回時，她恐怕還沒有醒來。

　　「她一個人待在這裡，會很安全嗎？」

　　「就像直升機一樣安全。」飛行員向他保證。

　　於是他們便爬進飛機，立刻起飛。十點三十四分，飛機在聖塔菲郵局大樓天臺著陸；十點三十七分，柏納德已經撥通了倫敦白廳世界元首辦公室的電話；十點四十四分，他已經與元首的第四私人祕書溝通情況；十點四十七分三十秒，穆斯塔法·蒙德閣下本人那深沉、洪亮的聲音響徹在他的耳朵裡。

　　柏納德結結巴巴地說：「我斗膽認為，尊敬的元首閣下或許對我的發現懷有濃厚的科學興趣……」

　　「的確如此，我認為此事具有重要的科學價值，」那深沉的聲音回覆說，「你把這兩個人帶到倫敦來。」

「尊敬的元首閣下，你知道，我需要一份特別的許可證⋯⋯」

穆斯塔法・蒙德說：「必要的文件，此時已經傳送至保留區所長處，你現在即刻前往所長辦公室。祝你日安，馬克斯先生。」

一陣沉默。柏納德掛掉電話，跑步上了天臺。

「到所長辦公室去。」他對那著 γ 族的飛行員說道。

十點五十四分，柏納德握住了所長的手。

「榮幸之極，馬克斯先生，榮幸之極。」雖然他的聲音仍然隆隆作響，卻滿懷敬意，「我們剛剛收到一份特別的命令⋯⋯」

「我知道，」柏納德說，打斷了所長的話，「幾分鐘前，我剛與元首閣下通過電話。」不耐煩的口氣，使人以為他每天都要固定與元首閣下通通電話呢！他一屁股坐下來，「若你能盡快辦完必要的事情，我將非常感激。越快越好。」他強調了一遍。對自己現在的處境，他極其享受。

十一點零三分，他的口袋裡已經裝好所有必備的文件。

「再會。」他對所長說，一副居高臨下的模樣。「再見。」而所長則一直陪著他走到電梯門口。

他橫穿過去，一直走到旅館，洗了個澡，享受了真空震動按摩機的按摩，開啟電動刮鬍刀修臉，聽了新聞，看了半小時電視節目，輕鬆地吃了一頓午飯，下午兩點半鐘，混血飛行員載他飛到了瑪爾普村。

約翰已經站在了休息站門外。

「柏納德，」他叫道，「柏納德！」可是無人回應。

穿著鹿皮鞋，他無聲無息地跑上臺階，試圖開啟門。但門反鎖著。

他們走了！拋棄了他！這是他一生所經歷的最可怕的事情。她曾邀請他來做客，現在他們卻離他而去。他坐在臺階上，哭起來。

半小時後，他突然想到，他可以透過窗戶看看屋內情況。他看見的第一件東西，是一件綠色的手提箱，箱蓋上刻著列寧娜的姓名縮寫「L.C.」。他大感快樂，好像心中燃燒了一團火焰。他撿起一塊石頭，打碎了玻璃，碎玻璃磕掉在地板上。一會兒之後，他爬進了屋子裡。開啟綠色的手提箱，立刻便聞到了列寧娜的芳香氣味，她生命的氣息於是充溢了他的肺部。

他的心狂野地跳動，有那麼一段時間，他就像暈眩了一樣。然後，他俯身去看那珍貴的箱子，他輕輕觸碰，把箱子舉到陽光之下，仔細觀察。列寧娜備用的幾條仿天鵝絨短褲上的拉鍊，起初令他摸不到頭緒，等他明白了拉鍊是做什麼用的，心中狂喜。拉下拉鍊，拉上拉鍊，拉下，拉上。這拉鍊的妙用令他著迷。她綠色的拖鞋是他一生所見最美的東西。他開啟一件拉鍊連褲內衣，突然臉紅了，慌忙將其放回去。一塊醋酸纖維手帕芳香撲鼻，他輕輕吻上去。看到一件圍巾，他將其纏繞在自己的脖子上。又開啟一個盒子，不小心灑出了一些香粉，他的雙手也沾上好多。他在胸部、肩膀、裸露的手臂上都撒上這些香粉。那是何等迷人的香味！他閉上了眼睛，任自己的臉在手臂上來回摩擦，臉部感受那光滑皮膚的質感，鼻子中溢入麝香一般的粉塵。他感到，其實她就在這裡。「列寧娜，」他喃喃自語道，「啊，列寧娜！」

突然響起一個聲音，讓他嚇了一跳。他深感內疚，慌忙轉身。於是急忙將偷偷拿出來的東西塞進手提箱，關上箱蓋，然後一面聽著，一面檢視。並沒有生命的跡象，也沒有聲音。但他確定自己聽到了某種動靜，類似嘆息或是板子咯吱作響。他踮著腳尖走到門邊，小心地開啟，發現外面是一個寬闊的樓梯平臺，在平臺的對角，另有一扇門，半開著。他走過去，輕輕推開，朝裡面偷看。

啊，那矮床上，床單掀開了，那裡躺著一個美人，穿著粉紅的拉鍊睡

衣，不正是列寧娜嗎。她熟睡著，滿頭捲髮覆蓋著那漂亮的臉蛋，粉紅色的腳趾頭顯得多麼稚氣動人。啊，她那沉睡的莊嚴的臉龐！還有她那柔軟的雙手、纖弱的四肢，彷彿無助，渴求信任。此情此景，令他雙眼溼潤。

他的謹慎小心完全是毫無必要，此時的列寧娜正在索麻世界裡度假，除非鳴槍，什麼都不能使她在規定時間到來之前甦醒。他於是走進屋子，在床邊跪下，凝眸望著她，雙手緊握，嘴唇顫抖。「她那雙眸，」他喃喃自語，「她那雙眸，她那秀髮，她那雙頰，她那體態，她那美聲！超越你所有的言語！啊，她那雙柔黃的手，世上白色之物哪能與之相比，都成了黑墨，只會寫出自身的慚愧。若被她雙手一握，便是天鵝絨在手中，相形亦變成粗糙……[166]」

一隻蒼蠅嗡嗡地繞著她飛，他揮手趕走。「蒼蠅，」他記起來了，「停歇於珍貴如茱麗葉雪白的手，或許從她雙唇竊取不朽的祝福。那雙唇啊，縱使純潔謙遜如處女，也仍然羞紅於它們的罪孽 —— 為其上下之相吻。[167]」

緩緩地，他伸出手，卻因猶豫而懸垂顫抖，彷彿伸過去是為撫摸一隻羞澀然而致命的小鳥，他無助的手指，離著她的身體僅有一英寸的距離。他敢嗎？他敢用他那卑微的手去褻瀆……不，他不敢。那小鳥實在太致命了。他縮回了手。她是何等的美人啊！何等美麗！

突然，他想到，僅僅只需從她脖子處抓住拉鍊，用力拉下，拉鍊經過那悠長的旅程……他忍不住閉上了眼睛，搖著頭，彷彿一條狗搖晃自己的耳朵 —— 當它從水中冒出。可憎的想法！他竟是如此不知羞恥的人！她可是純潔謙遜如處女啊……

半空中仍有嗡嗡聲，是另一隻蒼蠅要來竊取那不朽的祝福嗎？莫非是

---

[166]　語見莎士比亞戲劇《特洛伊羅斯與克瑞西達》（*Troilus and Cressida*）第一幕。
[167]　語見《羅密歐與茱麗葉》（*Romeo and Juliet*）第三幕。

一隻黃蜂？他抬頭去看，卻什麼都未見到。嗡嗡聲越來越大，似乎就停在了百葉窗外面。那是飛機！在恐懼中，他從地上爬起來，跑進另一個房間，越過那開啟的窗戶，沿著小徑狂奔，穿過那高高的龍舌蘭花叢，他還來得及迎接柏納德‧馬克斯 —— 就在柏納德爬出直升機的時候。

第十章

　　在顯微鏡下，精子們長長的尾巴劇烈地甩動，它們削尖了腦袋要鑽到卵子裡去，受精完成，卵子開始發育膨脹、分裂，或者經波坎諾夫斯基程序處理而發芽、分解為一群獨立的胚胎。從命運規劃局乘坐電梯，轟隆隆一直下到地下室。在那裡深紅的黑暗中，墊著溫暖的腹膜，大口吞嚥血液替代品和荷爾蒙，胎兒們便不停地長大；或者，胎兒們也會被刻意下毒，然後失去活力，轉而成為一個發育不良的 ε 族嬰兒。在微弱的哼呀嘿喲的旋轉聲中，活動架子不為人察覺地蠕行前進，長年累月，永恆不休，直至進入脫瓶室，剛從瓶子裡倒出來的嬰兒們於是發出他們一生中第一次的尖叫——因為恐懼，也因為驚奇。

　　在下層地下室，發電機嚕嚕響動，電梯不停上下衝刺。在所有十一層育嬰室裡，現在正是餵食時間。一千八百個謹慎地做好標籤的嬰兒從一千八百個瓶子裡盡情啜飲一品脫經過消毒的外分泌營養液。

　　育嬰室上面的十個樓層裡，是小男孩、小女孩的宿舍，他們仍然太小，因此需要午休，即使午休，他們其實也忙得不亦樂乎，雖然他們自己意識不到，因為他們是在下意識中接受《社交與衛生》、《階級意識》、《幼童愛情術》等睡眠教育。

　　再上面的樓層是一些遊樂室，因為下雨了，九百個較大的孩童便忙於玩泥巴、堆磚頭，或做「找拉鍊」、幼稚的性愛遊戲，他們也自得其樂。

　　嗡嗡，嗡嗡，蜂房在嗡嗡地響呢，忙碌而快樂。少女們在試管上忙碌，一面愉快地唱歌；命運規劃局的員工們一邊工作一邊大吹口哨；在脫

瓶室裡，對著那些空空如也的瓶子，大家該是開了多麼妙的玩笑啊！但是主管與亨利・福斯特一起走進受精室時，他僵硬的臉卻滿是嚴肅。

「在這裡警示眾人，」他說，「因為容納的高等級的工人比中心其他任何地方都多。我已經告訴他，兩點半在這裡見我。」

「他工作還是不錯的。」亨利插嘴說，一副道貌岸然的慈悲狀。

「我知道。但正因如此，更要嚴肅處理。他出色的智力理當搭配相應的道德責任。一個人越有才能，誤導別人的能力也越大。一個人受罪，總好過更多人被腐蝕。福斯特先生，還是理性對待此事吧，等會你將看到，離經叛道實乃十惡不赦。謀殺殺死的只是單個人 —— 話說回來，什麼又是『個人』？」他手一揮，指著所有那些顯微鏡、試管、孵化器，「我們極輕鬆就能製造一個『個人』出來，要多少有多少。所以，離經叛道的威脅，比殺死一個『個人』更大，它是直接攻擊了偉大的社會，天啊，直接攻擊社會！」他重複道。「看，那小子來了。」

柏納德走進了房間，在一排排受精師中間穿過，一直向二人走來。得意洋洋的自信樣子掩飾不了他的緊張感。他說：「早安，主管先生，」這聲音不免過高，顯得愚蠢，於是他為了掩蓋這尷尬，又說道，「你叫我來這裡，跟你說話。」這聲音卻過於柔弱，顯得荒謬，簡直像吱吱叫。

「不錯，馬克斯先生，」主管先生盛氣凌人地說，「我確實命令你過來這裡。我知道，你昨晚結束假期回來了。」

「沒錯。」柏納德回答。

「哼，沒錯 ——」主管重複著柏納德的話，拖長了尾音，好比一條蛇蜿蜒，卻突然提高了說話的調子，「女士們，先生們，」他高聲宣揚著，「女士們，先生們。」

在試管上忙碌的少女們突然停止了唱歌；命運規劃局裡忙於看著顯微

鏡的員工們也立刻不吹口哨了。在當時當地，一片深深的沉默，眾人於是四處張望。

「女士們，先生們，」主管再一次喊道，「很抱歉，我打斷了你們的工作，因為一種沉痛的責任感迫使我來到這裡。諸位，偉大的社會，其安全和穩定正遭受危險，是的，處於危險之中呀。女士們，先生們，而這個人，」他指著柏納德，譴責道，「就是這個站在你們面前的人，這個正 α 族人，社會給予他如此之多，也對他有如此之多的期待，他身為你們的同事 —— 或者請容許我預測他即將成為你們的前同事？ —— 卻極大地背離了社會對他的信任。他對運動和索麻充滿荒謬的見解，他的性生活變態而無恥，他還敢違背我主福特的教誨，拒絕在工作閒暇時舉止嬰兒化。」（說到這裡，主管劃了一個 T 型手勢），「他公然成為了社會的敵人，一個顛覆者！女士們，先生們，他與一切秩序、和諧為敵，直至成為陰謀家，意欲動搖文明。因此，我要求羞辱他，處理他，把他從本中心所屬的職位上撤下來；我要求立刻把他轉移到最低等級的分中心。這一處分，乃是為了社會最高的利益，一定要將他驅逐出所有重要的城市。想來在冰島，他倒是有可能用他那違背主福特的言行誘人作怪呢。」說到這裡，主管先生停頓了一下，雙臂交叉，轉向柏納德，鄭重其事地說，「馬克斯，你能否提出任何理由，讓我停止執行對你的判決？」

「當然，我有理由反對。」柏納德大聲回答。

主管似乎很驚訝，卻仍然一副莊嚴的模樣，「你可以說出來。」

「當然。可是我要先去走廊拉來我的證人。稍等。」柏納德急忙跑到大門口，開啟大門。

「進來吧。」他喊道。證人進來了。她就是他的理由。

在強健年輕的眾人中間，在那些端莊周正的臉龐映照之下，琳達，這個浮腫、贅肉下垂的中年婦人，像一個怪異、恐怖的妖怪走了進來，卻一

路賣弄風情地炫耀她那破碎褪色的微笑，她一面走，一面抖動她那肥碩的雙臀 —— 那可是典型的肉慾的象徵啊！

有人喘氣，有人發出驚訝、恐懼的嘀咕聲，一個年輕的女孩尖叫起來，站在椅子上為了看得更清楚，某人打翻了兩個裝滿精子的試管。這個妖怪！

柏納德陪著她走進來。

「妳的那個人就是他。」柏納德說，指著主管。

「你以為我沒有認出來？」琳達惱火地說，然後轉身看著主管，「我當然記得你，親愛的托馬斯，無論在哪裡我都會認得你，從千人之中分辨出你。但是你是否忘記了我？你不記得了？你真的不記得了，托馬斯？我是你的琳達呀。」她站著，直勾勾地看著主管，腦袋偏到一邊，一面微笑，但是看到主管那副又厭惡又僵硬的表情，那微笑漸漸不那麼自信了，收縮著終於消失。「你真的不記得了，托馬斯？」她顫抖著重複問道。她的眼神焦慮而痛苦。那鬆垂的髒兮兮的臉龐怪異地扭曲，變成一副極端哀傷的苦相。「托馬斯！」她伸出雙臂。

有人暗自笑起來。

主管終於說話了，「這是什麼意思？這個荒謬的……」

「托馬斯！」她跑上前，毛毯拖在身後面，一把摟住了主管的脖子，將自己的臉埋在主管的胸膛。

眾人無法抑制地狂笑起來。

「這個荒謬的惡作劇！」主管咆哮道。他的臉色發紅，極力要從她的擁抱中脫身，但她卻更加絕望地抱緊了他。「我是琳達啊，我是琳達啊。」笑聲壓住了她的聲音，於是她在喧鬧中尖叫道，「我為你生了一個孩子！」

突然，眾人驚恐地停止了喧鬧，中心裡一片安靜。眾人目光飄移，極

其尷尬，不知該往哪裡去看。主管卻立刻臉色蒼白，停止了掙扎，他站住身子，手扶著她的腰，恐懼地看著她。

「是的，真的生了一個孩子，你讓我做了母親。」她說出這個淫穢的詞語，似乎在向那憤怒而沉默的人群挑釁。她又突然放開了他，羞恥啊，羞恥，逼得她雙手遮住臉，啜泣起來，「托馬斯，那不是我的錯啊，我是一直做避孕操的呀，難道不是嗎？難道不是嗎？我是一直……我就是不知道……托馬斯，要是你知道生個孩子多麼痛苦就好了……但是，他畢竟還是我的一份安慰。」

琳達轉身對著大門喊道：「約翰！約翰！」

約翰立刻跑了進來，到了門裡，他止住步伐，四處看著，然後邁著輕柔的腳步（他那雙輕軟鞋真好用），大步流星地穿過房間，在主管身前跪下，清清楚楚地喊道：「我的父親！」

「父親」（這個詞含義指的是隔一代的某種關係，遠不如生孩子那麼噁心和道德敗壞，僅僅是一個粗糙、汙穢的詞罷了，沒有那麼色情變態）這個單字既滑稽，又猥褻，化解了屋裡原先那種令人難以忍受的緊張感。眾人又大笑起來，巨大的笑聲，簡直有點歇斯底里，一陣一陣的，似乎永遠都停不下來了。

我的父親！—— 這個父親居然是主管先生！我的父親！天啊，主福特啊！天啊，主福特啊！太有趣了。咳嗽聲，狂笑聲，此起彼伏，一張張臉看上去就要崩潰，眼淚都笑出來了。又有六個裝滿精子的試管被打翻在地。我的父親！

面色蒼白，雙目怒視，主管先生看著約翰，感到極度的困惑與輕視。

我的父親！本來似乎有跡像要衰竭的笑聲，音量比前更高，又一次爆發了。主管先生將手遮住耳朵，跑出了房間。

第十一章

　　而琳達，恰恰相反，沒有引起任何轟動，沒有人哪怕有一丁點的興趣要見她。說一個人是母親，可不能當成一個笑話，那可是實在的淫穢。此外，她並不是一個真正的野人，她也是從瓶子裡孵化出來的，與其他人一樣接受制約，所以肯定沒有什麼真正離奇有趣的想法。

　　最後 —— 這是人們不想見可憐的琳達的最強而有力的理由 —— 是她那副外貌，肥胖、不復青春、一口爛牙、髒兮兮的膚色，還有那身材（主福特啊！），看到她，沒有人會不感到噁心的。是的，所有人看到她都會噁心。所以，上流社會便下定決心，不能約見琳達。而琳達，就她那方面來說，她也不想見這些上流人士。回到文明社會對她來說，就是重新遇見索麻，就是可以重新躺在床上不停地度假，永遠都不會再感冒、嘔吐，永遠都不會像喝完仙人掌酒那樣感覺糟糕 —— 彷彿做了什麼可恥的反社會的事情，再也抬不起頭來。

　　索麻帶來了完美的體驗。進入索麻的世界度假是妙極的。假如說次晨醒來之後人不舒服，也不是索麻的問題，而是與在索麻的世界度假相比較的結果。要治療這種不舒服感，那就繼續享受索麻帶來的度假吧。於是，琳達極其貪婪地索求更大的劑量、更頻繁地食用。肖醫生起初表示反對，後來還是同意她任意使用了。最後，琳達一天要吞下二十克的索麻。

　　醫生坦白告訴柏納德，「這樣下去，她一兩個月之內就完蛋了。很快就有那麼一天，她的呼吸中樞會癱瘓，她的呼吸就停止了，她就死了。這不失為一件好事。如果我們能讓人返老還童，結果自然不同，可惜我們不能。」

　　令人奇怪的是，約翰表示反對，這點大家都想不到，因為在索麻世界裡度假的琳達可是一點都不討人厭的。

　　「但是你們給她這麼多索麻，不就是在縮短她的生命嗎？」

　　「在某種意義上，你說得對，」肖醫生承認，「但是在另外一種意義上，我們其實是在延長她的生命。」

　　年輕的約翰呆呆看著，不明所以。

　　醫生繼續說道，「索麻可能會讓你在時間上失去一些歲月，但是想想吧，它能讓一個人超越時間享受到一種巨大的、難以估量的綿長之感，每一個進入索麻假期的人，在某種程度上，都是在享受我們祖先所稱的『永生』。」

　　約翰有點明白了。他喃喃自語：「永生就停留在吾輩之雙唇與雙眸。[168]」

　　「你說什麼？」

　　「什麼也沒有說。」

　　「當然，」肖醫生繼續說道，「你不能讓一個有重要工作要做的人突然進入到『永生』狀態，但是既然琳達沒有任何重要的工作……」

　　「不管怎樣，」約翰堅持說，「我仍然認為這樣做不對。」

　　醫生聳聳肩，「好吧，當然，假如你更願意看到她一直尖叫、發瘋……」

　　最終，他們說服了約翰。琳達得到了她要的索麻。從此以後，柏納德在自己所住的第三十七層公寓裡為琳達配備了一個小房間，琳達開始足不出戶。她的小房間裡，收音機、電視永遠開啟，廣藿香香水龍頭一直滴滴不休，索麻藥片一定在她伸手可及的範圍裡。其實，她根本不在這個小房

[168]　語見莎士比亞戲劇《特洛伊羅斯與克瑞西達達》第一幕。

間裡，她總是在極其遙遠的世界裡，度她的悠長假期。在那樣的世界裡，那明亮而繽紛的音樂建構了一個迷宮，一個遊轉舞動的迷宮，其不可避免的曲折環繞之處，以其美麗的曲線一直延伸到一處光亮的中心，其亮度不容置疑。在那裡，電視裡舞者的形象，化為恬美華麗的歌唱感官片裡的表演者。在那裡，龍頭裡滴下的廣藿香遠遠不止是香水，那是太陽，是一百萬個薩克斯管，是與珀毗的做愛，只是比真實的做愛更其頻繁長久，永無止境。

「不，我們無法返老還童，但是我已經很高興，」肖醫生說，「你們給了我一個機會可以看見衰老的人類的範本，非常感謝你們找到我。」他熱情地與柏納德握手。

於是，便只有約翰成為眾人追捧的對象，而只有透過柏納德—— 約翰極其信任的監護人，別人才能見到他。柏納德發現，在其一生中，人們第一次不再用常人的眼光看他，而是視他為一個重要、傑出的人。再無人議論說他胚胎時期食用的血液替代品裡有酒精，當他在場也無人再加以嘲諷。亨利‧福斯特一反常態對他極好，貝尼托‧胡佛送給他一份大禮，是六包性賀爾蒙口香糖，命運規劃局的副主管有次來找他，低聲下氣地要求參加他舉辦的一場晚會。至於女人們，只要柏納德略一暗示要與她們約會，她們便趨之若鶩，任其隨便挑選。

「柏納德邀請我下週三去見見那位野人。」范妮得意地說。

「我很高興，」列寧娜說，「現在妳不得不承認誤會柏納德了吧？妳不覺得其實他是那麼可愛嗎？」

范妮點頭同意。「我不得不說，我既驚訝，卻也開心。」

首席裝瓶師、命運規劃局主管、受精室三位副助理、情緒管理學院感官電影教授、威斯敏斯特社會合唱館主任、波坎諾夫斯基程序主管……類似顯赫人物，在柏納德的名單裡實在是數不勝數。

一次他向赫爾默斯·華生透露說，「上週我睡了六個女孩，星期一一個，星期二兩個，星期五又有兩個，星期六一個。假如我時間充裕，或者有此愛好，我還能找到至少超過一打的女孩，她們迫不及待要跟我……」

赫爾默斯沉默地聽著柏納德的吹噓，他那陰鬱的表情顯出否定的意思，柏納德被激怒了。

「你就是嫉妒我。」他說。

赫爾默斯搖搖頭，「其實我是悲傷，全是悲傷。」

柏納德氣沖沖地離去，他告訴自己，他將永遠永遠不再與赫爾默斯說話。

日子一天天過去，在柏納德的頭腦中翻騰著成功的喜悅，此等成功的過程（像所有令人迷醉之物一樣）軟化了他，使他願意接納自己的世界——雖然不久之前，他還認為這個世界不盡如人意呢。既然這世界視他為重要人物，於是萬事萬物便井然有序了。但是，儘管思想被成功所軟化，他依然拒絕放棄批判世界秩序的特權，因為批判增強了他的存在感，使他感到自己其實更重要，更偉大。而且，他確實真誠地相信，總有事物難免被人批評（與此同時，他也真誠地欣賞自己的成功，可以任意與相中的姑娘顛鸞倒鳳）。在那些為了見見野人約翰而來向柏納德獻殷勤的人面前，柏納德會炫耀自己的大膽言論和吹毛求疵，人們自然禮貌地表示傾聽，背後卻忍不住大搖其頭。

「那個年輕人，最後沒有好下場。」他們對自己的預言更其相信，因為認定他們自己將在適當的時機，親手確保柏納德的下場一定要足夠糟糕。「他不會找到另一個野人，使他第二次起死回生的。」

與此同時，因為這第一個野人的存在，人們仍然很禮貌。正因為看到人們的禮貌，柏納德以為自己必定是偉大的要人，在偉大的同時，他也因

得意洋洋而輕飄飄的，彷彿比空氣還要輕。

「比空氣更輕。」柏納德說，向上指著。

彷彿天空中一顆珍珠，高遠無比，在他們頭頂閃亮，其實那不過是氣象局的繫留氣球（Kytoon）[169]，在陽光中閃著玫瑰色的光芒。

「……所提及的野人，」柏納德收到的指示上寫道，「需向其告知文明人生活的各方面。」

此刻，碳化 T 塔天臺上，站長和駐站氣象學家陪著他，充當導遊，引導他鳥瞰文明世界。但全程其實倒是他柏納德說得最多，他自我陶醉，言行舉止表現得起碼像是世界元首正在視察一般。

比空氣更輕。

孟買綠色火箭從高空著陸，乘客們下了火箭。只見八個典型的達羅毗荼人（Dravidian）[170] 孿生子，身著卡其色衣服，扒著機艙的八個舷窗往外看 —— 他們是服務生。

「時速一千二百五十公里。」站長令人印象深刻地說道。

「你怎麼看這個速度，野人先生？」

約翰想得很妙。「不過，愛麗兒[171]四十分鐘之內就能為地球纏上一條腰帶。」

柏納德在寫給穆斯塔法·蒙德的信裡提到，「非常令人吃驚，這個野人對文明世界的發明創造無動於衷，很少感到驚訝，也毫無敬畏感。毫無疑問，這種態度之產生，源於那個叫琳達的婦女早已告訴過他這些東西，這婦女是野人的母……」

---

[169] 繫留氣球，是使用纜繩拴在地面絞車上並可控制其在大氣中飄浮高度的氣球，主要應用於大氣邊界層的探測。

[170] 達羅毗荼人，也譯作德拉維達人，大多分布在印度南部，目前人口超過兩億。

[171] 愛麗兒，莎士比亞戲劇《暴風雨》裡的小仙女。

（穆斯塔法·蒙德皺起了眉頭，「這個蠢貨是否以為我太過敏感，都見不得這個單字拼寫完全？」）

「部分原因在於他集中關注一個他稱之為『靈魂』的東西，他堅持認為，『靈魂』是獨立於物理世界的一個實體，而我則竭力向他指出⋯⋯」

元首沒注意柏納德下一句話，正準備翻到下一頁，想找些更有趣更具體的內容的時候，他被一系列奇怪的表述吸引住了。「但是我必須承認，我認同這個野人的說法，他以為文明世界輕易表現出幼稚狀，或者按他的說法，文明世界不用太大成本即可存在，為此，我深盼能藉此機會，望閣下關注⋯⋯」

穆斯塔法·蒙德原本憤怒，看至此處，卻立刻笑起來，一想到這個傢伙居然一本正經地準備教育他，是教育他啊，告訴他社會秩序如何如何，這實在是太詭異了。此人必定已經發瘋。「我要給他點臉色看看。」他自言自語，然後把頭往後一甩，大聲笑起來。不過目前，他倒不必急於給柏納德厲害瞧瞧。

此地是一個專為直升機生產燈光設施的小型工廠，是電力裝置公司的一個分廠。首席技術員和人力資源總監一起在天臺迎接他們二人（來自元首的推薦信效果無與倫比），他們沿著樓梯一直往廠房那裡走去。

「每一道程序，」人力資源總監解釋說，「盡可能都由同一個波坎諾夫斯基胚胎組的人手來執行。」

八十三個幾乎沒有鼻子的黑色的短頭顱的 δ 族人忙於冷壓工作；五十六個有著鷹鉤鼻子、一身薑黃色衣服的 γ 族人忙於操作五十六架四軸機器，一片起起落落景象；一百零七個適應熱帶氣候的塞內加爾籍 ε 族人則在鍛造廠揮汗如雨；三十三個 δ 族女性，頭顱修長，一身淡茶色，骨盆瘦狹，身高均在一百六十九公分（誤差不超過二十毫米），正在切著螺絲；在裝配間，兩組正 γ 族侏儒正在裝配發電機；又見到兩個相對很矮的工作

臺，其間由輸送帶相連，輸送帶上滿載著零件；四十七個金白髮膚、碧眼的女工，正對面的四十七名女工頭髮卻是棕色的；四十七個扁鼻子，對著四十七個鷹鉤鼻；四十七個凹下巴，對著四十七個突下巴。

十八名身著綠衣的 γ 族女孩，一律捲髮、褐色皮膚，盡力檢查完工的機械製品，隨後，三十四個短腿的左撇子副 δ 族男性將其裝箱，然後六十三個藍眼睛、淡黃頭髮、一臉雀斑的 ε 族傻子將箱子裝進等待的卡車中。

「啊，美麗新世界……」源自舊日的恨意，這野人發現自己不知不覺引用了米蘭達的語言。「啊，在美麗新世界裡，該有什麼樣的人啊。」

當他們離開工廠時，人力資源總監說：「我可以向你保證，我們的工人們幾乎從來不找麻煩，我們總是發現……」

但是這野人卻突然離開眾人，躲在一叢月桂樹後面，大肆嘔吐起來。彷彿大地都要因他的嘔吐而退縮，就像一架直升機深陷氣旋中。

柏納德寫道：「這野人拒絕享用索麻，他似乎因那個叫琳達的女人（他的母……）而深感苦悶。琳達似乎永遠處於索麻假日之中。值得記下來的是，儘管他的母……很敏感，而她的外貌也令人極其反感，但這野人卻常去看望她，似乎深深愛慕於她。這是一個有趣的案例，證明幼年的制約能調整甚至使人完全違背自己的自然衝動，要知道，人見到不好的事物本應迴避的。」

他們在伊頓公學 [172] 的天臺降落。校園對面聳立著五十二層高的樂普頓塔，在陽光中閃閃發亮。左邊是學院，右邊便是校園社會合唱館。合唱館是一組高聳的肅穆莊嚴的建築，由鋼筋水泥和維塔玻璃鑄成。在這個四合院一樣的建築結構的中心，主福特的一座精緻的不鏽鋼雕像 —— 雖然

---

[172]　伊頓公學，英國一所著名的學校，位於英格蘭溫莎，泰晤士河的河邊，該公學主要服務於上層社會，培養名人眾多。

陳舊了些 —— 挺立不倒。

在他們走出飛機的時候，院長加夫尼博士、校長凱蒂小姐已然在天臺等待。

剛開始在校園裡參觀，這野人便相當擔心地問道：「你們這裡是否也有孿生子？」

「這個嘛，是沒有的，」院長回答，「伊頓公學可是專門為上層階級的孩子們服務的，單一的卵子，獨一無二的成人。當然，這使得教育工作十分困難，但是國家需要徵召他們擔負重任、應對危機，故此也就只能堅持這種教育了。」說著他嘆了一口氣。

在那時候，柏納德忽而對凱蒂小姐甚為傾倒，「真希望您哪個週一、週三或週五晚上有空，」他說，同時用拇指指指那野人，「其實，他什麼都好奇，好怪異啊。」

凱蒂小姐微微一笑（這笑容真迷人啊，柏納德心想），向他的邀約表示感謝，她很高興哪天能參加柏納德的晚會。

院長開啟一扇門。在正正 α 教室裡僅僅待了五分鐘，卻讓野人感到一點疑惑。

「什麼是初階相對論？」他對柏納德耳語道。柏納德試圖解釋，但想了想，還是什麼都沒有說，卻提議他們去別的教室看看。

穿過走廊，開啟一扇門，他們走向副 β 族地理學教室，只聽一個響亮的女高音叫道，「一、二、三、四，」然後，這聲音一變而為疲倦與不耐煩，「跟著來做。」

「這是馬爾薩斯避孕操，」女校長解釋說，「毫無疑問，公學裡大部分女生都是不育者，我自己就是一個，」她轉而朝柏納德一笑，「但是我們仍然有大約八百名女生沒有做節育手術，故此必須堅持參加做操。」

在副 β 族地理學教室，約翰得知，「在野人保留區這樣一個地方，因為糟糕的氣候或地理局限，或資源匱乏，這些地方不值得花費成本推廣文明。」咔噠一聲，教室突然暗了，只見教師頭上那塊螢幕上，投射出阿科瑪村莊裡的懺悔者，如何俯伏在聖母瑪利亞像前，其哭泣之狀與約翰親身所見完全一樣，他們也向十字架上的耶穌或者化身為雄鷹的普公像懺悔自己的罪孽。看到這一切，年輕的伊頓學生們鬨堂大笑，而螢幕上仍然哭著的懺悔者已經站起來，脫去自己上身的衣服，並用多結的鞭子，開始抽打自己，一鞭又一鞭。學生們的笑聲更加響亮，以至經過放大器播放出來阿科瑪人的呻吟聲，完全被蓋住了。

「他們為什麼要笑？」這野人問道，他既感到痛苦，也感到困惑。

「為什麼？」院長轉身看著他，臉上依然那副豁達大笑的模樣，「為什麼？不是很簡單嗎？因為這一切看起來實在太過可笑了。」

在投影的微光中，柏納德伸手攬住了女校長的腰，要是在過去，即使在完的黑暗中，他猜想也沒有足夠的膽量做，但現在，他可是個大人物了。那楊柳般的腰肢順從了。他正準備再悄悄奉上一兩個吻，且要輕輕捏一捏她的腰肢，這時百葉門卻掃了人興，咔噠咔噠地開啟了。

「讓我們繼續走吧。」女校長說，便向百葉門走過去。

一會兒之後，院長介紹說：「這裡就是我們的睡眠教育控制室。」

只見屋內三面牆邊，整齊排列著一個個架子，架子上放著成百上千個合成音樂的盒子（一間宿舍一個）；第四面牆邊則擺放著分類箱，內裡都是錄音帶（像紙筒一樣捲著），據此可以列印出所有的睡眠教材。

「搖動這個紙筒，」柏納德解釋道，打斷了加夫尼博士，「再按下這個按鈕……」

「不對，是那個按鈕。」院長惱火地糾正道。

「好吧，按那個按鈕，紙筒開始滑動，硒光電管便將光脈衝轉化為聲波，然後⋯⋯」

「然後聲音就到了你耳朵裡。」加夫尼博士說。

「他們播放莎士比亞嗎？」在去往生化實驗室的路上，經過學校圖書館時，這野人問道。

「當然不會。」女校長說，一臉緋紅。

加夫尼博士介紹說：「我們的圖書館只收藏參考書，假如我們的年輕人想要輕鬆輕鬆，他們大可去感官電影院。但我們可不鼓勵年輕人沉溺於獨自娛樂。」

忽然，五輛滿載著孩童的公共汽車從他們身邊開過，沿著玻璃般的公路駛去。車上的孩子們，有的在唱歌，有的卻一言不發，單單擁抱在一起。

「他們剛剛，」加夫尼博士解釋道 —— 這時柏納德與女校長咬著耳朵確定了今晚的約會，「從羽化火葬場回來。所有人在十八個月大的時候，開始接受死亡制約教育，每個孩子每週要花兩個早晨待在臨終醫院，所有最棒的男孩則留下來，發放奶油夾心巧克力，於是，他們學會將死亡看成一個自然的過程。」

「就像其他所有的生理過程。」女校長插了一句，聽起來很專業。

八點鐘，他們要到達薩伏伊，這是早經安排好的。

於是，他們返回倫敦。路上，他們在布倫特福德下車，參觀了電視公司的廠房。

「我去打個電話，請等我一下，好嗎？」柏納德說。

這野人一邊等待，一邊四處看著。日班的工人們剛結束工作，成群低等級的工人們在單軌鐵路月臺前排隊等車。大約有七八百男男女女，都是

γ、δ、ε族人，這麼多人中，不同的臉或體型，只有不到十二個。凡持票男女，售票員都送上一個小小的紙藥盒。但見那男男女女的人龍隊伍緩慢向前移動。

此時柏納德回來了。

「啊，在那些小盒中，裝了什麼東西？」突然想到了《威尼斯商人》（*The Merchant of Venice*），這野人就直接用劇中的話問柏納德。

「今天發放的索麻，」柏納德回答說，聲音很模糊，因為他這時開始嚼食貝尼託·胡佛贈送的性賀爾蒙口香糖，「他們在下班時可以得到索麻，固定兩克的量，星期六還可以發放三克索麻。」

他熱忱地挽起約翰的手臂，走向直升機。

列寧娜一路哼唱著走進了更衣室。

「妳似乎非常自得其樂哦。」范妮說。

「我確實很開心，」列寧娜說，吱一聲拉下拉鍊，「半小時前，柏納德打電話給我了。」吱，吱！她褪下短褲。「今天柏納德臨時有一個約會。」吱！「他問我今晚願不願意帶著那野人去感官電影院。我要盡快飛過去了。」她快步走進了洗澡間。

目送著列寧娜離開，范妮自言自語道：「她運氣真好。」這倒不是說范妮有任何的嫉妒之心，好心腸的范妮不過是在陳述一個事實罷了。列寧娜確實幸運。那野人巨大的名人效應，她能與柏納德一起分享；作為一個普通人，她身上能反射上流社會崇高的榮耀之光。難道福特女青年協會的祕書不是邀請她做過一次經驗分享會嗎？她不是受邀參加了愛神俱樂部的年會嗎？她不是已經在《感官之聲新聞》上亮相了嗎 —— 全球億萬人因此不僅可以看到她、聽到她，而且還能觸碰她？

社會名流甚是矚目於她，這也絕非奉承之語。世界元首第二常任祕書

可是曾經請她吃過晚餐和早餐，她曾與福特首席法官共度週末，另一個週末則與坎特伯雷社會首席歌手共同享受，內外分泌物總公司的總裁一直打電話給她，歐洲銀行副行長則陪她前往多維爾 [173]。

「當然，一切都美妙至極，然而，」列寧娜有次曾告訴范妮，「或多或少，我感覺身處某種不真實之中，因為，所有這些人他們必然要問的第一個問題就是，和一個野人做愛是何感覺。而我卻根本不知道。」她搖著頭，「當然，他們大部分人都不相信，可這卻是真的。我倒希望這事真的發生，」她有些哀傷地補充說，還嘆了口氣，「這野人倒很是英俊，妳不覺得嗎？」

「難道那野人不喜歡妳？」范妮問道。

「有些時候，我覺得他喜歡我，但另外一些時候，我又覺得他不喜歡我。他總是盡一切可能迴避我；當我一進屋子，他就離開；他也不願意觸摸我；甚至不願意看著我。但是有時當我突然回過身，發現他其實倒是直勾勾地盯著我看呢。我想，妳也知道的，當一個男人喜歡女人，他們看著對方，那是什麼樣的眼神啊。」

范妮當然知道。

「我猜不透他葫蘆裡賣的是什麼藥。」列寧娜說。她因為猜不出，所以不僅感到困惑，也時感心煩意亂。「范妮，妳知道吧，我是真的喜歡他呢。」她越來越喜歡他，而現在，有一個極佳的機會擺在她面前。洗完澡，她噴了噴香水，啪，啪，啪。絕佳的機會。想及於此，她情緒高漲，忍不住唱起了歌。

「甜心，抱緊我，你讓我迷醉；甜心，親吻我，你讓我暈眩；啊，你這毛茸茸的小兔子；在你的擁抱中，你讓我感到愛意之美，好比沉浸在索麻的世界裡。」

[173] 多維爾，法國北部海濱城市。

　　芳香樂器正在播放一曲輕快提神的草藥狂想曲，百里香、薰衣草、迷迭香、紫蘇、桃金娘、龍嵩的琶音潺潺流過，香料琴鍵連續、大膽的調整，將這些植物的芳香轉化為龍涎香，穿過白檀、樟腦、香柏、新割稻草，音樂緩慢回到開頭時草藥那種單純的芳香（其間偶爾會有極其隱祕的不和諧音彈出，比如腰子布丁的味道——僅是極微弱的懷疑，或者是豬糞吧）。百里香最後一股味道也已遠去，掌聲雷動，燈光亮起。合成音樂播放器上，錄音帶開始轉動，所聽見的，是超高小提琴、超高大提琴、雙簧管代替品組成的三重奏，使空氣中迅速布滿了令人愉快的慵懶氣息。

　　三四十個小節之後，超越這合成音樂的背景之上，一個遠遠超越普通人的聲音開始歌唱，時而嘶啞，時而利用頭腔共鳴，時而空洞如長笛，時而因渴望的和音而充滿力量。歌手毫不費力地打破加斯帕德·福斯特的低音紀錄，卻又轉到譬如蝙蝠叫聲一般的高音，顫抖著，越過最高音 C，這般高音，在人類歷史上所有歌手中，只有盧克雷齊婭·阿朱嘉麗[174]某次曾經達到過。極其震撼，那是在西元 1770 年，在帕爾馬的公爵歌劇院，當時莫札特聽得此曲還以為只有天上有。

　　身陷在充氣沙發中，列寧娜和那野人一邊嗅著，一邊聽著，不時還要轉換到視覺和觸覺。

　　室內的燈光忽然又暗下去，火焰一般的字母打出來，彷彿它們在黑暗中憑空存在。

　　「《直升機上的三週》：絕妙歌唱、合成對白、彩色立體感官電影、同步伴以芳香樂器！」

　　「抓住椅子扶手上的金屬把手，」列寧娜低聲說，「否則你對感官電影的效果會沒有任何體會。」

　　這野人遵從了列寧娜的囑咐。

---

[174]　盧克雷齊婭·阿朱嘉麗（1741-1783），義大利著名花腔女高音。

此時，火焰一般的字母消失了，有十秒左右，室內完全黑暗。突然之間，立體人光芒耀眼地出現了，看起來他們有那些血肉之軀無可比擬的強健度，其真實感遠遠超越了實際人物。立體人挽著手臂，其中一個形象是一個巨人般的黑人，還有一個金髮短髻的正 β 族女性。

野人嚇了一跳，他的嘴唇上都有觸感！他趕緊抬手遮住自己的嘴唇，於是那搔癢感沒有了；待到手放回金屬把手，那搔癢感再度回來。與此同時，那芳香樂器溢位質純的麝香。忽而，錄音帶上傳來一個聲音，奄奄一息，是一隻超級鴿子鳴喚著「咕咕」；便有一個比非洲貝斯聲音還要低沉的聲音「啊啊」予以回應，其震動頻率是每秒三十二次。「咕 —— 啊！咕 —— 啊！」忽而，兩個立體形象的雙唇黏在一起，見此生香活色之景，阿蘭布拉影院裡全場觀影的六千人面部的敏感帶，彷彿遭遇不可忍受的電擊一樣，因快感而激動起來，他們叫著「哦哦……」

影片情節極其簡單，當「咕 —— 啊！咕 —— 啊！」叫了幾分鐘之後（期間還播放了一段二重唱，在那塊著名的熊皮上面還上演了一小段做愛場景 —— 命運規劃局的副主管說得沒錯，「每一根熊毛都栩栩如生呢！」），黑人遭遇飛機失事，一頭摔了下來。砰的一聲！觀者的腦袋感到那般的刺痛！他們一起叫喚起來：「哎喲！」

這一摔，使這黑人將自己的制約經歷忘得罄盡，他居然對那金髮的正 β 美人產生一股獨占的、瘋狂的激情。她一直反抗，他一直堅持，便上演糾纏、追逐、攻擊情敵的好戲，最後是一場激動人心的綁架戲。於是，黑人將金髮美女劫持到空中，飛機在空中盤旋了三個星期，這個瘋狂的黑人在此期間與金髮美人進行了瘋狂的、反社會的私人談話。終於，經歷一系列冒險和空中特技飛行後，三名英俊年輕的 α 男子英雄救美成功，黑人則被送往成人再制約中心。影片結局可謂皆大歡喜、曲終奏雅：那金髮美女成為了三名英雄的情婦。這四人抽空進行了一會合成四重奏演唱，由

超級管絃樂隊全力伴奏，芳香樂器裡便滿溢梔子花香。熊皮最後一次出現了，在薩克斯風的嘟嘟聲中，最後一次接吻 —— 那立體感啊，此後便是完全的黑暗。嘴唇上最後一絲電擊般的搔癢感也消失了，彷彿一隻垂死掙扎的飛蛾，顫抖著，顫抖著，越來越柔弱，越來越無力，終於安靜了，停止了。

但是對於列寧娜來說，那飛蛾可沒有死去。即使燈光已然亮起，即使他們跟隨人群一起蹣跚前行，往電梯那邊而去，飛蛾的陰影還在她的嘴唇上鼓翼，並在她的皮膚上掃過 —— 尋找渴盼與慾望戰慄交錯的道路。她雙頰緋紅。她抓住野人軟綿綿的手臂，拽著，按到自己的腰身。他低頭看了她一會，他臉色蒼白，痛苦與慾望交織，卻羞慚於自己的慾望。他不配和她，不……他們四目交會，看她的目光，許諾了何等美妙的機會！而她的氣質，簡直就是女王般的身價呢！他匆忙轉過目光，抽出自己的手臂。他隱隱害怕，生怕她不再是那個他認為自己配不上的人。

「我覺得妳不應該看這樣的東西。」他說。倘若列寧娜曾有過、或未來會發生任何動搖其玉女形象的醜陋言行，他一律怪罪到周圍環境上去。

「什麼東西，約翰？」

「比如這場糟糕的電影。」

「糟糕？」列寧娜真的感到驚訝了。「可是我倒是以為它很有趣呢。」

「這電影是很下流的，」他有些憤怒地說，「很無恥。」

她搖搖頭。「我不知道你究竟是什麼意思。」

他為什麼會這麼怪異？為什麼他總是刻意破壞氣氛？

在出租直升機裡，他幾乎都不看她一眼。他被那從未宣告過的強大的誓約所束縛，他遵從那其實早已放棄執行的律法，他獨坐一隅，沉默不語。時而，他突然打一個冷顫，便全身抖動起來，彷彿一個手指彈撥了某

根快要繃斷的弦。

出租直升機停靠在列寧娜公寓大樓的天臺。「終於可以了。」下飛機的時候，她歡欣鼓舞地想。終於可以了（即使他剛才顯得古怪至極）。站在路燈下，她照著手上的小鏡子。終於可以了。啊，她的鼻子倒是有點閃閃發亮呢。她用粉撲沾了些蜜粉。他正在付款，她還有足夠的時間。她用粉撲把鼻子上的亮點蓋住，一邊想到：「他長得可是非常漂亮，他本不應該像柏納德那樣羞澀的呀。然而……要是其他男人，早就跟我做了。好在，現在終於可以了。」她看著那小小圓鏡裡的半張臉，突然對著她笑了一笑。

「再──見。」身後突然傳來一個壓抑的聲音，列寧娜立刻轉過身去。他站在直升機門外，他的雙眸固執地凝視著，很顯然，剛才她往鼻子上撲粉的時候，他也是這麼看的吧。他在等待，可是為什麼？還是在猶豫，試圖下定決心，於是一直在那思考，思考？她不明白他究竟在想什麼高深的東西。「再──見，列寧娜。」他再一次說道，突然想做出一個笑臉，卻顯得苦澀。

「可是，約翰……我本來以為你會……我是說，難道你不想？……」

他卻已經關上了門，彎腰對飛行員說了什麼。直升機迅速飛到空中。

從腳底下的窗戶看下去，這野人可以見到列寧娜仰起的臉龐，在藍色的路燈光中，顯得那麼蒼白。她的嘴張開著，她在呼喊。她迅速縮小的身體終於離他遠去，而那方方正正的天臺，也迅速從黑暗中消失。

五分鐘之後，他回到了自己的房間。從他祕密藏書之地，他拿出那本已經被老鼠咬過的《奧賽羅》（Othello），如一個教徒一般，虔誠翻著那些發霉的、揉皺的書頁。奧賽羅，他記起來了，很像是那部《直升機上的三週》電影裡的英雄，就是那個黑人。

　　擦乾眼淚，列寧娜走過天臺，到了電梯裡。在下到第二十七層她的房間時，她拿出了自己的索麻藥瓶。她想，一克遠遠不夠，因為她的痛苦是一克劑量不能緩解的，但是如果她吃上兩克，她有可能第二天早上不能準時起床。權衡再三，她往左手心裡放上了三顆半克的索麻。

第十二章

「可是所有人都在等你哪！」

「讓他們繼續等。」從門裡傳來嗡嗡的聲音。

「可是，約翰哪，你完全清楚，」（用最高的聲音去勸說別人，是何等困難哪！）「我是特意邀請他們來拜訪你的呀！」

「你應該首先問問我，我願不願意跟這些人見面。」

「可是，約翰，你以前都是願意的呀。」

「正因如此，我又不想去了。」

「請讓我高興高興吧，」柏納德吼叫著、懇求著，「難道你不願意讓我高興嗎？」

「不願意。」

「你真的這麼想？」

「我就是這麼想。」

柏納德絕望地悲嘆起來，「可是我該怎麼辦呀？」

「你去見鬼吧！」門內那個惱火的聲音吼叫著說。

「可是，今晚連社會首席歌手都來了呀。」柏納德已經欲哭無淚。

「哎呀嗒哼，」看來只有用祖尼語言，野人才能準確表達他對社會首席歌手的感想，「哈匿！」他想想又加了一句，然後說（那是何等的冷嘲熱諷啊），「慫斯哎索帖那。」便朝地上吐口痰，像珀毗可能會做的那樣。

最後，柏納德只得摸摸鼻子退回到自己的房間，向已經等得不耐煩的

貴賓們通知此消息，那野人今晚不來了。眾人聽完義憤填膺。

男人們因感到被欺騙而暴怒，柏納德這個無足輕重的小人，他們居然對他彬彬有禮呢，他不過是個聲名狼藉、滿口異端思想的傢伙罷了。社會等級越高的貴賓，其憎恨感也就越強烈。

「居然敢耍我，」社會首席歌手一遍又一遍地說，「耍我！」

至於婦人們，她們嬌怒地感覺自己來錯了地方，那個可憐兮兮的矮醜小子，其胚胎瓶中肯定是誤放了酒精，長得就跟一個副 γ 人一模一樣的小體格。簡直是個羞辱，她們議論著，聲音越來越大。其中尤以伊頓公學女校長最是言語尖利。

列寧娜一言不發。她一臉蒼白，藍色眼睛裡籠上一層罕見的哀傷之霧，她獨自坐在一旁，因某種無法與他人分享的情感，而遠離眾人。她來到此晚會，原本滿懷一種既焦慮又狂喜的怪異情緒。當她走進大門的時候，她自言自語道：「只要過幾分鐘，我就會見到他，與他說話，並且告訴他（她已經毅然決然了），我喜歡他 —— 超過所有我認識的人。那時，他也許會說……」

可是他究竟會說什麼？血液湧上了她的雙頰。

「那天晚上看感官電影，他為什麼會那麼奇怪？真的好怪異。然而我毫不懷疑，他確實喜歡我。我可以確定……」

就在她喃喃自語的時候，柏納德進來宣布了消息，那野人不會來晚會現場。

瞬間，列寧娜感到了在進行「激情替代治療」開始時所感覺到的所有情緒：可怕的空虛感、令人窒息的恐懼、噁心眩暈。她的心似乎停止了跳動。

「也許那是因為他不喜歡我。」她自言自語。約翰不來晚會現場，證明

了這一點。約翰拒絕來見她，是因為他不喜歡她。他不喜歡她啊……

「實在是太過分了，」伊頓公學的女校長對火葬場兼磷回收工廠的總裁說道，「我本以為我真的可以……」

「對的，」范妮‧克朗的聲音傳過來，「關於酒精的那個事情，現在是千真萬確了。我認識一個朋友，她認識一個曾在胚胎商店工作過的人，這個人告訴了我的朋友，我的朋友告訴了我……」

「太糟糕了，太糟糕了，」亨利‧福斯特安慰著社會首席歌手，「不過，如果您感興趣，我倒是可以告訴您，其實，我們的前任主管本來馬上就要把柏納德這傢伙給送到冰島去的。」

眾人所說的每句話，都如針扎，柏納德原本開心、自信，其自我就像個飽滿的氣球，現在因為針扎露出成千小孔，慢慢漏氣癟下去。他面色蒼白、心煩意亂、可憐兮兮、焦慮不安，穿行於貴賓之間，含糊不清、結結巴巴道地歉，再三保證下次野人一定會到場，請求他們多坐坐，嘗嘗胡蘿蔔素三明治或維他命 A 小餡餅，喝一杯代用香檳。眾人照樣吃喝，卻不理他，或者當著他的面言辭粗魯，或者與別人討論他，聲音又高，態度凶狠，完全當他不存在一般。

「現在，我親愛的朋友們，」首席歌手說道，用他那一貫漂亮響亮的聲音（他可是用這聲音主持過「主福特紀念日」呢），「現在，我親愛的朋友們，我想恐怕時間已經到了，……」他站起來，放下酒杯，從他紫色的纖維膠背心上揮去許多的點心屑，向大門走去。

柏納德一個箭步跑上前，攔住了他。

「您真的必須走嗎，首席歌手閣下？……天還不怎麼黑呢，我很希望您能……」

列寧娜曾偷偷告訴他，如果發出邀請，他願意接受邀請來看看野人。

他可沒有想到他真的來了。「知道嗎，首席歌手是非常可愛的一個人呢。」她曾給他看首席歌手贈送給她的 T 字形的金拉鍊釦，這是歌手為了和她在蘭貝斯 [175] 共度週末給的紀念品。

「坎特伯雷社會首席歌手將與野人先生會面，歡迎共同見證。」柏納德在派發請帖時，用這樣的文字宣示自己的成功。可是就在這個夜晚，那野人千不該萬不該，偏偏選擇今晚把自己關在房子裡，還叫喊著什麼「哈匣」，甚至還說那麼長的一句「慫斯哎索帖那」（柏納德幸虧不懂祖尼語言）！在柏納德整個人生中，這個夜晚本該是他的光榮時刻，卻不幸成為他人生最大的羞辱。

「我是如此如此地希望您……」他結結巴巴地又說了一次，抬頭看著這個尊貴的大人物，眼神中滿是懇求，卻難免躲躲閃閃。

「我年輕的朋友，」社會首席歌手用洪亮、莊重肅穆的聲音說道 —— 此時屋內一片安靜，「且讓我給你一個忠告，」對著柏納德，他搖晃著手指，「在一切還沒有變得不可挽回之前，一個忠告。」此時他的聲音變得有些陰森森的，「改正你的行為，我年輕的朋友，改正你的行為。」他朝柏納德頭上做了一個 T 字手勢，轉身離去。「親愛的列寧娜，跟我一起來。」他換了一個口氣叫著列寧娜。

列寧娜順從了，但是一臉冰冷，並無興高采烈（她倒是完全不知道首席歌手閣下賜予的是何等的榮耀呀），尾隨著歌手離開。其他賓客表達完對他的敬意，稍等之後，也魚貫而去。最後一個人砰的關上門。柏納德現在是孤孤單單一個人了。

被刺傷了，徹底洩氣了，他一屁股倒在椅子上，雙手捂住了自己的臉，啜泣起來。幾分鐘之後，他想了又想，拿出了四顆索麻。

在樓上，野人在閱讀《羅密歐與茱麗葉》。

---

[175]　蘭貝斯，是英國中倫敦的一個行政區，位於倫敦的蘭貝斯倫敦自治市。

列寧娜和社會首席歌手踏上蘭柏宮的天臺,「快點,我親愛的朋友,我是說,列寧娜。」歌手在電梯口不耐煩地喊著她。而列寧娜,徘徊於天臺,在看那月亮,一會兒之後,她低下了頭,匆忙跑過天臺,到了歌手身邊。

穆斯塔法‧蒙德剛剛看完一篇名為《生物學新發現》的文章,他皺著眉頭沉思著,然後拿起筆,在標題旁寫下如此幾句:「作者用數學方法處理目的這個概念,看來新鮮、很有創意,其實卻是異端邪說,考慮到維持目前社會秩序,這些說法是危險的,具有潛在的顛覆性,不允許公開出版。」他在如下幾句話下面劃了重點線:「必須監視這個作者,如有必要,將之關到聖赫勒拿島[176]的海洋生物學研究站。」

他簽下了自己的名字。他想,真是一個可憐蟲。文章倒是寫得呱呱叫。可一旦有人試圖依據目的來解釋事物,就沒有人知道會是什麼後果了。就是這類想法,極易破壞那些高階族群中制約尚未徹底的腦子,使他們放棄對「至善者幸福」的信仰,轉而相信「目的」在另外什麼地方,遠離目前人類生活的世界,而生活的「目的」並非維持幸福,而是對自身意識的加強和改善,以及對知識的拓展。元首認為,這或許很有道理,但在目前形勢之下,卻是不能容許的。他再次拿起筆,在「不允許公開出版」字樣下劃了第二條線,比第一道線更粗、更黑。突然他嘆了口氣,心中想道,「如果不必在乎幸福,那會多麼有趣。」

約翰閉著眼睛,臉上因狂喜而發亮,他對著虛空溫柔地朗誦:

「啊!她停歇於黑夜的雙頰,
卻比火炬更明亮,
好似照耀黑人的珠寶耳墜,
佩戴時太過美麗,

---

[176]　聖赫勒拿島,大西洋中的一個島嶼,拿破崙(Napoleon)曾流放到此,並死在這裡。

對大地來說又太過珍貴。」[177]

列寧娜胸口上，T字型的金拉鍊釦閃閃發亮。社會首席歌手嬉戲一般地抓住它，把玩不休。列寧娜突然說話了，打破了長時間的沉默，「我想，我最好吃個兩三克的索麻。」

此時，柏納德睡得很死，在睡夢中，他因自己身處私密的天堂而微笑。微笑著，微笑著。但是，每過三十秒，他床頭的電子鐘的分針都要無情地向前跳一格，伴著輕微至極的嘀嗒聲。嘀嗒，嘀嗒，嘀嗒，嘀嗒……轉眼便是清晨。柏納德不得不回到充滿痛苦的現實中。當他乘坐出租直升機前往孵育暨制約中心工作時，情緒極其低落。成功帶來的陶醉感已然煙消雲散，他不過是舊日那個平凡的人，與過去那幾週裡他那膨脹如氣球一樣的自我相比，舊我似乎前所未有的沉重，壓過周遭的環境。

聽著柏納德講述自己的悲慘遭遇，約翰說：「你現在更像是在瑪爾普村的模樣了。你還記得我們第一次討論的時候嗎，就在那個小房子的外面？你現在比較像那時的樣子。」

「這是因為，我又一次感覺不到快樂了。這就是原因所在。」

「相比較你曾享受的那種自欺欺人的快樂，我寧願做一個鬱悶的人。」

「但我喜歡那種快樂。」柏納德苦澀地說，「可是你導致了現在的這一切，你拒絕參加晚會，於是他們所有人反過來與我為敵！」但柏納德知道，自己這麼說，既荒謬又不公平。他在內心深處承認，最後還大聲認同這野人所講的道理：那些因一點小小的刺激就掉轉身成為迫害你的敵人，選這樣的人做朋友毫無意義。

儘管有此領悟，並親口承認，儘管他這位朋友的支持和同情是他目前僅存的安慰，但柏納德固執依舊。即使真的喜愛野人，他卻仍然暗暗萌生

---

[177]　語見《羅密歐與茱麗葉》第一幕。

出了對野人的恨意，他於是不斷修正計畫，預備給予野人小小的報復，以洩心頭之恨。對社會首席歌手充滿恨意是沒有用的，對首席裝瓶師、命運規劃局副主管展開報復亦絕無可能。但對於柏納德來說，野人與別人相比有巨大的優勢：他近在咫尺，適合成為一個受害者。朋友的主要功能之一，就是承受（以一種更溫和、更具象徵性的方式）我們更願意給予卻不能給予敵人的懲罰。

另一個可以成為報復對象的朋友是赫爾默斯。當柏納德深感挫敗時，他再一次尋求赫爾默斯的友情 —— 在他飛黃騰達的時候他還以為與赫爾默斯的友誼毫無保留價值呢。赫爾默斯接納了他，連一句責備、批評的話都沒有，似乎他已經忘記了兩人曾有過爭執。柏納德深深感動，但同時卻感到，對方的寬宏大量羞辱了他，而這種慷慨越是非凡對他羞辱越深，因為這種慷慨不是源自索麻的作用，而是源自赫爾默斯的天性。摒棄前嫌的是日常生活中的赫爾默斯，而不是吃上半克索麻度假的赫爾默斯。因此，柏納德既深懷感激（重新擁有朋友是多大的安慰啊），又心生仇恨（因其慷慨而對赫爾默斯展開報復將會帶給他怎麼樣的快樂啊）。

在失和之後第一次見面時，柏納德向赫爾默斯大吐苦水，尋求到了安慰。但直到幾天之後他才知道，他不是唯一一個深陷麻煩的人，赫爾默斯也與上級產生了衝突，這令他感到震驚、羞愧、刺痛。

「是關於一些歌謠，」赫爾默斯解釋說，「當時我正為三年級學生正常講授《高階情感管理》課程，這個課程一共有十二講，其中第七講是關於歌謠的，準確說，該講的題目是《道德宣傳及廣告中的歌謠使用法》。在講課時，我通常會引用一些技術上的實例。這次上課，我想用一個自己所寫的例子，完全發瘋了，我知道，但我就是忍不住這樣做了。」他笑起來，「我當時很好奇，學生們會是什麼反應呢？此外，」他加了一句話，這次嚴肅多了，「我也想做一些宣傳，我希望能使學生們感受下我在寫作

這首歌謠時的情感。主福特啊！」他又一次笑起來，「最後我得到了多少噓聲啊！校長立刻叫我過去，威脅要把我開除。現在我是一個名人了！」

「你到底寫了什麼歌謠？」柏納德問道。

「是關於孤獨的。」

柏納德驚訝地揚起了眉毛。

「如果你想，我背給你聽。」於是，赫爾默斯背誦起來：

「昨日開了委員會，權杖飛舞小破鼓。城市午夜很熱鬧，好比長笛真空叫。閉上嘴唇闔上眼，好比機器把工停。到處垃圾一片靜，人群偏愛此地住。沉默之人皆高興，大聲小聲一起哭。有了聲音好說話，不知和誰來言語。蘇珊不見艾珏失，但見玉臂和胸脯。雙唇火熱屁股翹，眾中現出一妖嬈。要知是誰我來問。怎麼這般之荒謬？明是此妹忽不是！不管不顧且忙碌，漫漫黑夜要充斥。交媾也是要緊事，何以看來甚淫逸？」

「我就是為他們舉了這麼個例子，他們卻去向校長告我的狀。」

「我一點都不驚訝，」柏納德說，「你這歌謠完全就是跟他們的睡眠教育相違背。難道你忘記了？學生們至少接受過二十五萬次的制約，他們早學會了，一定要反對孤獨。」

「我知道啊，可是我就想看看，講講孤獨會有什麼樣的反應。」

「那麼，現在你看到了。」

赫爾默斯卻只是笑。「但我覺得，」他說，忽然沉默了一會，「似乎我準備寫些東西。好像我內心深處感覺到的那股力量——那股多餘的、潛在的力量，我已經可以運用。似乎有什麼東西正在向我奔來。」

柏納德想，雖然赫爾默斯身陷麻煩，但他看起來卻極度快樂。

赫爾默斯和野人立刻相互喜歡起來，他們相處如此友善，使得柏納德感到一陣嫉妒的刺痛。這麼多天來，他從來沒能和野人走得這麼近，而赫

爾默斯立刻就做到了。看著他們在一起，聽著他們的談話，他發現自己有時深深後悔，要是他從來沒有介紹兩人認識就好了。他為自己嫉妒別人感到羞愧，於是強迫自己不去想，或者吃點索麻了事。可是他的努力並不怎麼成功，而且在索麻假日之間，難免會有一些間隔。於是，那種可憎的情緒不時來襲。

赫爾默斯在第三次與那野人碰面時，再次背誦了他所創作的有關孤獨的歌謠。朗誦完，他問：「你認為寫得怎麼樣？」

不料這野人搖搖頭。「不如來聽聽這個。」他說，只見他開啟抽屜，拿出他藏匿的那本被老鼠咬破的圖書，開啟一頁，他開始朗讀：

「命那歌聲嘹亮的鳥兒，

停歇在孤獨的阿拉伯之樹上，

預報憂傷，吹響號角……」

赫爾默斯認真聽著，逐漸興奮。起初被「孤獨的阿拉伯之樹」激動，聽到「你那尖叫的預言者啊」時他因突然喜悅而微笑，聽到「所有狂暴之翼的鳥」，血液湧上他的雙頰，但是在聽到「輓歌作響」之時，他臉色蒼白，因某種陌生的情感而戰慄。這野人繼續朗誦：

「珍寶如是令人驚駭，

自我卻不復如舊。

單一天性竟有兩個名字，

卻無人稱呼其中之一。

理性本身困惑異常，

何以分離者轉而合一……」[178]

「喔奇潑奇！」柏納德說，他大聲笑著，卻笑得勉強，打斷了朗誦。「這不就是團結儀式日上的聖歌嗎？」他這可報復了兩個朋友。他絕不願

---

[178]　語見莎士比亞詩歌《鳳凰與斑鳩》（*The Phoenix and the Turtle*）。

意他們兩個互相欣賞彼此，超過對他本人的喜歡。

在此後兩到三次會面時，他屢次重複這招，以為報復。方式雖然簡單，效果極佳，因為赫爾默斯和野人對任一首美如水晶的詩歌被打斷和玷汙而感到深深的痛苦。最後，赫爾默斯威脅說，如果柏納德再敢打斷朗誦，就要把他踢出房間。但是，非常奇怪的是，下一次打斷詩歌朗誦的人，正是赫爾默斯自己，而且比柏納德的方式更可恥。

當時，那野人正在高聲朗誦《羅密歐與茱麗葉》（一直以來，他都假想自己就是羅密歐而列寧娜就是茱麗葉），充滿了緊張、戰慄的激情。這對情人初次見面的場景，赫爾默斯聽得既困惑，又很有興趣。果園的場景因其如詩如畫而使得他大為高興，這其中的情感卻使他發笑。一想到為了得到一個女孩竟陷入這般境地，不是可笑異常嗎？不過，單就語詞的使用來說，實在是情感管理的佳作！「那個老死的傢伙，令現在最好的宣傳技術員看起來就像個白痴。」那野人得意地笑了，繼續朗誦下去。朗誦很順利，直到第三幕最後一景，描寫凱普萊特先生和夫人強迫茱麗葉嫁給帕里斯，赫爾默斯在整個場景的朗誦過程中都坐立難安，當那野人悲傷地模仿茱麗葉的哭喊：

「雲端之上神靈豈無同情？
未曾看見我內心悲傷深沉？
啊，溫善的母親，請勿離我而去：
先暫緩婚期，哪怕一月或一週。
假如你不同意，也請鋪好新娘的婚床，
在那提伯爾特長眠之地，那幽暗的墳場……」[179]

當朗誦完茱麗葉的這段話，赫爾默斯爆發出一陣難以抑制的大笑。

母親、父親（古怪而淫猥的詞語）迫使女兒跟一個她不喜歡的人睡

---

[179] 語見《羅密歐與茱麗葉》第三幕。

覺！而這傻女孩卻不明說她另有男人（至少就當時的情況來說）！這等的
猥褻與荒唐，使整個敘述場景都變成一場玩笑。他本來一直極力抑制著自
己不斷高漲的歡樂之情，可是，「溫善的母親」（這野人竟用痛苦、戰慄的
音調讀出來），還有提到的「提伯爾特長眠」 —— 明顯不是火化的嘛，竟
把身上的磷浪費在一個墓碑裡，使他再也忍不住了。他不停難以抑制地笑
著，眼淚都笑了出來，流到了臉上。而野人因惱怒而臉色發白，越過書本
看著他，看到赫爾默斯並無罷休之意，他憤怒地合起了書，站起來，就像
一個人當著豬的面收起自己的珍珠一樣，他將書鎖在了抽屜裡。

　　赫爾默斯終於停住了大笑，立刻向野人道歉，他平息了野人的憤怒，
使其耐心聽他的解釋。赫爾默斯說：「然而，我很清楚，寫作時需要這些
荒謬、瘋狂的場景，因為不這樣，就寫不出來好東西。為什麼我說那個老
傢伙是一個如此傑出的宣傳技術員？就是因為他擁有這麼多瘋狂、折磨人
的情節，令人不知不覺地很興奮。只有感到挫傷、苦惱，否則就無法想出
這些真正出色、具有穿透力的、彷彿 X 光一樣的句子。可是，說到父親和
母親！」他搖起頭來，「你可別想讓我能正視這兩個詞，此外，誰會對一
個男孩是否擁有一個女孩感到激動呢？」（野人畏縮了一下，但其時赫爾
默斯正沉思地看著大門，沒有注意到）他嘆了口氣總結說，「不會的，沒
有人會對此感到激動，我們需要的是別的類型的瘋狂、暴力，可是該是什
麼樣的瘋狂、暴力呢？怎樣才能找到這些瘋狂、暴力的情節呢？」他沉默
了，又一次搖搖頭，「我不知道，我真的不知道。」

第十三章

「今晚要不要去看場感官電影？」

列寧娜搖搖頭，一言不發。

「今晚另有約會？」他對自己的朋友之間如何互相約會很感興趣。「是不是貝尼托？」他問道。

她又一次搖搖頭。

亨利從那雙紫色的眼睛中發現了疲憊，從臉部紅斑狼瘡般的光澤下發現了蒼白，從深紅色、板著的嘴角邊發現了憂傷。「妳不舒服，對嗎？」他問，略感焦慮，生怕她可能感染了目前地球上僅存的幾種流行病。

但列寧娜再次搖搖頭。

「無論如何，妳都應該去看看醫生，」亨利說，「醫生一天見一次，疾病一邊去。」他熱心地引用名言，為使她更加理解這句睡眠教學中的名言，他還拍了拍她的肩膀。「也許妳需要用一次妊娠替代品，或者做一次超強的『激情替代治療』，妳也知道的，有時普通的『激情替代治療』效果不是……」

「天啊，看在主福特的面上，」列寧娜說，打破了她那固執的沉默，「給我閉嘴！」她轉身去忙被她疏忽了的胚胎去了。

還「激情替代治療」呢！她都快笑出來了，可是那時她都快要哭了。難道她還沒有受夠自己的激情？在往針筒裡填充的時候，她深深地嘆了口氣。「約翰哪，」她喃喃自語，「約翰……」然後突然沉思起來，「我主福特啊，我究竟有沒有往這個胚胎瓶裡注射過嗜睡症疫苗？」她已經記不住

啦。最後，她決定不能冒險再多注射一次，便轉而應付下一個胚胎瓶。（從這個時候開始往後數二十二年八個月零四天，穆萬紮市的穆萬紮地區一位前途遠大的年輕副 α 管理員將因嗜睡症而死，這是半個世紀以來第一次發生這種情況。）她一邊繼續工作，一邊嘆息不止。

一小時之後，在更衣室裡，范妮積極反對，「看看妳把自己弄成了什麼樣子，妳不覺得荒唐嗎？實在太荒唐啦！」她重複著，「這是怎麼回事？一個男人？又是一個男人？」

「對，但那是我真正想要的男人。」

「難道世上其他男人不是千千萬萬？」

「可我不要他們。」

「你不試怎麼會知道？」

「我已經試過了。」

「可是妳試過多少男人？」范妮問道，輕蔑地晃晃肩膀，「是一個，還是兩個？」

「幾十個吧。」列寧娜搖頭補充說，「但是，毫無用處。」

「看來，妳還要繼續加油，」范妮言簡意賅地說，但是很顯然，她對自己開的處方信心也不足。「沒有堅持一事無成。」

「但是同時⋯⋯」

「別去想他了。」

「我不能不去想。」

「那就吃點索麻。」

「我吃啊。」

「那就繼續吃。」

「但是在兩次索麻的間歇，我仍然喜歡他呀。我會永遠都喜歡他。」

「啊，如果這樣的話，」范妮堅定地說，「妳為什麼不去找他，要他？妳大可不用管他自己要不要妳。」

「可是妳不知道他是一個多麼怪異的人！」

「如果這樣的話，妳更要採取強硬的措施。」

「說來容易做來難。」

「別去管那些廢話，行動第一。」范妮的聲音就像小號，她彷彿是在福特女青年協會發表一場晚間演講，對著副 β 族少年們大訓特訓。「是的，去行動吧，立刻。現在就行動。」

「我害怕。」列寧娜說。

「不怕，妳只需先吃上半克的索麻。而我得去洗澡了。」她走了進去，身上裹著毛巾。

門鈴響起，野人一直都在期待赫爾默斯這個下午會過來（他本來打定主意要跟赫爾默斯談談列寧娜，把這個祕密再掩藏多一點點的時間他也忍受不了了），因此一聽到門鈴聲，便跑去開門。

「我預料到是你，赫爾默斯。」他一面開門，一面大叫道。

不料站在門口的，竟是列寧娜。她穿著一件白色的醋酸纖維及綢緞成分的海軍裝，戴著一頂白色的圓帽，輕輕巧巧地斜掛到左耳朵上。

「啊！」野人說。彷彿某人狠狠擊打了他一下。

半克索麻足以讓列寧娜忘掉恐懼與窘迫。「你好，約翰。」她說，微笑著，越過他，走進了屋子。他機械地關上門，跟著她。列寧娜坐下來。兩人一時沉默起來。

「你似乎不怎麼高興看到我，約翰。」終於是她先說話。

「不高興？」野人責備地看著她，卻突然雙膝著地，跪在她跟前，抓住她的手，充滿敬意地親吻。「不高興？啊，真希望妳知道，」他低聲說，大膽地抬頭看著她的臉，「我那敬愛的列寧娜呀，『我對妳懷著最高的敬意，在這世上，妳是最最珍貴。[180]』」她對著他笑，顯得非常恬美溫柔。「啊，妳是如此完美。」（她張開雙唇向他傾下身去，）「如此完美又如此無與倫比，是所有造物的頂峰！」（她靠他越來越近）。但這野人卻突然站起來，「這就是為何，」他說，扭過臉，不去看她，「我想先做成一些事情，⋯⋯我的意思是，我想證明我配得上妳。我不是說真的能配得上妳，但是或多或少證明我不是一文不值。我真的想做一些事情。」

「你為什麼認為有必要⋯⋯」列寧娜說，卻沒有說完。她的聲音中包含著一絲惱火之意。她本已經彎下身來，越來越近了，而且她的雙唇都已經張開，卻最終發現自己什麼都沒有碰到，僅僅因為這個傻瓜突然站了起來。這個理由足夠了，即使半克索麻正在她的血液中流淌，她也找到發火的理由。

「在瑪爾普村，」這野人還在斷斷續續地喃喃自語，「你必須將一張美洲獅的皮送給心愛的人，我是說，如果你想娶一個女孩的話。或者一條狼皮也還可以。」

「英格蘭沒有獅子。」列寧娜打斷了他的話。

「但是即使這裡有獅子，」這野人話中突然冒出一股輕蔑的憎恨之情，「這裡的人也已經坐著直升機把牠們殺光了，我想，恐怕是用毒氣或類似的什麼東西吧。列寧娜，我才不會這麼做。」他挺起胸膛，大膽地看著她，卻碰到了她不解、惱火的目光。他感到很困惑，「我會做任何事，」他繼續說著，卻越來越不連貫了，「只要妳命令我去做。『有些事情乃是痛苦的，』你知道的，『可是勞苦中卻蘊藏了喜悅。[181]』我確實如此感覺，我是說，我甚至願意為妳清掃地板，只要妳命令我。」

---

[180]　語見《暴風雨》第三幕。

[181]　語見《暴風雨》第三幕。

「但是我們有真空吸塵器，」列寧娜困惑地說，「你不需要自己掃地啊。」

「是不需要，確實不需要。但『為心愛之人，做一些卑賤的事情，才能顯示愛的崇高。所以，我要為妳做一些卑賤的事情。』[182] 難道妳不明白？」

「可如果明明有了真空吸塵器……」

「問題的關鍵不在這裡。」

「而且掃地的事情都是 ε 族傻子做的，」她說，「而你，真的要掃地？可是為什麼？」

「為什麼？是為了妳，只是為了妳。我只想以此告訴妳，我是……」

「再說了，你剛才一下說獅子，一下又說真空吸塵器，它們有什麼關係嗎？」

「只是為了表明我有多麼……」

「或者你就是想說獅子見到我很高興……」她越說越惱火。

「我有多麼的愛妳，列寧娜！」他近乎絕望地說。

一股突然的狂喜，好似潮水來襲，反映在列寧娜臉上，便是那緋紅的雙頰。「約翰，你真的是這麼想的嗎？」

「但我本來不想說出來的，」這野人叫道，握緊雙手，苦惱至極，「不是現在……聽著，列寧娜，在瑪爾普村，人們要結婚。」

「結什麼？」她聲音中又透著惱火。都這個時候了，他還唧唧歪歪什麼？

「永遠。他們必須承諾，永遠在一起生活。」

「這是什麼餿主意！」列寧娜深感震驚。

---

[182] 語見《暴風雨》第三幕。

「衣服常換常新，靈魂亦如是，常新的靈魂使美貌永駐，足以將血液的衰老制服。」[183]

「你說什麼？」

「這是莎士比亞說的話。還有呢：『在圓滿聖潔之儀式前，若你膽敢破壞那處女貞操之帶……』[184]」

「看在主福特的面上，約翰，清醒清醒吧。你說的話我一個字都不懂。首先你說的是真空吸塵器，然後又說什麼帶子。你非得把我逼瘋不可。」她瞬間站起來，卻似乎怕他身體與靈魂一起逃跑，於是一把抓住他的手腕。「回答我的問題，你究竟是真喜歡我，還是不喜歡？」

他忽然沉默了一陣，然後極低聲地回答說，「我愛妳，勝過世間萬物。」

「那你怎麼就不直接說？」她叫起來，她惱火至極，尖尖的指甲都戳破他肉了，「卻只顧胡扯什麼帶子啊、真空吸塵器啊、獅子啊，你可是讓我痛苦了好幾個星期啦！」

她怒氣沖沖地把他的手甩到一邊去。

「如果不是這麼喜歡你，我真的會對你發火！」

突然間，她的手勾住了他的脖子。他感到她的雙唇柔柔地吻上了他。那雙唇啊，是那般甜美、溫柔、火熱，如電一樣顫抖，使他不由自主地想到了感官電影《直升機上的三週》裡那些擁抱場景。啊！啊！那立體感活生生的金髮美人！啊！那超越真實的黑色愛神！太可怕了，太可怕了，太可怕了……他試圖掙脫，但是列寧娜卻更緊地摟住了他。

「為什麼不早點說呀？」她柔柔地說，抬頭看著他。她的目光中滿是溫柔的責備。

「『即使在最黑暗的密室，在最方便的所在，即使我的壞精靈賜予我

---

[183]　語見莎士比亞悲劇《特洛伊羅斯與克瑞西達》第三幕。
[184]　語見《暴風雨》第四幕。

最強烈的誘惑，也休想令我的榮耀軟化為肉慾。』[185] 絕不，絕不！」他是打定了主意。

「你這個傻瓜！」她調笑著說，「我早就想要你，如果你也想要我，你怎麼就不主動呢？……」

「可是，列寧娜……」他爭辯說。這時，她立刻鬆開了雙手，後退一步，那時，他想，她已經領悟了他沒有說出口的暗示。而她卻解開了白色漆皮帶，小心地掛在椅背上。他懷疑自己剛才理解錯了。

「列寧娜！」他不知所措地叫著她的名字。

她手彎到脖子後面，拉著背後的拉鍊，她那白色的海軍服便徹底解開了，現在他徹底明白了。「列寧娜，妳要做什麼？」

吱，吱！繼續拉拉鍊的聲音，算是她無聲的回答。她脫去了喇叭褲，露出那淡粉的拉鍊連褲內衣，於是，社會首席歌手送的 T 字形的金拉鍊釦，便在她酥胸前徘徊。

「曼妙的乳峰，隱藏在透明胸衣之中，一旦被男人窺見……[186]」那歌唱般的、雷鳴般的、魔力般的詞語，令她顯得半是妖魅，半是迷人。如此酥柔，如此酥柔，卻又尖聳。鑽啊，鑽啊，鑽透理性；穿啊，穿啊，穿破決心。「倘若血液因慾望沸騰，即使最堅固的誓言，也彷彿靠近火把的稻草，瞬間就會飛灰湮滅。務必更加克制，否則……[187]」

吱！那粉色的渾圓的胸脯豁然開朗，好比清爽的蘋果分成兩半。手臂抖動，右腳邁一步，左腳再邁一步，身體便脫離拉鍊連褲內衣，任其躺在地上，似乎洩了氣的氣球一樣。

仍然穿著鞋襪，那白色的禮帽仍然輕巧地斜戴在頭上，列寧娜便如此

---

[185]　語見《暴風雨》第四幕。
[186]　語見《雅典的泰門》第四幕。
[187]　語見《雅典的泰門》第四幕。

向他走來。「甜心，甜心！你要早點說該多好！」她伸出了雙臂。

但這野人卻並沒有回應，既不說「甜心」，也沒有伸出雙臂，卻害怕地往後縮，雙手朝著她亂擺，似乎是在趕走什麼侵入的猛獸。後退四步，他已經背靠了牆。

「啊，親愛的人啊！」列寧娜說道，雙手扶在他的肩膀上，身子緊緊貼了上去。「雙手抱住我，」她發出命令，「甜心，抱緊我，你讓我迷醉！」當她發出命令時，一樣充滿了詩意，她知道用詞，那會歌唱的詞，那符咒一般的詞，那鼓點一般的詞。「吻我。」她閉上雙眼，聲音漸低，譬如夢中呢喃，「吻我，讓我迷狂吧。抱緊我，親愛的，溫暖我……」

這野人卻抓住了她的手腕，扭開她的雙手，粗暴地把她推到離自己一臂之外的距離。

「哎喲，你弄疼我了，你這個……啊！」她突然沉默了。恐懼使她忘記了疼痛。睜開眼，她見到他的臉 —— 不，那不像他的臉，而是一個殘忍的陌生人的臉：蒼白、扭曲、顫抖，因了某種瘋狂的、難以言表的狂怒。

她嚇呆了。「約翰，出了什麼事？」她輕聲說道。他沒有回答，但用那瘋狂的眼睛盯著她，捏住她手腕的那雙手一直在顫抖。他呼吸錯亂，大口喘氣。雖然輕微到幾乎聽不到，但是在恐懼中，她突然聽到了他咬牙切齒的聲音。「出了什麼事？」她幾乎尖叫起來。他似乎被她的尖叫喚醒了，突然抓住了她的雙肩，拚命搖晃：

「婊子！」他咆哮道，「婊子！無恥的妓女！」

「啊，不要啊，不要！」在他的搖晃中，她發出的抗議聲音變得戰慄，聽來怪異。

「婊子！」

「求你了。」

「該死的婊子！」

「一克藥總比……」她準備引用名言呢。

但這野人猛地推開她，她踉蹌著倒了下去。「滾，」他咆哮道，站在她面前，威脅她，「別讓我再看見妳，否則我就殺了妳。」他緊握著拳頭。

列寧娜舉起雙臂遮住自己的臉。「不，請不要打我，約翰……」

「快滾！快！」

一隻手仍然舉著，恐懼的眼睛一直盯著他的每個動作，卻終於爬起身。她仍然蜷縮著，抱著頭，往浴室衝過去。

但她後背又遭了狠命的一掌，巨大的響聲就像子彈發射。「哎喲！」她身子被打得往前一竄，然後加速跑進了浴室。

在浴室，確定門安全關緊之後，她開始看著自己所受的傷。背對著鏡子，她扭過頭看。越過左肩膀，她看見一道深紅的掌印，在她珍珠一樣的肉體上，極其顯眼。她小心翼翼地摩挲著傷處。

在外面，另一個房間裡，那野人大步來回，那行軍一樣急速的腳步聲，好像應和著鼓聲和符咒的音樂。「鶺鴒也熱衷那勾當，小小的金蠅在我眼皮子底下縱慾。」這些詞語發狂一般在他耳朵內轟鳴，「臭鼬和騷馬，交尾之時都無這般浪蕩。腰部以上還可稱得上是女人，腰部以下，盡是妖魔鬼怪。神靈保管著腰帶以上的部分，腰帶以下的部分可就是撒旦的歡場——那是地獄，那是黑魘，那是硫磺之坑，灼燒之地，惡臭連連，焚燒殆盡。呸，呸，呸！你這神醫啊，且賜我一些麝香，驅趕那可怕的想像。[188]」

「約翰！」列寧娜大著膽子，做出討好的聲音，從浴室裡輕聲叫喚，「約翰！」

---

[188]　語見《李爾王》第四幕。

「啊，妳這雜草，美麗嬌嬈，芳香可人，任誰見了都心疼。可就是這等漂亮至極的書，妳卻要任人在上面標下『婊子』二字 —— 即使是上天也將掩鼻而過？……[189]」

但是她的香味依然在他身旁徘徊，他的夾克上，還保留著她的香粉 —— 那香粉噴在她天鵝絨一樣的身體上，芳香撲鼻啊。「無恥的妓女，無恥的妓女，無恥的妓女。」他不自覺地念叨著這無情的韻文。「無恥的……」

「約翰，你能不能把我的衣服給我？」

他撿起喇叭褲，海軍服，拉鍊連褲內衣。

「開門！」他喊道，踢了門一腳。

「不，我不開。」門裡的聲音顯得恐懼，卻有反抗的意味。

「這樣的話，你以為我該怎麼把衣服給妳？」

「從門上的通風窗塞進來。」

他照做了。然後繼續在房間裡心神不定地踱步。

「『無恥的妓女，無恥的妓女。[190]』

『魔鬼啊，你那豐碩的屁股、馬鈴薯一樣肥胖的手指頭……[191]』」

「約翰。」

他不想回答。「豐碩的屁股、馬鈴薯一樣肥胖的手指頭。」

「約翰。」

「到底想幹嘛？」他粗聲粗氣地問。

「我想，你能不能把我的馬爾薩斯腰帶給我。」

---

[189]　語見《奧賽羅》第四幕。
[190]　語見《奧賽羅》第四幕。
[191]　語見《特洛伊羅斯與克瑞西達》第五幕。

　　列寧娜坐在浴室裡，聽著隔壁房間裡的腳步聲，一邊聽，一邊想，他到底要來來回回走上多久？她是不是要一直等到他離開公寓？或者，假如足夠安全，等他的瘋狂慢慢消退，她就開啟門，奪門而出？就在她胡思亂想的時候，隔壁房間響起了電話鈴聲，打斷了她的思緒。突然間，約翰停止了踱步。她靜靜地聽著那野人打電話的聲音。

　　「你好。」

　　……

　　「是的。」

　　……

　　「如假包換，我就是。」

　　……

　　「是的，你沒聽到我說嗎？我就是野人先生！」

　　……

　　「什麼？誰生病了？當然，我對這很感興趣。」

　　……

　　「但是真的很嚴重？她真的很糟糕？我立刻就到……」

　　……

　　「她不在房間裡？她被帶到哪裡去了？」

　　……

　　「哦，天啊！地址是哪？」

　　……

　　「花園弄三號，對嗎？三號？謝謝。」

　　咔噠一聲，列寧娜聽到話筒放回原位，又聽到匆忙的腳步聲。一扇門

砰的一聲關上了。外面一片寂靜。他真的走了？

　　她極其小心地把門開了一道小縫，從縫裡往外看，外面確實空無一人。她大著膽子把門縫開得更大，伸出了頭，然後踮著腳尖走出來。她的心怦怦直跳。她站了幾秒鐘，認真去聽，然後衝到前門，開啟，溜出去，砰的一聲關好門，跑走了。直到進了電梯，直到電梯向下，她才感到自己終於安全了。

第十四章

　　八十一號病房很寬闊，裡面布滿了陽光，粉刷成黃色，有二十個床位，所有床位上都有人躺著。琳達正與別人一起等待死亡到來，她不孤單，而且這裡設施都是現代化的。歡快的合成樂使室內氛圍始終活躍，每張床的床腳都有一臺電視機，正對著這些將死之人。電視機始終開著，好像轉開的水龍頭，從早到晚播放著節目。每隔十五分鐘，室內的香水就要換一種味道。在門口接待野人的護士解釋說：「我們試著在室內製造一種完全舒適的氛圍，介於第一流的旅館和感官影院之間，如果你明白我在說什麼的話。」

　　「她在哪裡？」野人問道，對護士禮貌的解釋無動於衷。

　　護士感覺被冒犯了，「你很忙吧。」她說。

　　「還有希望嗎？」他問。

　　「你是說，指望她不死？」（他點點頭。）「不，絕無可能。只要送過來的人，沒有希望……」但是看到野人蒼白的臉上那副痛苦的表情，護士一驚，沒有順著說下去。「怎麼了？出了什麼事？」她問道。在來客中，她還從來沒有見過這種情況呢。（其實倒不是說這裡有很多訪客，或者說這裡本來就沒有理由出現很多訪客。）「你是不是感覺生病了？」

　　他搖搖頭。「只是她是我的母親。」他說話聲音很低，低到幾乎聽不到。

　　護士用震驚、恐懼的眼神瞄了他一眼，趕緊轉移了視線。

　　從脖子到太陽穴，她的皮膚全部變得通紅。

「帶我去找她。」野人說，竭力想用平常的語調說話。

雖然滿臉通紅，護士還是沿著病房往前帶路。他們一路走，一路看見許多嬌嫩、未見任何衰老的面龐（因為衰老是如此急性、突然，因此只有心臟和大腦衰老了，而面容還沒有來得及變老）。又看見了處於第二度嬰兒期的人，他們那空洞、對萬事不感興趣的眼神目送著二人前行，看到這眼神，野人打了個寒顫。

琳達躺在那一長排靠牆的病床的最後一張上。她背靠著堆起來的枕頭，正看著床腳電視裡直播的南美洲黎曼曲面網球冠軍賽半決賽，卻只有影像，沒有聲音。電視裡的人全部縮小了，他們在明亮的玻璃的方形球場上，沉默著跑來跑去，好像魚缸裡的魚 —— 這些另一個世界的居民啊，牠們一面沉默，一面卻焦慮不安地游來游去。

琳達觀看著，茫然並不明所以地微笑著。她那蒼白浮腫的臉龐上浮現著無知者才有的那種開心的表情。她的眼瞼不時閉上，有那麼幾秒鐘，她似乎在打瞌睡。但是突然一抖，她又醒過來了，似乎是被網球冠軍們小魚一樣的滑稽動作所喚醒，又似乎被超高音歌唱家烏麗翠琳娜的名曲《甜心，抱緊我，你讓我迷醉》表演所喚醒，又似乎被她頭上通風扇裡吹出的馬鞭草的溫暖的氣流所喚醒 —— 總之，這些事物皆能使她醒來。但是，如果更精確地描述的話，她或許更像是被一個夢喚醒，在這個夢裡，所有這些事物，在她血液中索麻的影響下，變形了，美化了，成為妙不可言的世界的一部分。她再一次微笑，那支離褪色的微笑啊，像一個嬰兒一般滿足了。

「你看，我得走了，」護士說，「我那群孩子們馬上要過來，此外，三號床上那位隨時會過世，」她朝病房上邊一指，「那就請你自便吧。」

她歡快地走開了。

野人在床邊坐下來。

「琳達。」他握住她的手，輕聲呼喚著。

聽到自己的名字，琳達轉過了身子。因為認出他，她迷濛的雙眼乍然一亮。她捏著他的手，她微笑著，她的雙唇在蠕動。突然，她頭一歪，睡著了。他坐在那裡，看著她，看著這倦極的軀殼，渴盼著穿越時光，找回那張年輕、明亮的面龐。在瑪爾普村，這面龐曾照耀著他的童年。閉上眼睛，他憶起她的聲音，她的動作，和他們共度的所有好時光。「雄雞黏上鏈球菌啊，右拐跑進班伯裡 T，有啥稀奇瞧一瞧啊？……」她那歌聲曾經何等動聽啊！那童謠的韻律，是何等魔幻、陌生而神祕啊！

「A，B，C，維他命 D，脂肪存在於肝臟，鱈魚存在於大海。」

當他回憶其那些詞語，還有琳達的聲音，他淚如泉湧，那滾燙的淚水啊。還有，還有那閱讀課：「小孩在盆裡」，「貓在墊子上」，「胚胎商店 β 員工基本操作說明書」。還有那冬夜火堆旁的漫漫長夜，或者盛夏之時在小屋的樓頂，當她講述關於遠在保留地之外的「那個世界」的故事，「那個世界」是那般美麗，那般美麗喲，在她的回憶裡，那裡就是天堂，是善與美的天堂，即使他已經接觸了這真實的倫敦城，這裡真實的男男女女的文明人，但那天堂般的「那個世界」在他心中依然潔白無瑕、純粹唯一、無可撼動。

突然間，一陣尖叫使他睜開了雙眼，匆忙擦去淚水，他抬頭張望。只見一支長長的隊伍走來，都是一模一樣的孿生男孩，八歲大小，他們魚貫而入，似乎沒有盡頭。兩人一組，兩人一組，依次跟隨。噩夢啊！他們的臉，那不斷重複的臉 —— 因為這麼多臉其實只是一個模子 —— 慢吞吞地盯著前面，那完全一致的鼻子，那完全一致的灰白的瞪著的眼睛。他們的衣服是統一的卡其裝。他們的嘴巴全部張開。嘰嘰喳喳，不時叫喚，他們就這樣進來了。一時之間，整個房間似乎布滿了蛆蟲，這些蛆蟲，挪動到床間，或者爬到床上，或者鑽到床下，或者把頭往電視機櫃子裡伸，或者朝將死者們做鬼臉。

但是琳達嚇壞了他們。一群小孩站在她的床腳，彷彿一群野獸忽然遭遇未知之物，懷著那種又恐懼又愚蠢的好奇之心，他們盯著琳達看。

「哎呀，快看，快看！」他們低聲說著，顯得很害怕，「她是怎麼了？她為什麼這麼肥胖？」

他們從未見過一張臉會像琳達那樣，這張臉既不青春，皮膚也不緊緻，她的身體也不再苗條、筆挺。可是，其他所有那些六十多歲的人，都已經在等死了，卻還保持著宛如年輕女孩的容貌。與之相比，四十四歲的琳達，看起來像是一個鬆鬆垮垮、歪歪扭扭的老妖婆。

「她不是很可怕嗎？」他們低聲評論著，「看看她那牙齒！」

突然，從床下鑽出來一個，哈巴狗一般的臉，鑽到約翰的椅子和牆之間，站起來，便凝視著琳達熟睡的臉。「喂，我說……」他話還沒說完整，就發出一聲尖叫，原來野人抓住他的衣領子，一把拎起來，賞了他一耳光，他便尖叫著溜走了。他的尖叫聲引來了護士長匆忙過來保護孩子。

「你對這孩子做了什麼？」她嚴厲地問道，「我不允許你攻擊孩子們。」

「可以，那就讓他們滾遠些。」野人的聲音因憤怒而顫抖，「這些髒兮兮的小屁孩究竟在幹什麼？簡直丟人現眼！」

「丟人現眼？你是什麼意思？我們是在對他們進行死亡制約。我告訴你，」她凶惡地警告他，「如果我聽說你又干擾了他們的制約，我就叫人來把你丟出去。」

野人站起來，向她走過去幾步。他的舉動，還有他臉上那種表情，是那麼嚇人，護士長畏懼地後退了。

他竭力控制住自己，一言不發，轉身還是坐在了床邊。

護士長鬆了一口氣，試圖維護自己的尊嚴，只是略顯猶豫，聲音尖

利：「我已經告訴過你，我已經告訴過你，請你記住。」然後，她不說話了，帶著那些好奇心十足的孿生子們走開，去做「找拉鍊」遊戲 —— 她的一個同事在另一個房間裡已經布置好了。

「走吧，親愛的，去喝杯咖啡吧。」她對另一個同事說，說話間又恢復了領導的自信，這使她舒服多了。「好了，孩子們！」她叫道。

琳達心神不安地在床上動著，睜開雙眼，茫然四望了片刻，然後再一次睡著了。在她旁邊坐著，野人努力找回幾分鐘之前那種情緒。「A，B，C，維他命D。」他向自己念著，似乎這些詞語就像一段符咒，可以將過去重現。但這符咒沒有發揮作用。那些美好的記憶很頑固，它們拒絕浮現，他所喚起的，不過是妒忌、醜陋、痛苦和那令人憎惡的回憶。珀毗受傷的肩膀流下血來，琳達昏睡，蒼蠅圍著灑在床邊地上的龍舌蘭酒漬嗡嗡而飛，男孩們當著琳達的面喊叫那些骯髒的稱呼……啊，不，絕不！他閉上眼睛，搖著頭，拚命驅趕這些回憶。「A，B，C，維他命D……」他努力回想當年坐在琳達腿上的時光，那時琳達會抱著他，一遍又一遍地為他哼唱，搖著他，搖著他啊，直到入眠。「A，B，C，維他命D……」

超高音歌唱家烏麗翠琳娜的歌聲漸漸強化，如泣如訴。忽而，馬鞭草的香味散去，芳香循環系統自動替換為強烈的廣藿香。琳達又動了動，睜開眼睛，朦朦朧朧地盯著準決賽的選手們，看了幾秒，然後抬起頭，就著那嶄新的芳香空氣，深深呼吸了一兩口。她突然笑了。那是童真的歡喜的笑容。

「珀毗！」她喃喃叫道，閉上了眼睛。「啊，我如此喜歡那酒，真的，如此喜歡……」她嘆了口氣，然後頭又陷進枕頭裡。

「可是，琳達！」野人哀求著說，「妳就認不出我了嗎？」他盡了全力，可是為什麼她還是提醒他過去的存在？他抓緊她那虛弱的手，幾乎是粗暴的，彷彿他要強迫她從那低俗的歡樂之夢中甦醒，從那下賤可憎的回憶中脫身，讓她回到當下，回到現實。這當下或許令人驚懼，這現實或許

令人害怕，但它們畢竟是崇高的、有價值的、極其重要的，因為當下和現實意味著我們的存在，而死亡卻已迫在眉睫，存在的消失不令他們感到恐懼嗎？「琳達，妳就認不出我了嗎？」

他感到她手上的力量微微增強，似乎在做回答。他的眼睛再度充溢淚水。他彎下腰，最後親吻了她。

她的嘴唇在蠕動。「珀毗！」她輕聲呼喚，這聲呼喚就像一桶屎尿潑在他臉上。

他內心深處忽然爆發出熊熊怒火。再次被忽視，使他那悲傷之情忽而找到了另一條發洩的途徑：轉化為了強烈的痛憤之情。

「見鬼，我是約翰！」他吼道，「我是約翰！」在一片憤怒與痛苦中，他竟抓住她的肩膀，猛烈搖晃她。

琳達眼睛眨了幾下，終於睜開了。她看見了他，認出了他？「約翰！」可卻像是在一個迷夢般的世界裡認出了約翰那真實的臉，那真實的粗野的雙手。這迷夢般的世界存在於她的內心，由那廣藿香、超高音樂、變形的記憶、錯位的感官組成。她認出對面的是約翰，是她的兒子，卻把他想像成一個誤入瑪爾普天堂的人，在瑪爾普天堂裡，她正和珀毗一起度著索麻假日呢。他怒火中燒，因為她更喜歡珀毗。他仍然在搖晃她，因為珀毗現在就在那張床上 —— 這或許是個錯誤，因為一個文明人不會這麼做。「每個人都屬於別……」她說著，但聲音卻突然虛化，無法聽清，彷彿喘不過氣的人發出那種咯咯的聲音。她的嘴張開了，她最後一次拚命呼吸空氣，但她似乎卻忘了究竟該如何呼吸。她試圖哭出來，但只是無聲。只有那雙瞪著的眼睛中透露的恐懼，才顯露出她身心的痛苦。她的手摸向自己的脖子，又伸手要去抓空氣 —— 那是她再也無法呼吸的了。對她來說，空氣其實已經不再存在。

野人跳起來，彎腰看著她。「什麼，琳達？妳在找什麼？」他的聲音

是懇切的，似乎乞求琳達能讓他安心。

可是她回過來的眼神卻滿含一種難以言表的恐懼，這恐懼對他來說，就是譴責。

她試圖從床上坐起來，卻又跌回到枕頭上去。她的臉扭曲得可怕，她的嘴唇一片鐵青。

野人轉身跑到病房外面。

「快，快！」他吼叫著，「快啊！」

站在一圈做著「找拉鍊」遊戲的孿生子的中間，那護士長抬頭觀望。她最初的震驚迅速轉為反感。「別大吼大叫！想想看，這裡還有小孩子，」她皺著眉頭說，「你會破壞他們的制約過程……你想幹什麼？」原來野人衝破了遊戲圈。「你小心！」但一個孩子已經哭叫開來。

「快，快！」他抓著護士長的袖子，拖著她走，「快！出事了，我殺了她。」

當他們到達病房最後面時，琳達已經死去。

野人沉默了，像被冰凍住一樣孤立無援。他跪在床邊，雙手捂住臉，再也克制不住，啜泣起來。

護士站在一邊，猶豫不定。看著跪在床邊的那個人（這場景實在無恥），而此時那些停止遊戲的孩子們（天啊，可憐的孩子們）正從病房門外往裡看呢，他們的雙眼、鼻子都朝著發生在第二十床床邊的這令人震驚的一幕。她是不是要告訴他？讓他表現得像個體面人士？提醒他現在所在的地方？或者告訴他這樣做對這些無辜的孩子們會造成多麼致命的傷害？他們所受的死亡制約就因為他噁心的鬼哭狼嚎而全盤失效，孩子們會以為死亡是可怕的事情，認為人會在乎死亡到這樣的程度！這不就讓孩子們對死亡產生最災難性的想法了嗎？是否會讓他們從此完全背離正確的行為方

式，甚至走上反社會的道路？

她走上前，拍拍他的肩膀。「你就不能行為正派點？」她低聲說，語帶憤怒。但是一回頭，她卻看到有六個小孩子已經向病房這邊走過來。遊戲圈已經破裂了，只要再過一下……不行，這樣風險太高了，如果隊伍解散，這個波坎諾夫斯基胚胎組的制約將推遲六到七個月。她立刻跑向自己那搖搖欲墜的工作職位。

「好吧，誰又想要一個巧克力泡芙呢？」她問，聲音響亮，充滿了歡樂。

「我要！」這個波坎諾夫斯基胚胎組所有的孩子齊聲叫道。於是，發生在第二十號床的事被徹底遺忘了。

「啊，上帝，上帝，上帝……」野人一遍又一遍地呼喊。此刻他的心中一片凌亂，悲傷、懊恨交集，只能發出這一個清晰的詞語。「上帝啊！」他的低語聲提高了，「上帝……」

「他究竟在說什麼？」一個聲音說，近在咫尺，發音清晰，有些刺耳，穿過超高音樂那婉轉的歌聲，到了他耳邊。

野人猛地一驚，他放下手，抬頭一看，只見五個穿卡其衣服的孿生子，每人右手都拿著一根吃剩的長條泡芙，那一模一樣的臉龐上，巧克力醬卻沾在不同的位置。他們站成一排，哈巴狗一般直愣愣地看著他。

雙方眼神一交會，孩子們就同時傻笑起來。其中一個用泡芙的一頭指著琳達問：「她死了嗎？」

野人看著他們，沉默了一會。在沉默中，他站起來。在沉默中，他慢慢走向大門。

「她死了嗎？」那個好奇的小孩一路小跑跟著他，追著問。

野人低頭看著他，一言不發，把小孩推開。那孩子跌倒在地，立刻就哭叫起來。野人對此卻看都沒看一眼。

第十五章

走出電梯，野人便與這些人站在了一起。但是他的心思在別處。他在想著琳達的想法、他的傷心和悔恨，因此，他機械地往外走，並不知道自己在做什麼，結果就衝撞了等待的人群。

「擠什麼擠？你以為這是什麼地方？」

從如此之多的喉嚨裡，卻原來只發出兩種聲音，一高一低，一在尖叫，一在咆哮。彷彿在照鏡子一般，他也只是見到兩副面孔，一種是光頭、有雀斑、形如滿月、膚色亮橙橙；一種是瘦削、尖嘴、形如鳥雀，鬍子兩天沒刮，一片鬍渣。這兩副面孔皆在憤怒地對著他，用語言攻擊，用手肘抵著他的兩肋，很痛，使他驚覺。他回到了現實之中，四處一看，明白自己身在何地。他心沉了下去，充滿了恐懼與厭惡，日日夜夜這樣的狂熱之景一再出現，噩夢裡他彷彿游泳於千人一面的世界。—— 這就是他身處的地方。孿生子，孿生子……他們猶如蛆蟲，滿世界爬行，甚至褻瀆了琳達亡靈的神祕之所。依然是蛆蟲，只是更粗大，完全長成，他們便爬行，穿過他的憂傷與悔恨。

他停下腳步了，那困惑、害怕的雙眼，凝視著這群卡其色的烏合之眾。他鶴立雞群，高出所有人一頭。「啊，在美麗新世界裡，該有怎麼樣的人啊。」這歌唱一般的話嘲弄著他。「人類又是何等的美麗非凡！啊，美麗新世界……」

「開始分配索麻！」有一個聲音大叫道。「請排好隊，抓緊時間，到這裡來。」

有人開啟一道門，一張桌子和一把椅子被搬到門廳。說話的人是一個青春洋溢的 α 族人，他進來時手上夾著一個鐵箱。正在等待的孿生子們發出滿意的哼哼聲。他們完全忘記了野人。他們的注意力現在全部聚焦到那個黑色的鐵箱，只見那年輕人把箱子放到桌子上，打開。箱蓋終於開了。

「喔，喔！」這一百六十二人同聲歡嘆，好似在看一場煙火。

只見這年輕人從箱子裡取出一大把小小的藥盒子，蠻橫地說：「現在，往前走，一次一個人，不准推擠。」

一次一個人，不准推擠。於是孿生子們依次往前。先是兩個男性，然後一個女性，然後又一個男性，然後三個女性，……

野人站在旁邊看著。「啊，美麗新世界，啊，美麗新世界……」在他的腦海中，這歌唱般的句子似乎變了聲調。這些詞語，難道不是在笑話他，不顧他的痛苦和悔恨？它們那冷嘲熱諷的調調，是何等可怕啊。它們一定是在嘲笑他！它們發出魔鬼般的笑聲，專門揪住他那噩夢裡的下賤、令人作嘔的醜陋。現在，突然間，它們又吹響戰鬥的號角。「啊，美麗新世界！」

米蘭達宣告，這世界存在諸多美好，甚至可以將噩夢變為良善高尚的事物。「啊，美麗新世界！」這是一個挑戰，亦是一個命令。

「那邊，不准推擠！」會計助理暴怒大吼。他砰一聲關上了箱子的蓋子。「看到你們守秩序，我才會發放索麻！」

δ 族人咕噥著，你推我擠了一會，終於靜下來了。年輕人的威脅是有效的。不發放索麻，想一想，何等可怕！

「現在好多了。」年輕人說，又開啟了箱子。

琳達曾經是一個奴隸，琳達現在已經死去，其他人務必生活於自由之中，如此世界才真正美麗。這是對逝者的補償，也是生者的責任。突然

間，野人豁然開朗，他清楚了自己必須要做的事，好比百葉窗開啟，窗簾收起。

「過來。」會計助理說。

有一個卡其色女性走上前。

「停！」野人大聲叫道，他的聲音洪亮至極。「停！」

他推開眾人，走到桌子前。δ族人目瞪口呆地看著他。

「主福特啊！」會計助理低聲說，「是野人。」他感到害怕了。

「聽著，我請求你們，」野人懇切地喊道，「請一定聽我說……」他以前從不曾當眾發言，現在感到要想表達清楚自己的意思，竟是如此的困難。「請你們不要索取這個該死的東西，它就是毒藥，它就是毒藥啊！」

「聽我說，野人先生，」會計助理說，擺出一副息事寧人的微笑，「是否介意我先把……」

「它是毒藥，不僅毒害身體，而且毒害靈魂。」

「沒錯。可是能不能先讓我發完？這裡可有好多人呢。」小心翼翼地，就像在撫摸一頭臭名昭著的凶猛野獸，他溫柔地拍了拍野人的手臂。「請讓我先……」

「絕對不行！」野人叫道。

「可是，看看這裡，老兄……」

「把它扔掉，那是可怕的毒藥。」

「把它扔掉」這幾個字使如墜五里霧中的δ族人忽然知覺，人群中發出慍怒的嗡嗡聲。

「我來到這裡，給你們送來自由，」野人說，轉身面對孿生子們，「我來到……」

會計助理聽不下去了，他溜出了門廳，在大廳電話簿上尋找電話號碼。

「他不在房間裡，」柏納德總結說，「不在我的房間裡，也不在你的房間裡，也不在愛神宮，也不在制約中心和學院裡，那麼他會去哪裡？」

赫爾默斯聳聳肩，他們下班回來，本來希望會此處或者在彼處，總之是某個通常見面的地方，能見到野人等著他們，但這野人卻忽然無影無蹤了。更令人煩惱的是，他們本打算乘坐赫爾默斯的四座運動款直升機飛往比亞里茨[192]，如果他再不回來，他們就趕不上那裡的晚餐了。

「我們再等五分鐘，」赫爾默斯說，「如果他到時候不回來，我們就……」

電話鈴響了，打斷了他的話。他拿起話筒，「你好，請講。」然後，他聽了好長一會兒，突然咒罵了一聲：「福特也見鬼！我馬上到。」

「怎麼了？」柏納德問。

「花園弄臨終醫院有一個我認識的傢伙，他說野人在那裡，而且似乎發瘋了。情況緊急，我們立刻就去吧？」

他們便跑過走廊，衝向電梯。

「但是你們喜歡做奴隸嗎？」當二人到達醫院時，野人仍然在演講。他一臉通紅，雙眼發亮，充滿了激情與憤慨。「你們喜歡一輩子都是幼兒嗎？對，就是幼兒，只會嗚嗚哭、吐泡泡。」因這些聽眾像畜生一樣的愚蠢，他怒髮衝冠，竟朝他準備拯救的人破口大罵。可這辱罵碰到他們那愚笨的甲殼，便彈落在地。他們依然直勾勾地看著他，面無表情，只有呆滯的眼神中略見慍怒與恨意。「對，你們就會吐泡泡！」他近乎咆哮。所有的悲傷、悔恨，所有的同情、責任，現在全不在他心中，這些原始的情感似乎全部被吸入一股強烈的壓倒一切的仇恨之中 —— 他仇恨這些非人的

---

[192]　比亞里茨，法國大西洋沿岸最豪華、規模最大的度假勝地。

怪物。「你們難道不想自由，不想過人的生活？你們到底知不知道什麼是自由，什麼是人的生活？」憤怒令他口若懸河，語詞急速噴出。「你們知道嗎？」他重複道，但是沒有任何人回答他。「好極了，」他冷酷地說，「我今天就告訴你們，不管你們想不想，我都要讓你們自由。」然後，他推開一扇窗戶，從窗戶裡可看到醫院的庭院。只見他將那小小的箱子裡的索麻藥片往下傾倒。

一時間，那穿著卡其色的烏合之眾們陷入沉默，他們目瞪口呆，對這種荒唐褻瀆的行為，覺到驚異與恐怖。

「他瘋了。」柏納德低聲說，睜大了雙眼看著野人。「他們會殺了他，他們會……」突然，烏合之眾裡爆發出一陣吼叫，如泰山壓頂之勢，人群向野人湧來。「主福特救他啊！」柏納德叫道，不忍再看。

「主福特會救那些懂得自救的人。」只見赫爾默斯・華生大笑著──那是何等狂喜的大笑，擠進了人群。

「自由，自由！」野人大叫，一隻手繼續把索麻藥片往下倒，另一隻手則猛擊那些攻擊他的人的臉。「自由！」突然間，赫爾默斯站到了他的身邊。「是你！赫爾默斯老兄！好樣的！」

赫爾默斯也揮出了拳頭。「終於成為人！」在間隙之時，他也一把一把地將那些毒藥扔出窗外。「是的，人！人！」終於，毒藥倒光了。他舉起箱子，給所有人看，裡面空空如也，什麼都沒有了。「你們自由了！」

咆哮著，δ族人們以雙倍的怒火向他們衝過來。

身在戰鬥的邊緣，柏納德猶豫不決。「他們完蛋了。」他自言自語道。但是，一陣突然的衝動，卻激勵他要跳到人群裡，去幫助他們兩人。只是再一思索，便停下了腳步。他感到了慚愧，又一次邁步，卻又一次改變主意。於是，他站在當地，對自己極度失望，因為他深陷於令人羞辱的優柔

寡斷之中。想一想吧，如果他不幫助他們兩人，他們會被打死；如果他前去幫助，他也可能被打死。

就在那時（感謝主福特之佑！），警察衝過來了，他們帶著防毒面具，看上去眼睛鼓凸，還有一個豬鼻子。

柏納德衝過去迎接他們。他揮舞著手，這也是行動，他可是在幫忙呢。他大叫「救命」，叫了許多次，一次比一次大聲，這使他產生了正在幫助朋友的錯覺。「救命！救命！救命啊！」

警察卻一把推開他，開始忙自己的事情。三個背著噴霧器的人朝空氣中噴射濃厚的索麻噴霧，另外兩個人正忙著開啟手提式合成音樂盒。

還有四個人搬來了水槍，裡面填滿了威力強大的麻醉劑，他們擠進人群，有條不紊地噴射著，尤其針對那些打鬥最凶猛的人。

「快點，快點！」柏納德叫道，「再不快點，他們就要被打死了。他們就要……哦不！」因為他的碎嘴，有一個警察居然拿水槍射他，柏納德搖搖晃晃地站了一兩秒，他的雙腿有如失去了骨頭、肌腱、肌肉一般軟綿綿的，變成了兩根長長的果凍，最後甚至都不是果凍了，不過是水。他一頭倒在地上。

突然，從合成音樂盒裡，傳來一個聲音。那是理性之聲，是善意之聲。《反騷動演講第二章》的合成之聲（中等強度）的錄音帶開始播放，那聲音出自一個並不存在的心靈，卻像發自肺腑：「我的朋友們，我的朋友們！」那聲音如此的富有同情，其調子充滿了如此非凡的溫柔與責備，以至於那些帶著防毒面具的警察，在面具之下，他們的眼睛都立刻被淚水潤溼。「這樣做有何意義啊？為什麼你們不快樂和善地生活在一起？快樂啊，和善啊，和平相處，和平相處。」重複著，戰慄著，慢慢降低變成耳語，以至消失。然後又說道：「我如此期盼你們能善良為人！求你們了，求你們了，做善良的人吧！而且……」不過兩分鐘之後，這段聲音和索麻

噴霧就發揮了作用。滿臉淚水，δ族人相互親吻、緊擁在一起，每六個孿生子一組。他們因諒解而抱成一團，甚至赫爾默斯和野人也幾乎哭了。一批新的索麻藥盒被從財務室拿出來，立刻即予分配。於是，在錄音帶裡男中音那飽含深情的告別詞中，孿生子們相互別去，但哭哭啼啼，似乎他們的心都要因離別而破碎。「再見，我最親愛的人，最親愛的朋友，願主福特保佑你！再見，我最親愛的人，最親愛的朋友，願主福特保佑你！再見，我最親愛的人，最親愛的……」

當最後一個δ人離去，警察關掉了電源。那天使般的聲音便消失了。

「你們是乖乖地跟我們走，」警官問道，「還是我們必須得使用麻醉槍？」他威脅性地指著自己手上的水槍。

「可以，我們跟你走。」野人答道，一邊交替撫摸著自己裂開的嘴唇、抓傷的脖子和咬傷的左手。

赫爾默斯此時正用手帕捂著自己流血的鼻子，他也點頭表示同意。

柏納德甦醒了，腿也能動了，他抓住這個時機，盡量不引人注目地向大門溜去。

「嗨，那個。」警官叫道，於是，一個帶著豬鼻子面具的警察跑過大廳，一把抓住了柏納德的肩膀。

柏納德轉過身來，一臉無辜與憤慨。逃跑？他從沒想過會逃跑。「你們抓我做什麼？」他對警官說，「我簡直不明白。」

「你是那兩個罪犯的朋友，對嗎？」

「這個……」柏納德猶豫了，不，這點他是不能否定的。於是，他問道：「我不能有朋友嗎？」

「那就一起過來。」警官說，領著眾人走向門外，那裡，警車正在等候。

第十六章

　　赫爾默斯放聲大笑。「這更像是個咖啡派對，哪像是審判？」說著，他坐進那頂級奢靡的充氣靠椅。「開心點，柏納德。」他鼓勵柏納德，因為看見了這位朋友那張愁悶的臉，可是鐵青鐵青的呢。

　　可是柏納德高興不起來，他一言不發，看都不看赫爾默斯一眼，便走到房間裡那張最不舒服的椅子坐下來，這倒是他精挑細選的，暗暗期望如此一來可以減輕元首的怒火。

　　野人則在房間裡不安地徘徊，他模模糊糊地有那麼一點好奇心，一下盯著書櫃裡的書看，一下看著錄音帶，一下又看看編號的分類箱裡裝著的閱讀器。窗下那張桌子上擺放著一本巨書，用柔軟的黑色人造皮裝訂，上面燙金貼著大大的 T 字。他拿起來，開啟一看，是《我的一生與工作》，作者是「我主福特」。這書乃是福特知識宣傳協會於底特律出版的，他隨手翻翻，這裡讀一句，那裡看一段，最後得出結論，這書一點都不好玩。此時，門開啟了，西歐常任世界元首腳步輕快地走了進來。

　　穆斯塔法・蒙德與三人握手，特意與野人打了個招呼。「那麼你不太喜歡文明世界，野人先生？」

　　野人看著他，他本想撒謊、發怒，或者一言不發沉默以對，但是元首那張愉快而富理解力的臉鼓舞他說出真相，直接了當地說吧。「是不喜歡。」說完他搖了搖頭。

　　柏納德誠惶誠恐。元首會怎麼想呢？他現在已經被認定為這人的朋友，而這人竟說他不喜歡文明世界，而且是公然地說，更可怕的是他不跟

別人說反而向元首說。這實在太糟糕了。「可是，約翰。」他試圖提醒野人。但是元首瞄了他一眼，使他可憐巴巴地沉默了。

「當然，」野人繼續承認，「這裡有一些事物非常好，比如：空氣中的音樂……」

「在我的耳邊有時環繞著成千的弦樂之聲，有時則是動聽的歌聲。[193]」

野人的臉因突然的快樂而發亮，「怎麼你也讀過那本書？」他問元首，「我還以為在英格蘭，沒有別人知道有這本書的存在。」

「幾乎沒有人，我只是這極少數人中的一個。你們清楚，這是嚴行禁止的，但我既然是法律的制定者，自然可以不遵守，而且還不受懲罰。但是馬克斯先生，」他加了一句，朝柏納德看去，「我想你恐怕不可以。」

柏納德立刻陷入更深的無望與痛苦之中。

「可是為什麼要禁止這本書？」野人問道，遇見一個讀過莎士比亞的人，使他興奮已極，暫時忘記了其他事情。

元首聳聳肩，「因為太過時了，這是主要的原因。在這裡，舊的東西都沒有什麼用。」

「即使這些舊東西非常美麗？」

「特別是當它們很美麗的時候，更要禁止。美是會蠱惑人的，所以，我們不願意人民被舊的東西迷住，我們希望人民喜歡全新的事物。」

「但是這些新事物既蠢又可怕。比如那些電影，明明內容空洞，只有直升機飛來飛去，或者人們可以感受到電影裡親吻的感覺，」他一臉苦相，「不過是山羊和猴子的把戲！[194]」彷彿只有引用《奧賽羅》裡的詞語

[193] 語見《暴風雨》第三幕。
[194] 語見《奧賽羅》第四幕，奧賽羅的咒罵之語。

才能準確描述他的輕蔑與憎惡。

「其實，牠們倒是溫順的動物。」元首喃喃地插了一句。

「既然如此，那你為什麼不讓人們去閱讀《奧賽羅》？」

「我已經告訴過你，過時了，此外，人民也看不懂這本書。」

這倒是千真萬確。他記起來，當時赫爾默斯是如何嘲笑《羅密歐與茱麗葉》的。他停頓了一下，繼續問道：「那麼，類似《奧賽羅》的新書，人們能夠看懂的？」

赫爾默斯突然開口 —— 之前他一直都在沉默：「我們所有人都期待寫出這樣的書。」

「這樣的書你永遠寫不出來，」元首斷然說道，「因為，如果這書真的像《奧賽羅》，就無人能讀懂，不管它寫多麼新的東西。而如果它寫新的東西，它也根本不可能像《奧賽羅》。」

「為什麼不能？」

「是啊，為什麼不能？」赫爾默斯重複了野人的話。他也忘記了自己身處的是何等糟糕的環境，只有那臉色鐵青的柏納德，因為憂慮跟恐懼，但大家都忽視了他。「為什麼不能？」

「因為我們生活的世界可不像《奧賽羅》描述的世界，製造小汽車必須要有鋼鐵，寫作悲劇怎麼能沒有社會的動盪呢？但目今的世界是安穩的。人民快樂，要什麼有什麼，對於得不到的東西，他們也從來不去想。他們富足，他們安全，他們從不生病，他們不必害怕死亡，他們終日愉悅，不知激情與衰老為何物。他們不必被父母所困擾，他們無妻無子無愛人，所以不受強烈的情感擺布。他們被制約得如此徹底，以至於他們的所作所為忍不住要按照規範的要求。如果說有什麼東西會出問題，那就是索麻，野人先生，就是你以自由的名義丟擲窗外的藥片。你說自由，野人先生！」

元首忽然大笑起來。

「希望 δ 人知道什麼是自由！現在又期望他們去讀懂《奧賽羅》！我的好孩子，你真幼稚！」

野人沉默了一陣，但仍然固執地堅持說：「不管如何，《奧賽羅》是好的，比那些感官電影好得多。」

「這是當然的，」元首表示同意，「可是為了穩定，我們只能犧牲《奧賽羅》了。在幸福快樂與人們過去常稱的高階藝術之間，你必須做出選擇。因此，我們犧牲了高階藝術。我們於是擁有了感官電影、芳香樂器。」

「可是它們毫無價值啊。」

「它們自有價值，它們提供許多令人愉悅的感覺。」

「但是它們……它們都是些『白痴說出的東西』[195]。」

元首又笑了。「你對你的朋友華生可不是那麼禮貌，他可是我們最棒的情緒管理員之一……」

「但是他說的很對。」赫爾默斯沮喪地說，「它們確實是白痴一樣的東西，因為無話可說，便胡亂編寫……」

「沒錯。但那也需要極大的獨創性，就像你用最少的鋼材卻製造出了小汽車，或許本來並無一物但卻成了充滿純粹感官享受的藝術佳作。」

野人大搖其頭。「對我來說，它們就是糟糕。」

「當然很糟糕。真正的幸福快樂，與作為痛苦的過度補償的那種快樂，兩者比較起來，前者是要汙穢得多。而且，穩定當然也絕沒有動亂那麼氣勢壯觀。對抗不幸命運的偉大抗爭何等迷人，抵制誘惑的心靈掙扎何等栩栩如生，為了激情與懷疑而顛覆命運又何等如詩如畫，身處安逸滿足自然是享受不到一點點這樣的榮光，要知道，幸福從來都不是宏偉壯闊的。」

---

[195] 語見《馬克白》第五幕。

　　野人略為沉默，回覆說：「我想你這麼說是對的，但你所謂的幸福是要讓所有人都像那些孿生子一樣嗎？」他伸出手擋住眼睛，似乎要抹去那些記憶中的形象：排在醫院門廳處的那些一長串一模一樣的侏儒、賓福特單軌電車站旁那些排隊的孿生子、圍繞在琳達臨終時病床邊的蛆蟲一般的孩童，還有那些攻擊他的無窮無盡的同樣的臉。他看了看包著繃帶的左手，渾身發抖。「太可怕了！」

　　「可是他們多有用啊，我看得出來，你並不喜歡我們的波坎諾夫斯基胚胎組，但我可以向你保證，他們是建構這個世界的根基。他們是陀螺儀（gyroscope），確保噴射機始終飛翔在穩定的軌道上。」他深沉的聲音如此洪亮，令人發抖，他的手勢像在說明空間、模擬那不可抗拒的飛行器的衝刺。穆斯塔法・蒙德，你的雄辯術已然升級到美妙如合成樂的水準。

　　「我很好奇，」野人說，「你又是為了什麼，非要造出五種人，既然你對那些胚胎瓶可以予取予求，為什麼不把所有人都製作為正正 α 族？」

　　穆斯塔法・蒙德又笑了，「因為我們都不想被人割喉，我們信仰的是幸福與穩定，每一個成員都是 α 人的社會卻難免動亂、痛苦。一個工廠裡全是 α 人，就是說，他們全部遺傳良好，經過制約能夠在限定的範圍內自由抉擇，並承擔責任，而且可以獨立為生、互不相關。想想看，會出什麼事？」他強調說。

　　野人努力去想像，但想像不出什麼東西。

　　「那得有多荒謬！一個出自 α 專用胚胎瓶、經過 α 制約的人，倘若要去做 ε 人 —— 半個白痴 —— 的工作，他們不要發瘋嗎？即使不發瘋，他們也會把所有東西都砸爛。α 人能徹底社會化，但前提是他們只能做 α 人的工作。而 ε 人為社會所做的貢獻，也只有 ε 人自己能承擔，因為對 ε 人來說，他們所做的一切其實不叫貢獻，僅僅是他們接受制約後所適應的人生之路，他們可以理所當然地做那些事。所有人的命運都已經規劃好了，

他們情不自禁要走規定好的人生之路。即使脫離胚胎瓶成人，他們其實依然在一個瓶中，這個瓶子無影無形，卻把所有人的命運固化，與他們的嬰兒期並無區別。當然，我們每個人，」元首沉思著，繼續說道，「也一樣在這個瓶子中度過我們的一生。但如果碰巧我們是 α 人，我們的瓶子相對而言會更大些，所以，如果我們被放在一個狹窄的空間裡時，我們會感到極大的痛苦。將高等級種姓的代用香檳酒倒進低等級種姓的瓶子裡也是絕不可以的，單單從理論上看，也是顯而易見的道理。而在現實當中，這一道理也得到了驗證。塞普勒斯實驗的結果是極有說服力的。」

「什麼塞普勒斯實驗？」

穆斯塔法·蒙德微微一笑，說道：「那個實驗啊，你也可以把它叫做『重新裝瓶實驗』，當時是福特紀元 473 年，元首們決定，清除塞普勒斯島上所有的居民之後，往島上移民，當時是精心挑選的一批 α 人，總數達到兩萬兩千人，提供給他們所有的農業、工業裝置，並允許他們自力更生。這一實驗的結果完全驗證了先前的理論預測：土地荒蕪無人照顧，所有工廠全數罷工，法律形同虛設，命令無人執行；所有被派遣去做低階工作的人費盡心思要獲得高階工作，而占據了高階工作位置的人，則竭盡全力要保留自己的位置。於是，六年之內，最殘酷的內戰爆發了，兩萬兩千人中死去一萬九千人，剩餘的三千人一致懇請元首們重新管理該島。元首們同意了。這就是世界上唯一一次由單純的 α 人組成的社會，結局不過如此。」

野人長嘆一口氣。

穆斯塔法·蒙德又說道：「適度人口的設定，是按照冰山的模型來做的，冰山是九分之八體積在水裡，只有九分之一體積在水面。而 α 人，只能占總人口的九分之一。」

「可是那些生活於水下的人，他們會幸福嗎？」

「他們倒是比生活在水面上的人幸福哩。比如，他們就比你這兩個朋友幸福得多。」

「儘管他們要做各種粗笨的工作？」

「粗笨？他們可不這樣認為。相反，他們喜歡這些工作。工作量很輕鬆，就像兒童遊戲那麼簡單。大腦和肌肉都不會有任何的緊張感。要知道，他們只有七個半小時輕鬆不累的工作，然後就能享受定量的索麻，參加運動，還可以不受限制地交配、觀看感官電影。他們還能要求更多嗎？也許，他們還會要求壓縮工作時間，這個我們肯定能滿足，從技術上講，把低種姓的工作時間減為一天三四個小時，實在是簡單至極的事情。但是他們會因此而更開心嗎？不，他們不會的。一個半世紀多以前，也曾做過一個實驗。當時，整個愛爾蘭島定為一天四小時工作制，你們想得到結果是什麼嗎？結果是動亂、索麻用量的激增，這就是實驗的結果！由此可見，多出來的三個半小時空閒時間絕不能給他們增加幸福感，反而使他們非要再來一個索麻假期。發明局其實有了節省勞動時間的方案，有好幾千種，」穆斯塔法·蒙德做了一個表示很多的手勢，「但為什麼我們不實施某個方案呢？因為我們完全是為勞動者們考慮，如果給他們更多些空餘時間，簡直就是折磨他們，這不是太殘忍了嗎？農業也是如此。假如我們想，我們可以人工合成所有糧食，但是我們不能這麼做。我們寧願讓三分之一的人在土地上勞動，這也是為了他們考慮，因為耕種收穫糧食所花勞動時間要遠遠比工廠裡合成糧食花的勞動時間多多了。此外，我們還要考慮穩定問題，我們不希望任何變革，任何一個變革對穩定的社會都是一個威脅，正因如此，我們在採用新發明時非常非常謹慎。純科學領域的任何一個發現，都具有潛在的顛覆危險，因此，即使科學本身，我們有時也要視其為一個可能的敵人。不錯，科學也是敵人。」

科學？野人皺起了眉頭。他知道這個單字。但是這單字是什麼意思，

他就說不清楚了。莎士比亞和村子裡那個老人從未提及過這個詞，琳達也只是給過他一些很模糊的暗示，比如，科學是製造直升機的東西，科學是會讓你嘲笑「玉米舞蹈」的東西，科學是讓你青春永駐的東西。他拚命想要理解元首的意思。

元首繼續說道：「是的，為了社會穩定，科學也是要被犧牲掉的一個詞。當然，藝術這個詞與幸福是水火不容的，科學這個詞也好不到哪裡去。科學是危險的，我們必須小心謹慎地鎖住它的手腳，封住它的口。」

「你說什麼？」赫爾默斯大驚失色，「可是我們不總是說科學就是一切嗎？我們在睡夢中已經聽爛了這句話。」

「從十三歲到十七歲，一週三次重複。」柏納德突然插嘴說。

「而且我們還在學院裡對科學進行大肆宣傳……」

「沒錯，可是你們宣傳的是什麼科學呢？」穆斯塔法・蒙德挖苦說，「你們從沒有經過科學的訓練，所以你們判斷不了什麼是科學。我原本是個不錯的物理學家，我能看出來，你們所謂的科學頂多是食譜書的水準 —— 不過是關於烹飪的陳詞濫調，不准人質疑，除了廚師長同意的菜單，不允許任意新增新菜。現在，我就是那個廚師長。但是我卻曾經是廚房裡一個很年輕的幫手，我會質疑，那時我甚至開始構思自己的菜譜了，會有新奇的菜、以前禁止的菜端上桌子 —— 實際上，這些倒可以說是真正的科學哩。」說完，他沉默了。

「後來發生了什麼？」赫爾默斯・華生問道。

元首嘆了一口氣，「年輕人，就像你們即將遭遇的事情一樣，我當時也差點被配發到一個島上去。」

這話一出來，柏納德深受刺激，舉止狂亂失態。「要把我送到島上去？」他跳起來，跑到元首面前，站在那裡比劃手勢，「你不能配發我，

我什麼都沒有做，是他們做的。我發誓，是他們做的。」他控訴著，把手指向赫爾默斯和野人，「啊，求你了，不要把我送到冰島，我保證，我一定按規定來做，再給我一個機會吧。」他的眼淚嘩啦嘩啦流淌起來。「我告訴你了，都是他們的錯，」他啜泣著說，「我不要去冰島。啊，求你了，元首閣下，求你了⋯⋯」

一陣怯弱之情突然發作，柏納德一下跪在元首面前，穆斯塔法·蒙德試圖讓他站起來，但是柏納德卻固執地保持著卑躬屈膝的姿態，語若懸河地懇求著。到最後，穆斯塔法·蒙德只得按鈴叫第四祕書來。

「找三個人過來，」他命令道，「把馬克斯先生送到一間臥室去。給他噴點索麻噴霧，把他抬上床，讓他一個人休息吧。」

第四祕書退出，回來時果然帶了三名穿綠色制服的孿生男僕。柏納德叫著、啜泣著，卻還是被帶了出去。

「他還以為自己將要被割喉呢，」當門關上後，元首說道，「其實，他要是有一丁點的意識，他就會明白，對他的懲罰不過是個獎勵。他是被配發到島上去了，那也就意味著，他將在那個配發之地遇見來自世界各地的最最有趣的男男女女。這些人，因各種原因，導致個體意識過於發達，已經不能適應社群生活。他們對正統的秩序不滿，他們形成獨立的思想。一言以蔽之，他們每個人都是獨一無二的。華生先生，其實我相當嫉妒你呢。」

赫爾默斯笑起來，「那麼你為何不到某個島上去？」

「因為到最後，我更喜歡這裡，」元首回答說，「當年我有兩個選擇，一是被配發到一個島上去，在那裡，我可以繼續我的純科學研究；二是被選進元首理事會，有機會論資排輩當上真正的元首。我選擇了後者，從此放棄了科學。」他又沉默了片刻，然後說道：「有時，我非常懷念我的科學。幸福是個殘酷的主人，尤其這個幸福還是屬於別人的。如果一個人沒

有制約到能毫無保留地接受幸福的指令，那麼幸福就是一個比真理殘酷更多的主人。」他嘆了一口氣，又一次沉默，忽而改成更輕快的語調，「不過，責任就是責任。既然做出選擇，就沒有討價還價的餘地。我對真理感興趣，我喜歡科學，但真理是一個威脅，科學則危害著社會——雖然它同時也是給社會造福的。因為科學，整個歷史達到了空前的穩定，相比較而言，中國也是極其不穩定的，連原始母系社會都不如我們現在這般穩定呢。我再說一遍，我們感謝科學。但是我們絕不容許科學破壞它所造福的絕佳世界，正因如此，我們小心謹慎地限制著科學研究的範圍，而我當初差點就是因越過這個範圍而被配發到島上去的。除了應付最緊急的難題，我們不允許做其他科學研究。所有其他的探索，我們孜孜不倦地予以否決。」

　　稍作休息，他繼續說道：「其實，在我主福特生活的年代，人們寫了一些關於科學進步的文字，讀讀這些東西，倒是能滿足人的好奇心呢。那時的人們似乎認為，科學可以隨意發展，不用關心其他事情，知識最為可貴，真理則是最高價值，其他一切都是次要的。說實話，從那時開始，觀念就已經開始變化。我主福特為使人們轉變觀念，更注重舒適與幸福，而不是真理與美，付出極大努力。機械化量產也要求這一轉變，因為普遍的幸福感推動著社會齒輪穩定運轉，真理和美是辦不到這一點的。當然，當大眾掌握了政權，社會就更關注幸福，而不是真理和美。然而，即使政權已經更迭，可是科學的研究仍然無限制，而有些人也依然大肆討論真理與美，似乎它們倒是最寶貴的。這個局面一直延續到九年戰爭，這場戰爭徹底扭轉了人們的觀念。當炭疽炸彈在你周圍四處開花，高談什麼真理、美、知識有什麼意義嗎？九年戰爭之後，社會開始控制科學。從那時開始，人們甚至開始控制自己的貪慾。控制一切，為了過上安穩的生活。從此以後，我們一直都在加強控制。當然，對真理來說，這絕非什麼好事

情，但對幸福來說，這卻再好不過了。你要有所得，必定有所失。為了幸福，必須付出一些代價。華生先生，你就是要付出代價的人，原因就在於你恰好對美太過喜歡。而我，則是對真理太過喜歡，因此我過去也曾付出了代價。」

野人在長久的沉默之後，此時說話了：「但是你根本就沒有被配發到島上去。」

元首微微一笑。「這就是我付出的代價，當我選擇為幸福效勞──我是說為別人的幸福，不是我自己的幸福。幸運的是，」他停了一下接著說道，「全世界有這麼多島嶼，如果沒有它們，我們可怎麼辦是好？我猜，或許是把你們這些人全部關進毒氣室。順便說一下，華生先生，你喜歡熱帶氣候嗎？比如，馬克薩斯群島 [196] 如何？薩摩亞呢？或者某些更涼爽的地方？」

赫爾默斯從充氣椅子上站起來。「我寧願去一個氣候極差的地方，」他回答說，「氣候越差，越有利於一個人寫出好作品。如果那裡有一些暴風雨……」

元首點頭表示讚許。「華生先生，我欣賞你的精神。實際上我真的非常喜歡。雖然從官方的角度我必須否定你。」他又是微微一笑，「去福克蘭群島 [197] 如何？」

「可以，」赫爾默斯說，「現在，如果你不介意，我想去看看可憐的柏納德怎麼樣了。」

[196] 馬克薩斯群島，南太平洋群島，位於澳洲和美洲的中間。
[197] 福克蘭群島，英國、阿根廷爭議領土，位於阿根廷南端以東的南大西洋水域。

第十七章

「當然，還有宗教，」元首回答說，「過去 —— 我是說九年戰爭之前，存在一種叫上帝的東西，但我早已經忘記了，我猜你對上帝無所不知吧。」

「這個……」野人猶豫了，他倒很想說說孤獨、夜晚、月光下靜臥的白色臺地、懸崖、幾乎朝著黑暗中陰影那一躍，以及死亡。他很想說些什麼，但是不知該如何說，甚至連莎士比亞都救不了他了。

而元首此時穿越房間，走到書架旁，在一面牆上開啟一個保險箱。看著沉重的門緩緩開啟，又見領袖在黑暗的保險箱裡摸索。「這裡有個東西，」他說，「曾經讓我極感興趣。」只見他拿出一本像磚頭一樣厚的黑皮裝訂的書。「恐怕你從來沒有讀過這本書？」

野人接過來一看。「《聖經·新舊約全書》。」他大聲地讀著書名頁。

「這本恐怕也沒有見過？」

野人一看，是一本小小的，封皮都掉了的書。

「《師主篇》（*Imitation of Christ*）[198]。」

「或者這本？」元首又遞過來一本書。

「《宗教經驗之種種》，作者威廉·詹姆斯（*The Varieties of Religious Experience*, William James）[199]。」

「我還有更多，」穆斯塔法·蒙德繼續說道，又坐回了自己的椅子。

---

[198] 《師主篇》，中世紀著名的天主教靈脩書籍。
[199] 《宗教經驗之種種》是威廉·詹姆斯出版於 1902 年的著作。

「我的情色舊書收藏的可是全套，上帝躲在保險箱裡，主福特則蹲在架子上。」他指著自己那個所謂的圖書館，笑著說，書架上都是書、閱讀器和錄音帶。

「如果你知道上帝，為什麼不告訴眾人？」野人慍怒地問道，「為什麼你不把這些有關上帝的書籍給大家看？」

「原因和我們不開放《奧賽羅》給人民看是一樣的：它們都太舊了，裡面談及的上帝乃是數百年前的上帝，不是我們現在的上帝。」

「可是上帝是永恆不變的呀！」

「但人會變。」

「那又有什麼不同？」

「一絲一毫的相似之處都沒有，」穆斯塔法・蒙德說，他站起來，又一次走到保險箱前。「過去有一個人，號稱樞機主教紐曼[200]，是一個紅衣主教，」他補充說明道，「很像是現在的社會首席歌手。」

「我在莎士比亞的書裡讀到過紅衣主教這個詞，『我，潘多夫，來自可愛的米蘭，一個響噹噹的紅衣主教。』[201]」

「沒錯，你肯定讀過。剛才，我說過有一個人叫紅衣主教紐曼，這裡是他的書。」他抽出一本書來，「既然談到紐曼的書了，這本書也拿出來吧。作者是一個叫曼恩・德・比朗[202]的哲學家，如果你知道哲學家是什麼意思的話。」

「哲學家是一類人，此輩夢想，包囊天堂與塵世。」野人冒冒失失地說。

「說得不錯。我給你讀一段這個哲學家某次夢到的東西。與此同時，

---

[200]　樞機主教紐曼，即約翰・亨利・紐曼（Saint John Henry Newman, 1801-1890），十九世紀英國重要的宗教人物，牛津運動（英國基督教聖公會重整教義禮儀的一場運動，起源於西元 1833 年牛津大學，故而得名）的領導者，並建立了愛爾蘭天主教大學。

[201]　語出莎士比亞悲劇《約翰王》（The Life and Death of King John）第三幕。

[202]　曼恩・德・比朗（Maine de Biran, 1766-1824），法國哲學家，神祕主義的神智論者。

我們再聽聽這位過去時代的社會首席歌手說過些什麼。」元首開啟夾著紙條的那一頁書，開始讀起來：

吾輩不再是吾輩自己，因吾輩所占有的物質更多地主宰了吾輩。吾輩已不能建構自我，也已不能超越自我。吾輩不再是自己的主人，因吾輩實乃上帝的財富。從此角度考慮，難道不給予吾輩幸福？一旦思及吾輩非自我之主人，難道不心生幸福之感、愉悅之感？或許春風得意之輩會作此想：擁有一切便是至大，如他們所假想，他們甚至是完全獨立，不靠他人得到此等成就；此輩亦會想，眼不見則心不煩，也無需考慮那瑣碎的感恩、祈禱，或老是提及受人之命所做的事。然而，時間流逝，他們一如眾人，終將發現，獨立實非世人所能成就——獨立本是超越之境，或許他們所謂的「獨立」能起一時作用，卻終於不能導人安全抵達終點……

穆斯塔法・蒙德停下來，放下第一本書，拿起另一本書，翻著書頁。「我們就讀讀這一段。」他說，於是，他那深沉的嗓音又開始響起來：

人將老朽，他便感到自身徹底虛弱無力、萎靡不振、身體不適，此等現象，必然伴隨年老而來。因此之故，他幻想自身所患不過小病，自欺欺人以抵抗恐懼，便生此想：此等窘境，其來有因，既然疾病可治，他也能從衰老中恢復。此輩實在妄想！衰老實乃疾病，實乃可怕之惡疾。有此種說法：人漸衰老，便生出對於死亡之恐懼，以及對於死後之害怕，故此轉而信教。但鄙人之經驗，卻可下此結論：吾輩年紀漸長，信教之心自然萌發，絕非源自彼等所謂恐懼、幻象，實源自激情淡化，心性漸定，胡思亂想、多愁善感不再那般令人激動，吾輩理性運轉更加妥當，也更少受假相、慾望、分心之物遮蔽——過去吾輩倒是容易被它們誘入歧途，如此一來，上帝顯靈，譬如撥雲見日；吾輩靈魂乃能感知、看見，並膜拜此萬光之源。此等轉變，信為自然，且屬必然。只因既然給予感官世界以鮮活與魅力之物已然離吾等而去，既然吾輩身心內外之印象均不再支持那現象之存在，則吾輩自然要依賴某物，可寄託，亦不欺瞞吾輩。此物非它，實

在是真正之現實，乃一完全、永恆之真理。如其所是，吾輩必然轉而信仰上帝，因這信仰情感，品格純粹，感知此信仰之靈魂充滿愉悅，吾輩所失去，由此信仰，盡皆彌補。

穆斯塔法・蒙德合上書頁，靠著椅子坐下，說道：「哲學家夢想天堂與塵世，有萬萬千千的事物，而有一個是他們夢想不到的，」他搖了搖自己的手，「那就是我們這個現代的世界。只有破除對上帝的依賴，你才能青春不老、繁榮昌盛。『獨立終於不能導人安全抵達終點，』不過，我們依賴青春不老、繁榮昌盛，卻終於將世人一直帶到終點。結果是什麼？毫無疑問，結果就是我們獨立於上帝了。『吾輩所失去，由此信仰，盡皆彌補。』可是我們現在沒有什麼可以失去或需要彌補的，宗教情感純屬多餘。當青春的慾望都能實現，難道還需要去尋找替代品？當我們能享受自古以來所有的遊玩把戲，難道還需要尋找其他分心之物？當我們身心始終因運動而快活，難道還需要什麼靜養休息？當我們擁有了索麻，難道還需要別的安慰？當社會已然秩序井然，難道還需要什麼永恆不變的東西？」

「那麼你是說並沒有上帝？」

「不，我倒是以為很有可能有這麼一位上帝。」

「那麼為什麼？……」

穆斯塔法・蒙德止住了野人。「可是上帝向世人顯靈，針對不同人，便會有不同的方式。在舊時代，他的顯靈就像這些書裡所描述的那樣。而現在……」

「他現在怎麼顯靈的？」野人問。

「他現在顯靈，是作為一個缺席者，似乎他根本不存在。」

「這都是你的錯。」

「應該說這是文明的錯。上帝與機器、科學醫療、普遍幸福是無法相容

的。你必須做出選擇。而我們的社會選擇了機器、醫療、幸福。因此，我不得不把這些書鎖在保險箱裡，它們是些汙言穢語，人們看了會震驚的⋯⋯」

野人打斷了他。「可是，感覺到上帝的存在，不是很自然的一件事嗎？」

「你也可以問，褲子裝上拉鍊是否也是很自然的事情？」元首嘲諷地說道，「你這麼一說，倒是讓我想起了過去一個叫布拉德利[203]的人，他這麼定義哲學，說哲學是為人類依據本能而信仰的事物尋找糟糕的解釋，似乎人是因為本能才產生信仰！其實人是因為經過制約才對事物產生信仰。哲學，我看倒是應該這麼定義：因為某些糟糕的理由信仰某物，於是用另一些理由來為其開脫。要知道，人們信仰上帝，也是因為被制約的結果。」

「即使如此，」野人固執地說道，「當你孤獨、非常孤獨的時候，在黑夜裡，或當你想到死亡的時候，你自然而然會去信仰上帝，⋯⋯」

「可是現在人們再也不會孤獨了，」穆斯塔法·蒙德說，「我們已經制約他們，使所有人都憎恨孤獨，而且經過安排，他們的人生中絕沒有可能碰到孤獨。」

野人陰鬱地點點頭。在瑪爾普村，他曾經很痛苦，因為他讓自己遠離村子裡的集體活動，而在文明的倫敦，他也感到痛苦，因為他根本就不可能躲開那些集體活動，所以從來不會真正的孤獨。

「還記得《李爾王》（*King Lear*）中那段臺詞嗎？」野人說，「『神靈們乃是公正，他們以我等風流浪蕩所釀苦果，痛懲我等。如此，出生於黑暗淫穢之地的你，結果是以你生父的眼睛作為代價。』對此，埃德蒙回答說——你應該記得，這時他已經受傷，命不久矣——『你說得沒錯，的確如此。大道循環如車輪，已經一圈，我活該自作自受。』[204] 這段臺詞

---

[203]　弗朗西斯·赫伯特·布拉德利（1846-1924），英國唯心主義哲學家，新黑格爾主義代表人。

[204]　語見《李爾王》第五幕。此處對話，情節背景如下：格勞斯特伯爵之長子埃德加與伯爵私生子

如何？這不是說明有一個上帝存在，他掌控萬物、懲戒眾生、回饋善人嗎？」

「是嗎？果真如此嗎？」輪到元首發問，「與一個不育女，你可以做遍各式各樣的淫褻風流的勾當，可絕不會擔心你的眼睛會被你兒子的情婦挖出來。『大道循環如車輪，已經一圈，我活該自作自受。』可是時至今日，埃德蒙會在哪裡？他會坐在一把充氣沙發上，摟著某個女孩的腰肢，大嚼性賀爾蒙口香糖，看著感官電影。神靈確實公正，這點毫無疑問，不過到最後逼不得已，他們的律法的密碼還是由人間的統治者來宣讀，所以也可以說，上帝也是在接受人的指令。」

「你真這麼想？」野人問道，「你真的認為埃德蒙坐在充氣沙發上，就不是在受嚴厲的懲罰？這種懲罰與他受傷流血至死的懲罰，難道不是一樣嚴厲？神靈的確公正，他們難道不是用埃德蒙風流浪蕩所造成的苦果來羞辱他嗎？」

「如何羞辱他？身為一個快樂、勤奮、消費商品的公民，他是完美無缺的。當然，如果你採用你的標準，或者你會說他被羞辱了。但在這裡，我們還是堅持同一套標準吧，你總不能用離心球比賽的規則來玩電磁高爾夫的遊戲吧？」

「可是價值並不取決於個人喜好，」野人說，「它既取決於人之判斷，也取決於其自身寶貴與否。[205]」

「少來了，少來了，」穆斯塔法·蒙德反駁道，「你也扯太遠了，不是嗎？」

「如果你允許自己想到上帝，你是不會讓你自己因風流淫褻的勾當而沉淪的，相反，你會有理由耐心地容忍萬物，充滿勇氣地處理事情。在印

埃德蒙對話，埃德蒙陷害其父，其情婦裡根（李爾王次女）使其眼瞎。
[205]　語見《特洛伊羅斯與克瑞西達》第二幕。

第安人中，我就看到了這一點。」

「我肯定你真的看過，」穆斯塔法·蒙德說，「可是這裡的人並不是印第安人啊，在這裡，一個文明人沒有任何必要去忍受那些極其掃興的事物。至於『做事情』嘛，我主福特早就禁止人們頭腦裡有這個概念了。如果人們各行其是，大做事情，這個社會的秩序就會被顛覆。」

「那麼自我克制又怎麼說？如果你有一個上帝可以信仰，你不就有理由自我克制了嗎？」

「但是工業文明的前提是，人們不會自我克制。醫藥和經濟的發達要求人的放縱達到社會可以容忍的頂點，否則，社會的車輪將會停止旋轉。」

「你總得為貞節保留一個理由吧！」野人說，當他說這話的時候，臉都有點紅了。

「可是貞節意味著激情，意味著神經衰弱；而激情和神經衰弱則意味著不穩定；不穩定又意味著文明的結束。為了持久的文明，必須要讓民眾充分享受風流快活。」

「可是上帝是所有高貴、美好、英雄的事物存在的理由啊，如果你信仰上帝……」

「我親愛的年輕人，」穆斯塔法·蒙德說，「文明世界是根本不需要什麼高貴品格和英雄主義的。只有當政治缺乏效用的時代，這些東西才存在，而在一個像我們這樣組織良善的社會裡，沒有任何人有機會顯示出高貴和英雄主義。當我們的社會制約工作窒礙難行時，這些東西倒會冒出來。比如，戰爭發生的時候、黨派紛爭的時候、抵抗誘惑的時候、爭奪或保衛所愛之物的時候，這樣的情形之下，很顯然，容易滋生高貴品格和英雄主義。但是當今社會天下太平；而且我們已經付出巨大努力，阻止狂熱戀愛的發生；黨派紛爭也不存在；每個人都經過了制約，他們順其自然

做他們該做的事情 —— 這些自然而然做的事情總體上來說都是令人愉悅的。當一個人大部分的自然衝動都可以任意發洩，還存在什麼誘惑需要我們抵抗呢？然而一旦不幸的情況發生，人們遭遇什麼不開心的事情，又何必去抵抗煩惱呢，因為有索麻，可以讓人們快速遠離糟糕的境況，等於去度假了。索麻會平息一個人的憤怒，使你與敵人握手言和，使你忍耐力增強，可以抵禦長久的折磨。過去，擁有這樣的自我控制力需要龐大的努力，需要經歷長期而艱苦的道德訓練，而現在，只需吞上兩三顆半克大小的藥片，你就萬事大吉了。現在，所有人都可以是正直無畏的。只要隨身攜帶一個索麻藥瓶，你就攜帶了至少一半的道德。無畏無懼的基督精神，不就是索麻提供的嗎？」

「可是眼淚怎麼能少。你忘記奧賽羅所說的了嗎？『倘若狂風暴雨之後必然跟隨海清河晏，那便一任狂風呼嘯，直到吹醒死者吧。[206]』曾經有一個印第安老人告訴我這麼一個故事，故事的主角是一個名叫瑪薩琪的女孩，想娶她的人需要在她的花園裡耕耘一個早晨，事情聽來容易，但是花園裡到處飛著富有魔力的蒼蠅和蚊子，絕大部分年輕人都不能忍受蚊蟲的叮咬，只有一個人忍受這些痛苦，就是他，最後獲得了女孩的芳心。」

「很迷人的故事！可是在文明國家裡，」元首說，「你想要女孩的話，並不需要為她們耕耘土地，也絕無蒼蠅蚊子來叮咬你，幾個世紀以前，文明就將這些蚊蟲全部消滅乾淨了。」

野人點頭承認，卻還是皺眉，他說：「你們消滅了蚊蟲，沒錯，你們正是做這種事的人。你們會消滅任何令人不悅的東西，而不是學會忍受它們。『無論是在精神上忍受狂暴命運投擲的石頭和箭羽，或者全副武裝抵抗無數的困苦，以反抗終結它們……[207]』可是你們什麼都不做，既不忍受，也不抵抗，你們只是讓投石和箭羽消失。這未免太容易了。」

---

[206]　語見《奧賽羅》第二幕。
[207]　見《哈姆雷特》第三幕。

他突然間沉默了，想起了母親。在三十七層公寓她的臥室裡，琳達漂浮在一個聲光色香俱全的海洋裡，越漂越遠，遠離時空，遠離她記憶的牢籠，遠離她的習慣，遠離她衰老浮腫的身體。而托馬斯，這個孵育暨制約中心的前主管，仍在度他的索麻假期，以此遠離屈辱和痛苦，在他的索麻世界裡，他不必聽到那些閒言閒語、嘲笑之聲，多麼美麗的世界啊……

「你們需要的，」野人繼續說，「是某種帶眼淚的東西，可是，我看這裡沒有任何東西能與眼淚的價值相當。」（先前野人也講過這個觀點，當時亨利‧福斯特反駁說：「價值？一千二百五十萬美元夠嗎？一千二百五十萬美元啊，這就是我們新的制約中心的造價，一分錢都不能少。」）

「『縱使為一個蛋殼，也勇於挺身而出，以凡人無望之身，抗拒命運、死亡、危險。』[208] 這句話裡不是深有意義嗎？」他抬頭看著穆斯塔法‧蒙德問道，「雖然上帝遙遠，但上帝必定是這精神的泉源。難道冒險而活就沒有價值？」

「其實有很高的價值，」元首回答說，「男男女女必須時不時地刺激一下腎上腺素嘛。」

「什麼？」野人不解地問道。

「這是保證完全健康的條件之一。因此我們強制規定所有人都要進行 V.P.S.（Violent Passion Surrogate）治療。」

「V.P.S.？」

「就是激情替代治療，基本上是一個月一次。治療時，我們讓人體整個系統都充滿了腎上腺素，從生理上說，這就等同於讓人經歷恐懼、憤怒等極端情緒。於是，我們感受到殺死苔絲狄蒙娜（奧賽羅的妻子）或被奧賽羅殺死的刺激，卻無需承擔真正的折磨。」

---

[208] 見《哈姆雷特》第四幕。

「可是我喜歡折磨。」

「但我們不喜歡，」元首說，「我們更喜歡舒舒服服地完成事情。」

「但是我不喜歡舒服。我想要上帝，我想要詩歌，我想要冒險，我想要自由，我想要慈悲，我也想要罪孽。」

「其實，」穆斯塔法．蒙德說，「你要求的，不就是痛苦的權利嗎？」

「不僅是痛苦的權利，我還想要變得老醜無能的權利，患上梅毒與癌症的權利，食不果腹的權利，敗衣破絮的權利，朝不保夕的恐懼不安的權利，感染傷寒的權利，還有被所有其他難以言盡的痛苦折磨的權利！」話音落下，屋內陷入長久的沉默。

「我申請這所有的權利。」野人最後說道。

穆斯塔法．蒙德聳聳肩。「你會如願以償的。」他說。

第十八章

「約翰！」

從浴室裡傳來一聲難聽而奇特的聲音。

「發生什麼事了？」赫爾默斯問道。

並無回答。難聽的聲音重複了兩次，然後沉寂下去。

忽而，咔嚓一聲，浴室門開啟了，野人臉色蒼白地走出來。

「我說，」赫爾默斯關切地叫道，「約翰，你看起來像是病了！」

「你是不是吃了什麼不乾不淨的東西？」柏納德問道。

野人點點頭。「我吃下了文明。」

「你說什麼？」

「文明有毒，我被玷汙，然後，」他用低沉的聲音補充道，「我還吞下了我自己的邪惡。」

「啊，你說清楚些？……我是說，剛才你在做……」

「現在我淨化了自己，」野人說，「我吃了點芥末，喝了點熱水。」

兩人目瞪口呆地看著他。

「你是說你故意這麼做的？」柏納德問道。

「印第安人想淨化自己的時候，他們就這麼做。」說完，他坐下來，嘆息著，用手抹一下額頭。「我得休息個幾分鐘，」他說，「我太累了。」

「這我一點也不驚訝。」赫爾默斯說。沉默了一會，他繼續說道：「我們來跟你道別，」說完聲音突然變了，「明天一早，我們就出發了。」

「是的，明天我們就出發。」柏納德說。從柏納德的臉上，野人察覺到一種新的表情，他已下定決心。

「順便說一下，約翰，」柏納德繼續說道，從椅子上傾過身子，一隻手放在野人的膝蓋，「對於昨天發生的一切，我想說，我非常抱歉，」他臉紅了，「這實在太丟臉了，」說話間，他的聲音都開始顫抖，「實在是……」

野人打斷了他的話，熱情地握住他的手。

「赫爾默斯對我很好，」柏納德頓了一頓，又說道，「幸虧有他在，否則我……」

「行了，行了。」赫爾默斯插話道。

眾人又沉默了。儘管他們很悲傷——甚至可以說，正因為他們很悲傷，才顯示出彼此熱愛之情——但三個年輕人卻很快樂。

「今天早上，我去見了元首。」野人終於打破了沉默。

「去找他做什麼？」

「我想問問他，能不能跟你們一起去島上。」

「他怎麼說？」赫爾默斯熱切地問道。

野人搖搖頭。「他不同意。」

「為什麼不同意？」

「他說，他想繼續拿我來做實驗。可是，真他媽的該死，」野人突然暴怒起來，「真他媽的該死，還要拿我來做實驗。世界上所有的元首，全他媽去死吧。我可不幹，我明天就走。」

「到哪裡去？」另兩人同聲問道。

野人聳聳肩，「任何地方都可以，我無所謂，只要能獨自一人。」

空中有兩條飛行線路。一條是下行線，從吉爾福德開始，沿韋谷、戈

德爾明、米爾福德、威特利,一直往黑斯爾米爾、彼得斯菲爾德、樸茨茅斯;一條是與之平行的上行線,始於沃普斯頓,經湯罕、普頓漢、埃爾斯德和格雷肖特。在「豬背」和「鹿頭」兩地之間的好幾個航站點,兩條飛行線路相距不到六七英哩,對於飛行員來說,這間距太小,尤其深夜飛行或當飛行員索麻嗑多了的時候,曾經發生過很嚴重的事故,為此,他們決定將上行線路往西偏上幾千公里。於是,在格雷肖特和樸茨茅斯之間,留下四個廢棄的航空燈塔,標示著從樸茨茅斯到倫敦的舊線路。如今,這些燈塔上面,天空寧靜、荒涼。而在西面的塞爾本、博爾頓、法納姆,直升機則嗡嗡轟鳴個不停。

野人選擇了普頓漢和埃爾斯德兩地之間舊航空燈塔作為自己隱居之地,那燈塔建在一處山峰之上。這燈塔是鋼筋水泥建造的,保存良好,野人第一次進去檢視它的情況時,甚至認為這燈塔簡直太過舒適、太過文明、太過奢侈了。為了平息良心的不安,他決定過一種刻苦艱難的自律生活,更徹底地淨化自己。在隱居處的第一晚,他刻意徹夜不眠,於是他跪地祈禱了很長時間,一下子向著克勞狄斯(King Claudius)[209] 曾經籲求寬恕的蒼天,一下子用祖尼語向著阿威納威羅納,一下子向耶穌和普公,一下子向他的保護神獸雄鷹。一次又一次,他張開雙臂,似乎他自願被釘上了十字架,就這麼長時間不動,於是疼痛不斷增加,直到手臂疼得顫抖,汗如雨下,從那咬緊的牙關裡,他不停吟誦:「啊,寬恕我!啊,令我純淨!啊,助我為善!」一遍又一遍。終於,他疼得幾乎要暈死過去。

來日早晨,他感到自己已有資格隱居此燈塔中,雖然絕大部分玻璃仍是完好,而平臺風景極美。他選擇此燈塔隱居原為的是風景好,但這卻立刻成為他想要另尋居所的理由。從他所居的位置看去,他似乎面對著神聖之存在。但他又是誰?竟能每日每時都徜徉美景之中,竟能面對上帝之顯

---

[209] 《哈姆雷特》中的丹麥國王,弒兄欺嫂。

靈？他本該住在汙穢的豬圈，或地下的洞穴。一夜自苦之後，他麻木而疼痛，但正因此，他內心反獲自信，便爬至塔頂平臺。耀眼的朝陽之下，世界便是如此，而他已經重獲生存於這世界的權利。

往北看，視線卻被「豬背」綿延不絕的白堊山脈所阻，群山東邊盡頭處則矗立著七幢摩天大樓，那裡便是吉爾福德。看見摩天大樓，野人露出苦笑，但隨著時光流逝，他終將適應它們的存在。而在夜晚，它們明媚閃爍，應和著天空中幾何形的星座；或者，當探照燈明亮的時候，它們如同舉起的發亮的手指（這手勢的意義，在這英格蘭，除了野人之外已經無人能懂），莊嚴地指向高深莫測的天空。

隔別「豬背」與燈塔所在的砂質小山的是一個峽谷，普頓漢村即在峽谷中。普頓漢村有一幢九層的高樓，有糧倉，有家禽農場，還有一個小型的維他命 D 工廠。燈塔的另一面，往南，沿著一條長長的長滿石楠花的陡坡，土地逐漸下傾，然後是星羅棋布的池塘。

過了池塘，越過叢生的樹林，可以看見一座十四層高的塔，那是埃爾斯德。在英格蘭朦朧的霧氣中，隱約可見「鹿頭」和賽爾本，它們將人的視線引向冰藍綺麗的遠方。但是吸引野人留居這燈塔的原因，不止是遠景之美；其實近景之美，也非常誘人。樹林、鋪展盛放的石楠和黃色的金雀花、赤松林、樺樹之下閃亮的池塘、池塘中的睡蓮、叢生的燈心草，凡此諸物，對於一個習慣了乾旱的美洲沙漠的人來說都是迷人的，甚至是精彩明豔的。別忘了孤獨！長日流逝，他未見到一個人影。其實，此處燈塔距離碳化 T 塔不過 15 分鐘的航程，然而，連瑪爾普村的山丘也比不上這薩里郡的蒼涼冷清。那些每日離開倫敦的人群，原只是為了打電磁高爾夫球或網球，普頓漢沒有高爾夫球場，最近的黎曼曲面網球場在吉爾福德，而這裡唯一吸引人的不過是鮮花和風景。因此之故，此地被認為不值得一訪，也就無人來往了。於是，在最初的日子裡，野人便不受打擾，離世獨居了。

初到倫敦時，野人曾領過一筆零用金，絕大部分早已用於購置裝置。離開倫敦時，他買了四張纖維膠毛毯、繩索、釘子、膠水、一些工具、火柴（但是他做好了鑽木取火的準備）、一些鍋碗瓢盆、二十四包種子、十公斤小麥粉。「不，不要合成澱粉或廢棉代用麵粉，」他當時是這麼堅持說，「即使它們更營養。」可是，到了購買泛腺質餅乾和維他命牛肉替代品時，他就沒能抵擋住商家的推銷。現在看著這些馬口鐵罐，他對自己軟弱的個性強烈自責。這些令人憎惡的文明貨！他下定決心，絕不吃這些，即使餓死也不動一口。「這會給他們一個示範。」他報復性地想。其實，這也教訓了他自己。

他數著自己的錢。他希望現在手頭剩下的足夠他度過這個冬天。到了明年春天，他的田地將會豐收，讓他得以自給自足，不必倚靠外面的世界。同時，此地還有很多樂趣，他已經看見過成群的兔子，池塘裡還有許多水鳥，他立刻著手製作弓箭。

燈塔旁邊，有一些梣樹，可以做弓；還有一叢灌木，裡面滿是漂漂亮亮，長得筆直的榛樹幼苗，可以做箭桿。他於是砍倒一棵小梣樹，砍下一根六英寸長無枝條的樹幹，剝下樹皮，削啊削啊，刮掉了木質白色的部分，這些可都是當年老米辭瑪教他的呢，最終他製作了一根跟他身高一樣長的弓體，中間部分堅硬粗實，兩端則較細，十分輕便。這給了他巨大的喜悅。在倫敦幾週，他完全是閒逛，無所事事，當他要什麼東西，都是按個按鈕，或轉個把手，因此，做一件需要技巧和耐心的事情真的是純粹的快樂啊。

弓體快要完成的時候，他驚訝地意識到，自己居然在唱歌！彷彿精神遊離體外，他驟然發現自己正在做壞事，真是罪大惡極啊！他不自覺臉紅了。他來到此地，可不是為了唱歌或自得其樂的，而是為了逃避文明世界的各種汙穢對自己更深的玷汙，是為了淨化自身為善贖罪。他失望地意識

到，因為沉溺於製作弓箭，他居然忘記自己曾經所發的誓言，他本來要時刻記住自己所見所聞的。啊，可憐的琳達，是他的殘忍謀殺了她；還有那些令人憎惡的孿生子，蛆子一樣聚集玷汙了她亡靈的神祕之所，他們的在場，不僅侮辱了他自己的悲傷和悔恨，還褻瀆了神明。而現在他坐在自己的弓體上，唱歌，竟然在唱歌⋯⋯

他走進房內，開啟一盒芥末，又生火燒水。

半小時後，隸屬普頓漢波坎諾夫斯基胚胎組的三個副 δ 族農場工人恰巧開車前往埃爾斯德，在山頂之上，他們驚恐地看見一個年輕人站在廢棄的燈塔外面，上身赤裸，正用一根打結的繩鞭抽打自己，他的背上，一條條深紅的鞭痕平行排列，鞭痕之上，滲著絲絲鮮血。卡車司機停下車，和他的兩個同伴目瞪口呆地看著這個匪夷所思的場面。一、二、三 —— 他們數著，數到八，年輕人停止了自罰，跑到樹林邊，猛烈地嘔吐起來。嘔吐完，他又抓起鞭子，開始鞭笞自己。九、十、十一、十二⋯⋯

「主福特啊！」司機喃喃自語。

他的兩個孿生兄弟也是一樣的感受。「主福特喲！」他們說。

三天之後，就像美洲鷲撲向腐屍一般，記者們蜂擁而來。

用生材升起的火苗很小，卻正適合烘烤並彎曲弓體，待弓體烘乾、變硬，弓就成型了。野人便忙著製作箭，他砍了三十根榛樹枝，烘乾，用鋒利的釘子當箭頭，又細細刻好搭弦處。有天晚上，他在普頓漢家禽農場進行了一次偷襲，所以有足夠的羽毛武裝一整支軍隊。就在他忙著替箭桿裝上羽毛的時候，第一個記者到來了。穿著氣墊鞋，他無聲無息地走到野人身後。

「早安，野人先生，」他說，「我是《每時廣播》的記者。」

似乎被蛇咬了一口，野人跳起來，踢亂了箭、羽毛、膠鍋、刷子，弄得到處都是。

「很抱歉，」記者說，後悔之情溢於言表，「我不是有意……」他碰了碰自己的帽簷——那是鋁製的長得像煙囪管的帽子，裡面安裝了無線電收發機，「我就不脫下帽子了，請你理解，這東西有點重。好吧，我剛才說過了，我是《每時廣播》的記者……」

「你想要什麼？」野人皺著眉問道。記者則投以最最諂媚的笑容。

「啊，當然了，我們的讀者將感到極大的興趣……」他頭歪向一邊，笑容看似近乎賣弄風情似的。「野人先生，我只想問您幾句話。」於是，彷彿儀式一般，他迅速解開繫在腰間的攜帶式電池盒上的兩根電線，把電線連到鋁製帽子的兩側；拍了帽頂的一個彈簧，啪的一聲，一根電線彈出來；又拍了一下帽簷上另一個彈簧，好比開啟魔術盒一樣，一個麥克風彈了出來，在他鼻子前方六英寸的地方懸掛著，一抖一抖的；又拉下一對耳機蓋住耳朵；然後他拍了一下帽子左側的一個按鈕，只聽帽子裡傳來一陣微弱的嗡嗡叫聲，像黃蜂在哼叫；又轉了轉帽子右側的一個圓鈕，嗡嗡聲便被打斷了，傳來的是聽診器裡才能聽到的那種喘氣聲、咯咯聲，還有打嗝的聲音、間歇性的嘰嘰聲。

「你好，」他對麥克風說，「你好，你好……」

他的帽子裡突然響起了鈴聲，「是你嗎，埃德賽？我是普里莫·梅隆[210]。對的，我找到他了。野人先生馬上會拿麥克風說幾句話。對嗎，野人先生？」他再次抬頭看著野人，露出勝利般的笑容。「你就告訴我們的讀者，你為什麼來到這裡，為什麼突然離開倫敦（不要結束通話，艾德澤！），當然，還有，那鞭子是怎麼回事。」（野人一驚，他們是怎麼知道鞭子的事情的？）「現在所有人都對你的鞭子感到瘋狂。另外，再就文明世界談談，你知道，就是那種話題，比如『我是怎麼看文明世界的女孩

---

[210]　普里莫·梅隆，原文 Primo Mellon，此處暗指兩人。一個是指獨裁者米格爾·普里莫·德·里維拉（Miguel Primo de Rivera），作者寫作《美麗新世界》時他正在西班牙掌權；一個是指時任美國財政部長的安德魯·威廉·梅隆（Andrew William Mellon）。

的。』只需要幾句話，短短幾句就可以……」

野人確實說話了，卻用了令人錯愕的語言，他說了八個字，絕不再多，那是他在評論坎特伯雷首席歌手時對柏納德說的那句話。「哈匿，慾斯哎索帖那！」他一把抓住記者的肩膀，把他的身體扭過去（這位年輕的記者很豐滿，轉起來很動人的），對準他的屁股，以一個足球冠軍的全部力量和精準性，狠狠地踹了下去。

八分鐘之後，新一期的《每時廣播》已經擺到倫敦的大街小巷，頭版頭條標題是：「本報記者被神祕的野人先生踹傷尾椎骨，薩裡郡全郡轟動。」

「恐怕連倫敦城都已經轟動了。」當那位記者回去之後看到報紙時，心裡想。而且還是一次非常疼痛的轟動。他小心翼翼地坐下來吃他的午餐了。

同行尾椎的淤青並未讓其他人提高警惕，當天下午，又有四名記者走訪了燈塔，分別來自《紐約時報》、《法蘭克福四維連續體報》、《福特科學箴言報》和《臺達之鏡》，但這四人遭遇了變本加厲的粗暴對待。

隔著一段安全的距離，《福特科學箴言報》的記者一邊揉著屁股，一邊大叫：「你這個蠢貨、混蛋！為什麼不吃索麻？」

「滾！」野人晃著他的拳頭說。

其他幾人退了幾步，又轉過身來。「索麻藥在口，邪惡變烏有。」

「呼哈哼吖嗉咯咦！」野人的聲音既有威脅意，也有嘲笑意。

「痛苦皆虛幻。」

「哦，是嗎？」野人說，拿起一根很粗的榛木枝，大步走過去。

《福特科學箴言報》的記者一個箭步跑向了自己的直升機。

眾人走後，野人總算安靜了一陣子。可是又有飛機好奇地繞著燈塔盤

旋，他索性向最靠近的那架飛機射了一支箭，穿過了機艙鋁製的地板，只聽一聲尖叫，那飛機以最高的加速度衝上高空。其他飛機見狀後，便敬而遠之，卻仍在不遠處盤旋。野人不再管他們（他把自己想像為處女瑪薩琪的求婚者之一，雖被這些飛著的害蟲們糾纏騷擾，卻堅定如初、毫不動搖），只忙於開墾自己的園地。過了一會兒，這些害蟲明顯開始厭倦，陸續飛走了。於是，他頭頂的天空，連續好幾個小時沒有再出現任何干擾，要不是雲雀飛叫，簡直可以說是靜謐無聲。

天氣炎熱，喘氣都困難。空中響了一聲雷。他一整個上午都在忙著開墾，此刻，他躺在地板上，四肢攤開休息。突然，列寧娜栩栩如生的形象出現在他眼前。她赤裸著，好像近在眼前，呼喚著他：「親愛的！」又說：「抱緊我！」啊，她其實只穿著鞋襪，一身噴香。無恥的妓女！可是，啊呀，啊呀，她的手臂纏繞在他脖子上，那挺拔的酥胸，還有那張誘人的嘴！「永生就停留在我們的雙唇與雙眸。」列寧娜……不，不，不，不！他猛然站起來，半裸著衝出房間。屋外石楠花叢邊，有一片灰白色的杜松灌木叢，他撲了上去，擁抱的不是那豐盈的慾望之肉體，而是大片綠色的尖刺，它們鋒利，從無數個點刺痛了他。他迫使自己去想念可憐的琳達：她身體僵硬，呼吸已無，握緊雙手，眼裡滿是恐懼。啊，可憐的琳達，他曾發誓牢記妳在心中。可是現在，他一心所想的，只是列寧娜 —— 他可是曾經發誓徹底遺忘她的。儘管松針刺痛身體，他那抽搐的肉體卻依然感到她的身體，那般的真實，難以迴避。「親愛的，親愛的，……如果妳也想要我，你怎麼就不……」

門後釘子上本來掛著鞭子，準備用來對付新聞記者。此時野人異常狂暴，便跑回房間，拿下鞭子，揮舞著，鞭鞭抽打自己的肉體。

「妓女！妓女！」每打自己一鞭，他就這般叫喊，彷彿他打的人是列寧娜（他並沒有意識到，自己是多麼瘋狂地渴望鞭打列寧娜）：雪白肉身、溫

暖胴體、芳香四溢、淫邪無恥。啊,他的鞭子尾隨著她!「妓女!」然後,在絕望中他叫道:「啊,琳達啊,原諒我吧。原諒我吧,上帝啊。我是一個壞人,我是邪惡的,我是……不,不,妳這個妓女,妳這個妓女!」

三百公尺以外,在樹林中藏身的達爾文·波拿巴[211],這位感官電影公司的攝影大師,全程記錄了這個過程。他的耐心和技術終於得到回報。三天以來,他待在一顆假橡樹的樹幹裡。這三天的晚上,他則匍匐在石楠花叢中,把麥克風藏在金雀花叢裡,把電線埋在柔軟的灰砂裡。整整七十二個小時,極其不舒服,但現在偉大的時刻終於來臨,不,是最偉大的時刻。當達爾文·波拿巴在儀器旁挪動時,他仍然有時間回顧,自從拍攝《大猩猩的婚床》這部收得滿堂彩的著名的立體感官電影以來,這次拍攝確乎是他拍攝生涯中最偉大的時刻。「精彩絕倫!」他自言自語道,當野人開始他令人震驚的表演的時候。「精彩絕倫!」他小心翼翼地確保他的望遠鏡頭攝影機緊跟著移動的目標,不時調整畫面進行放大,展現那張瘋狂的、變形的臉的特寫(令人五體投地)。然後是半分鐘慢鏡頭(妙極了的喜劇效果,他敢保證)。同時,凝神靜聽那一聲聲鞭打、呻吟、狂野的詞句,這些聲音都被收錄在電影的錄音帶裡,他還試了試略微放大聲音的效果(是的,這樣好多了)。在間歇的平靜中,他很高興可以聽到一隻雲雀清脆的歌聲。他很希望野人轉過身來,這樣他能給他背上的血痕做個特寫,結果這野人極其配合,幾乎立刻就轉過了身(他的運氣真是太好了),他於是拍了一個極其出色的特寫。

當一切記錄完畢,他告訴自己:「很好,完美無缺!」他抹一抹臉,再次自言自語:「完美無缺啊!」一旦在製片室加上感官電影特效,這將會是一場完美的電影,他想,可以媲美《抹香鯨的情愛一生》了,主福特啊,

---

[211] 達爾文·波拿巴,原文 Darwin Bonaparte,此處暗指兩人。一個是英國生物學家查爾斯·達爾文 (Charles Darwin)。而作者的父親、《天演論》的作者湯瑪斯·赫胥黎是達爾文的支持者;一個是指法國軍事家、政治家拿破崙·波拿巴 (Napoleon Bonaparte)。

那可真是了不起啊！

十二天后，《薩利郡的野人》放映了，在整個西歐第一流的感官電影院裡，人們可以看到、聽到、觸控到野人的生活。

達爾文·波拿巴的電影立刻產生了轟動效應，電影首映之後的第二天下午，約翰那田園般的孤獨又被打破了，成群的直升機在他的住處上空飛個不停。當時他正在園地裡挖土，其實也是正在深掘自己的思想，努力提煉他的思想的精華。死亡 —— 他踩著鐵鍬，一鏟，一鏟，又一鏟。「我們的過去，不過是回光，照耀著愚笨之人走向塵埃與死亡。[212]」彷彿一聲雷聲，很有說服力，響徹那詞語。他又揚起了一劑土。可是琳達為何死亡？為何任由她慢慢變得似人非人，直到……他打了一個冷顫。「不過一具腐屍，神竟來親吻。[213]」他踩下鐵鍬，狠狠踩進堅硬的土地。「彷彿蒼蠅在嬉戲的孩童之手，我們也任憑神靈之玩弄，神靈殺死我們，只當是遊戲。[214]」又一個雷聲。詞語宣示它是真的，某種程度上比真理更真。就是那個格勞斯特[215]，曾經稱呼神靈們為「永恆溫柔」。此外，「你最好的休息乃是睡眠，故此你時常召請；卻又恐懼於你的死亡，雖然死亡是永恆的睡眠。[216]」是的，死亡不過是睡眠罷了。睡眠，「還能做夢呢。[217]」鐵鍬碰到了一個石頭，他彎腰撿起。「但在死亡的長眠中，又有什麼可以去夢想呢？[218]」

頭頂的嗡嗡聲漸漸變成了咆哮，突然，他發現自己身處陰影之中，有什麼東西遮蔽了陽光。他嚇了一跳，從挖土與思考中停下來，抬頭一看，看到的景象令他眼花撩亂。一方面，他的思緒仍然遊蕩在另一個「比真理

---

[212]　語見《馬克白》第五幕。
[213]　語見《哈姆雷特》第二幕。
[214]　語見《李爾王》第四幕。
[215]　《李爾王》裡倒楣的伯爵。
[216]　語見莎士比亞戲劇《惡有惡報》第三幕。
[217]　語見《哈姆雷特》第三幕。
[218]　語見《哈姆雷特》第三幕。

更真」的世界裡，仍然聚焦於無限寬廣的死亡與神性；另一方面，他抬頭看到就在他頭上面，聚集著盤旋的飛機。它們來如蝗蟲，懸停自若，或直接降到石楠花叢上。從這些龐大的蚱蜢的肚子裡，身著白色纖維膠法蘭絨衣服的男人們走了出來，還有那些女人們，因為天熱，她們穿著醋酸鹽仿綢的寬長褲，或者是仿天鵝絨短褲、拉鍊半開的無袖單衫。他們是一男一女為一組。幾分鐘內，就聚集了幾打這樣的男男女女，他們圍著燈塔站成一個大圓圈，望著、笑著，照相機快門直響，一邊丟著花生（像是在餵猿猴）、整包的性荷爾蒙口香糖、泛腺質奶油小餅。每一分每一秒，他們的人數都在增加，眼下整個「豬背」地區的交通可說是川流不息。彷彿噩夢般，人數變成成百上千。

野人後退想要躲起來，但是退路已無，他擺出困獸之鬥的姿態，背靠燈塔的牆壁，以無言的恐懼面對人群，彷彿一個陷入瘋狂的人。

突然，一包口香糖準確擊中他的臉頰，使他從恍惚中甦醒，立刻意識到身處什麼狀況。他是何等的震驚與痛苦，現在他完全清醒了，清醒而暴怒。

「滾開！」他吼叫道。

這猿猴居然說話了。眾人大笑起來，鼓起了掌。「好一個老野人！好哇！好哇！」在一片嘈雜中他聽見叫聲：「鞭子，鞭子，鞭子！」

受此提醒，他從門後抽出了鞭子，對著那些折磨他的人搖晃。

卻只是贏得一陣諷刺性的掌聲和叫喊。

他朝眾人走近，做出威嚇之勢。一個婦人嚇得叫了起來。直接受到威脅的人群稍微亂了陣腳，但最後還是定下來，站穩了腳跟。意識到自己人占據壓倒性的力量優勢，圍觀的人群有了勇氣，這可是野人不曾想到的。他後退了數步，停住了，看看四周。

「你們為什麼不能離我遠點？」在他憤怒的聲音中卻有著悲哀。

「何不吃點鎂鹽杏仁呢！」那最靠近野人攻擊範圍的男人說。他拿出一包來。「那可是非常好的東西，你知道的，」他加了一句，臉上的笑容充滿了緊張，卻是息事寧人的態度，「鎂鹽可以讓人永保青春。」

野人對他的建議置之不理。「你們想要我的什麼？」他問道，從一個個咧嘴而笑的臉上望過去，「你們想要我的什麼？」

「鞭子，」上百個聲音雜亂地說，「表演一下那套鞭子的把戲！我們要看鞭子把戲！」

慢慢聲音匯合了，緩慢然而沉重的節奏：「我們 —— 要 —— 鞭子，」背後那群人叫道，「我們 —— 要 —— 鞭子。」

其他人立刻呼應了這個口號，他們重複著這句話，鸚鵡學舌般，一遍又一遍，聲音不斷增大，直到喊了第七或第八遍，此時燈塔旁已無別的聲音。「我們 —— 要 —— 鞭子。」

他們一起喊叫，因這響亮的聲音而沉醉。這種同一性，這種節奏上產生的贖罪的共鳴感，使他們似乎可以持續叫上幾個小時，幾乎可以永不停歇地叫下去。但是在喊到第二十五遍時，這整齊的節奏突然被打斷了。穿過「豬背」又飛來一架直升機，在人群頭頂停住，最後在人群和燈塔之間的開闊地降落，離著野人就幾碼之遠。螺旋槳的轟鳴暫時蓋住了人群的吼叫。但當直升機著陸，熄火後，那洪亮、固執的單調的聲音又響起來了。「我們 —— 要 —— 鞭子；我們 —— 要 —— 鞭子。」直升機的艙門開啟，有人走了出來，起先是一個年輕的男子，皮膚白皙、臉色紅潤；然後是一個年輕的女人，穿著綠色的仿天鵝絨短褲、白色襯衫，戴了一頂輕便的鴨舌帽。

看到這個年輕的女人，野人驚住了，他退縮著，臉色變得蒼白。

那年輕的女人站著，朝著他笑，那是一個拿捏不定的、懇求的、幾乎

有點可憐的笑容。時間一秒秒過去了。她的嘴唇蠕動，要說什麼，但她的聲音卻被人群重複單句那響亮的聲音淹沒。「我們 —— 要 —— 鞭子！我們 —— 要 —— 鞭子！」

年輕的女人雙手按住左肋，在她那蜜桃一樣明亮、布娃娃一樣精緻的臉龐上，忽然出現了一種奇怪的、與她的臉不協調的表情，那是一種渴望，是一種折磨。她那雙藍色的眼睛，似乎變得更大了，更明亮了。突然，兩行淚水順著面頰滾落。她再次說話，卻沒有人聽見，然後，她迅速地、充滿激情地伸出雙臂，朝向野人，她向他走過去。

「我們 —— 要 —— 鞭子！我們 —— 要……」

突然間，他們果然看見了他們想看見的。

「妓女！」只見野人像瘋了一樣朝她撲過去。「臭鼬！」像一個瘋子，他揮起鞭子，朝她抽打過去。

她恐懼了，轉身想跑，卻摔了一跤，跌在石楠花上。「亨利，亨利！」她叫著。但是她那臉色紅潤的同伴卻早轉身跑到直升機後面躲著了。

宛如狂歡一般，人群叫喊著分開了，又更加緊湊地湧至那富有吸引力的中心。疼痛何嘗不是一種迷人的恐怖。

「爛貨，蕩婦，爛貨！」野人狂怒地鞭打著。

他們飢渴地聚集，推擠著，搶著位置，就像豬埋頭水槽搶食。

「啊，肉慾！」野人咬牙切齒道。這次，他從肩頭揮下鞭子。「殺死肉慾！殺死肉慾！」

被疼痛的恐怖魔力所吸引，加上內心深處協調一致的習慣，渴望同一、贖罪的慾望 —— 這是他們制約過程中已經深深根植的東西，他們開始模仿他瘋狂的動作，互相攻擊。而他則鞭打著自己叛逆的肉體，或者鞭打著在他腳下翻滾於石楠花中的那具豐滿的肉體 —— 實在是淫邪的化身

與象徵啊。

「殺死肉慾，殺死肉慾，殺死肉慾……」野人不停喊叫。

突然，有人開始唱歌：「喔奇潑奇。」一會兒之間，所有人都跟上了這調子，大家唱著，然後開始跳舞。喔奇潑奇，一圈又一圈旋轉，用八六拍的節奏拍打著彼此，喔奇潑奇……

直到午夜過後，最後一架直升機才升空離去。野人被索麻弄得迷狂，加上長時間的肉慾的放縱，他已經筋疲力盡，便在石楠花叢上睡去。當他醒來時，太陽已經高掛。他躺了一陣子，像隻貓頭鷹一樣眨眼，彷彿不理解光線的存在。突然，他想起了所有的事情。

「哦，上帝啊！我的上帝啊！」他雙手摀住了眼睛。

第二天傍晚，離「豬背」地區十里之外，成群的直升機像一朵巨大的濃雲嗡嗡地席捲而來。昨夜關於贖罪狂歡的故事已然遍布報紙。

「野人啊！」第一批到達的人剛出機艙，就大喊起來。「野人先生！」

無人應答。

燈塔的門半開著。他們推開門，走進裡面，黃昏光亮被百葉窗擋住，屋內很暗。從屋子深處一個拱門，他們可以看到樓梯的底部，這樓梯通向上面。拱門的頂部，懸掛著一雙腳。

「野人先生！」

緩緩地，緩緩地，像羅盤上兩個指針一般，緩緩的，從容不迫，那雙腳向右邊蕩去，先是北邊，然後是東北方向，然後是東邊、東南、南邊、西南，然後停住。幾秒之後，又是緩緩的、從容不迫地向左邊蕩去，西南、南邊、東南、東邊……

重返美麗新世界：

極權社會恭候人們蒞臨，就在下一個街角

作　　者：[英] 阿道斯‧赫胥黎（Aldous Huxley）

翻　　譯：莊蝶庵

發 行 人：黃振庭

出 版 者：崧燁文化事業有限公司

發 行 者：崧燁文化事業有限公司

E-mail：sonbookservice@gmail.com

粉 絲 頁：https://www.facebook.com/
　　　　　sonbookss/

網　　址：https://sonbook.net/

地　　址：台北市中正區重慶南路一段六十一號八樓
　　　　　815 室

Rm. 815, 8F., No.61, Sec. 1, Chongqing S. Rd.,
Zhongzheng Dist., Taipei City 100, Taiwan

電　　話：(02)2370-3310

傳　　真：(02)2388-1990

印　　刷：京峯數位服務有限公司

律師顧問：廣華律師事務所 張珮琦律師

- 版權聲明 ------

定　　價：450 元

發行日期：2024 年 05 月第一版

◎本書以 POD 印製

Design Assets from Freepik.com

國家圖書館出版品預行編目資料

重返美麗新世界：極權社會恭候人
們蒞臨，就在下一個街角 / [英] 阿
道斯‧赫胥黎（Aldous Huxley）
著，莊蝶庵 譯 . -- 第一版 . -- 臺
北市：崧燁文化事業有限公司，
2024.05
面；　公分
POD 版
譯自：Brave new world revisited.
ISBN 978-626-394-216-5(平裝)
1.CST: 未來社會 2.CST: 社會變遷
3.CST: 文化 4.CST: 小說
541.48　113004613

電子書購買

臉書

爽讀 APP